PRENTICE HALL

EXPLORADOR DE CIENCIAS

Animales

PRENTICE HALL
Needham, Massachusetts
Upper Saddle River, New Jersey

Animales

Recursos del programa

Student Edition
Annotated Teacher's Edition
Teaching Resources Book with Color Transparencies
Animals Materials Kits

Componentes del programa

Integrated Science Laboratory Manual
Integrated Science Laboratory Manual, Teacher's Edition
Inquiry Skills Activity Book
Student-Centered Science Activity Books
Program Planning Guide
Guided Reading English Audiotapes
Guided Reading Spanish Audiotapes and Summaries
Product Testing Activities by Consumer Reports™
Event-Based Science Series (NSF funded)
Prentice Hall Interdisciplinary Explorations
Cobblestone, Odyssey, Calliope, and *Faces* Magazines

Medios/Tecnología

Science Explorer Interactive Student Tutorial CD-ROMs
Odyssey of Discovery CD-ROMs
Resource Pro® (Teaching Resources on CD-ROM)
Assessment Resources CD-ROM with Dial-A-Test®
Internet site at www.science-explorer.phschool.com
Life, Earth, and Physical Science Videodiscs
Life, Earth, and Physical Science Videotapes

Explorador de ciencias Libros del estudiante

De las bacterias a las plantas
Animales
Células y herencia
Biología humana y salud
Ciencias del medio ambiente
El interior de la Tierra
Cambios en la superficie terrestre
El agua de la Tierra
Meteorología y clima
Astronomía
Elementos químicos básicos
Interacciones químicas
Movimiento, fuerza y energía
Electricidad y magnetismo
Sonido y luz

Créditos

El personal que conforma el equipo *Explorador de ciencias*: representantes editoriales, editores, diseñadores, representantes de mercadeo, investigadores, encargados de servicios en línea/multimedia, representantes de ventas y publicadores, se lista a continuación. Los nombres en negritas indican los encargados en sección.

Kristen E. Ball, **Barbara A. Bertell,** Peter W. Brooks, **Christopher R. Brown, Greg Cantone,** Jonathan Cheney, **Patrick Finbarr Connolly,** Loree Franz, Donald P. Gagnon, Jr., **Paul J. Gagnon, Joel Gendler,** Elizabeth Good, Kerri Hoar, **Linda D. Johnson,** Katherine M. Kotik, Russ Lappa, Marilyn Leitao, David Lippman, **Eve Melnechuk, Natania Mlawer,** Paul W. Murphy, **Cindy A. Noftle,** Julia F. Osborne, Caroline M. Power, Suzanne J. Schineller, **Susan W. Tafler,** Kira Thaler-Marbit, Robin L. Santel, Ronald Schachter, **Mark Tricca,** Diane Walsh, Pearl B. Weinstein, Beth Norman Winickoff

Acknowledgment for pages 180–181: El extracto de *Dragones y Dinastías: Una introducción a la Mitología China* es una selección y traducción de Kim Echlin y Nie Zhixong, publicada por Penguin Books 1993. Primera edición impresa en la República Popular de China por Foreign Languages Press, Beijing, 1991. Derechos reservados © Foreign Languages Press, 1991, 1992, 1993. Reimpreso con la autorización de Penguin UK.

ISBN 0-13-436588-7
2 3 4 5 6 7 8 9 10   05 04 03 02

Portada: Un cachorro de oso polar descansa plácidamente junto a su madre.

Autores del programa

Michael J. Padilla, Ph.D.
Professor
Department of Science Education
University of Georgia
Athens, Georgia

Michael Padilla es líder en la enseñanza de Ciencias en secundaria. Ha trabajado como editor y funcionario de la Asociación Nacional de Profesores de Ciencias. Ha sido miembro investigador en diversas premiaciones de la Fundación Nacional de Ciencias y la Fundación Eisenhower, además de participar en la redacción de los Estándares Nacionales de Enseñanza de Ciencias.

En *Explorador de ciencias*, Mike coordina un equipo de desarrollo de programas de enseñanza que promueven la participación de estudiantes y profesores en el campo de las ciencias con base en los Estándares Nacionales de la Enseñanza de Ciencias.

Ioannis Miaoulis, Ph.D.
Dean of Engineering
College of Engineering
Tufts University
Medford, Massachusetts

Martha Cyr, Ph.D.
Director, Engineering Educational Outreach
College of Engineering
Tufts University
Medford, Massachusetts

Explorador de ciencias es un proyecto creado con la colaboración del Colegio de Ingeniería de la Universidad Tufts. Dicha institución cuenta con un extenso programa de investigación sobre ingeniería que fomenta la participación de estudiantes y profesores en las áreas de ciencia y tecnología.

Además de participar en la creación del proyecto *Explorador de ciencias*, la facultad de la Universidad Tufts también colaboró en la revisión del contenido de los libros del estudiante y en la coordinación de las pruebas de campo.

PROYECTO DEL CAPÍTULO

Autor

Jan Jenner, Ph.D.
Science Writer
Talladega, Alabama

Colaboradores

Fred Holtzclaw
Science Instructor
Oak Ridge High School
Oak Ridge, Tennessee

Theresa K. Holtzclaw
Former Science Instructor
Clinton, Tennessee

Evan P. Silberstein
Science Instructor
Spring Valley High School
Spring Valley, New York

Asesor de lecturas

Bonnie B. Armbruster, Ph.D.
Department of Curriculum and Instruction
University of Illinois
Champaign, Illinois

Asesor interdisciplinario

Heidi Hayes Jacobs, Ed.D.
Teacher's College
Columbia University
New York, New York

Asesores de seguridad

W. H. Breazeale, Ph.D.
Department of Chemistry
College of Charleston
Charleston, South Carolina

Ruth Hathaway, Ph.D.
Hathaway Consulting
Cape Girardeau, Missouri

Revisores del programa de la Universidad Tufts

Behrouz Abedian, Ph.D.
Department of Mechanical Engineering

Wayne Chudyk, Ph.D.
Department of Civil and Environmental Engineering

Eliana De Bernardez-Clark, Ph.D.
Department of Chemical Engineering

Anne Marie Desmarais, Ph.D.
Department of Civil and Environmental Engineering

David L. Kaplan, Ph.D.
Department of Chemical Engineering

Paul Kelley, Ph.D.
Department of Electro-Optics

George S. Mumford, Ph.D.
Professor of Astronomy, Emeritus

Jan A. Pechenik, Ph.D.
Department of Biology

Livia Racz, Ph.D.
Department of Mechanical Engineering

Robert Rifkin, M.D.
School of Medicine

Jack Ridge, Ph.D.
Department of Geology

Chris Swan, Ph.D.
Department of Civil and Environmental Engineering

Peter Y. Wong, Ph.D.
Department of Mechanical Engineering

Revisores del contenido

Jack W. Beal, Ph.D.
Department of Physics
Fairfield University
Fairfield, Connecticut

W. Russell Blake, Ph.D.
Planetarium Director
Plymouth Community Intermediate School
Plymouth, Massachusetts

Howard E. Buhse, Jr., Ph.D.
Department of Biological Sciences
University of Illinois
Chicago, Illinois

Dawn Smith Burgess, Ph.D.
Department of Geophysics
Stanford University
Stanford, California

A. Malcolm Campbell, Ph.D.
Assistant Professor
Davidson College
Davidson, North Carolina

Elizabeth A. De Stasio, Ph.D.
Associate Professor of Biology
Lawrence University
Appleton, Wisconsin

John M. Fowler, Ph.D.
Former Director of Special Projects National
Science Teacher's Association
Arlington, Virginia

Jonathan Gitlin, M.D.
School of Medicine
Washington University
St. Louis, Missouri

Dawn Graff-Haight, Ph.D., CHES
Department of Health, Human Performance, and Athletics
Linfield College
McMinnville, Oregon

Deborah L. Gumucio, Ph.D.
Associate Professor
Department of Anatomy and Cell Biology
University of Michigan
Ann Arbor, Michigan

William S. Harwood, Ph.D.
Dean of University Division and Associate Professor of Education
Indiana University
Bloomington, Indiana

Cyndy Henzel, Ph.D.
Department of Geography and Regional Development
University of Arizona
Tucson, Arizona

Greg Hutton
Science and Health Curriculum Coordinator
School Board of Sarasota County
Sarasota, Florida

Susan K. Jacobson, Ph.D.
Department of Wildlife Ecology and Conservation
University of Florida
Gainesville, Florida

Judy Jernstedt, Ph.D.
Department of Agronomy and Range Science
University of California, Davis
Davis, California

John L. Kermond, Ph.D.
Office of Global Programs
National Oceanographic and Atmospheric Administration
Silver Spring, Maryland

David E. LaHart, Ph.D.
Institute of Science and Public Affairs
Florida State University
Tallahassee, Florida

Joe Leverich, Ph.D.
Department of Biology
St. Louis University
St. Louis, Missouri

Dennis K. Lieu, Ph.D.
Department of Mechanical Engineering
University of California
Berkeley, California

Cynthia J. Moore, Ph.D.
Science Outreach Coordinator
Washington University
St. Louis, Missouri

Joseph M. Moran, Ph.D.
Department of Earth Science
University of Wisconsin–Green Bay
Green Bay, Wisconsin

Joseph Stukey, Ph.D.
Department of Biology
Hope College
Holland, Michigan

Seetha Subramanian
Lexington Community College
University of Kentucky
Lexington, Kentucky

Carl L. Thurman, Ph.D.
Department of Biology
University of Northern Iowa
Cedar Falls, Iowa

Edward D. Walton, Ph.D.
Department of Chemistry
California State Polytechnic University
Pomona, California

Robert S. Young, Ph.D.
Department of Geosciences and Natural Resource Management
Western Carolina University
Cullowhee, North Carolina

Edward J. Zalisko, Ph.D.
Department of Biology
Blackburn College
Carlinville, Illinois

Revisores de pedagogía

Stephanie Anderson
Sierra Vista Junior High School
Canyon Country, California

John W. Anson
Mesa Intermediate School
Palmdale, California

Pamela Arline
Lake Taylor Middle School
Norfolk, Virginia

Lynn Beason
College Station Jr. High School
College Station, Texas

Richard Bothmer
Hollis School District
Hollis, New Hampshire

Jeffrey C. Callister
Newburgh Free Academy
Newburgh, New York

Judy D'Albert
Harvard Day School
Corona Del Mar, California

Betty Scott Dean
Guilford County Schools
McLeansville, North Carolina

Sarah C. Duff
Baltimore City Public Schools
Baltimore, Maryland

Melody Law Ewey
Holmes Junior High School
Davis, California

Sherry L. Fisher
Lake Zurich Middle School North
Lake Zurich, Illinois

Melissa Gibbons
Fort Worth ISD
Fort Worth, Texas

Debra J. Goodding
Kraemer Middle School
Placentia, California

Jack Grande
Weber Middle School
Port Washington, New York

Steve Hills
Riverside Middle School
Grand Rapids, Michigan

Carol Ann Lionello
Kraemer Middle School
Placentia, California

Jaime A. Morales
Henry T. Gage Middle School
Huntington Park, California

Patsy Partin
Cameron Middle School
Nashville, Tennessee

Deedra H. Robinson
Newport News Public Schools
Newport News, Virginia

Bonnie Scott
Clack Middle School
Abilene, Texas

Charles M. Sears
Belzer Middle School
Indianapolis, Indiana

Barbara M. Strange
Ferndale Middle School
High Point, North Carolina

Jackie Louise Ulfig
Ford Middle School
Allen, Texas

Kathy Usina
Belzer Middle School
Indianapolis, Indiana

Heidi M. von Oetinger
L'Anse Creuse Public School
Harrison Township, Michigan

Pam Watson
Hill Country Middle School
Austin, Texas

Revisores de actividades de campo

Nicki Bibbo
Russell Street School
Littleton, Massachusetts

Connie Boone
Fletcher Middle School
Jacksonville Beach, Florida

Rose-Marie Botting
Broward County School District
Fort Lauderdale, Florida

Colleen Campos
Laredo Middle School
Aurora, Colorado

Elizabeth Chait
W. L. Chenery Middle School
Belmont, Massachusetts

Holly Estes
Hale Middle School
Stow, Massachusetts

Laura Hapgood
Plymouth Community Intermediate School
Plymouth, Massachusetts

Sandra M. Harris
Winman Junior High School
Warwick, Rhode Island

Jason Ho
Walter Reed Middle School
Los Angeles, California

Joanne Jackson
Winman Junior High School
Warwick, Rhode Island

Mary F. Lavin
Plymouth Community Intermediate School
Plymouth, Massachusetts

James MacNeil, Ph.D.
Concord Public Schools
Concord, Massachusetts

Lauren Magruder
St. Michael's Country Day School
Newport, Rhode Island

Jeanne Maurand
Glen Urquhart School
Beverly Farms, Massachusetts

Warren Phillips
Plymouth Community Intermediate School
Plymouth, Massachusetts

Carol Pirtle
Hale Middle School
Stow, Massachusetts

Kathleen M. Poe
Kirby-Smith Middle School
Jacksonville, Florida

Cynthia B. Pope
Ruffner Middle School
Norfolk, Virginia

Anne Scammell
Geneva Middle School
Geneva, New York

Karen Riley Sievers
Callanan Middle School
Des Moines, Iowa

David M. Smith
Howard A. Eyer Middle School
Macungie, Pennsylvania

Derek Strohschneider
Plymouth Community Intermediate School
Plymouth, Massachusetts

Sallie Teames
Rosemont Middle School
Fort Worth, Texas

Gene Vitale
Parkland Middle School
McHenry, Illinois

Zenovia Young
Meyer Levin Junior High School (IS 285)
Brooklyn, New York

Contenido

Animales

Actividades

Actividades de investigación

PROYECTO DEL CAPÍTULO

Investigación a largo plazo

DESCUBRE

Exploración e investigación antes de leer

Mejora tus destrezas

Práctica de destrezas específicas de la investigación científica

INTÉNTALO

Reforzar conceptos clave

Laboratorio de destrezas

Práctica detallada de las destrezas de investigación

Laboratorio real

Aplicación diaria de conceptos científicos

Actividades interdisciplinarias

Ciencias e historia

Ciencias y sociedad

Conexión

EXPLORAR

Exploración visual de conceptos

UN HALLAZGO EN EL AMAZONAS

El Dr. Russell A. Mittermeier es presidente de *Conservation International* y uno de los principales promotores de la comprensión y conservación de la biodiversidad del planeta. Desde 1977, ha presidido un grupo de especialistas en primates de la *World Conservation Union Species Survival Commission.* Ha descrito varias especies de monos, anteriormente desconocidas.

Si crees que los científicos pasan sus días en laboratorios limpios y blancos y sus noches frente a la computadora y los cuadernos, no conoces al Dr. Russell A. Mittermeier. Aventurero y reconocido experto en primates (primates, monos y animales parecidos) nos cuenta historias impresionantes acerca de sus expediciones.

El Dr. Mittermeier recuerda una expedición importante a la selva tropical amazónica en 1973. Él viajaba por el poderoso río Amazonas con su equipo fotográfico, binoculares, cuadernos y otros utensilios en una lancha con motor cuando al atravesar por una zona de olas picadas, entró agua a su lancha y ésta se hundió en el río debajo de él. Para llegar a la orilla tuvo que nadar frente a unos hambrientos caimanes negros. Se salvó pero perdió todo su equipo de investigación, excepto un vasito de plástico donde guardaba su cepillo de dientes. Afortunadamente, esta adversidad no lo desanimó. Mittermeier acepta afrontar este tipo de contratiempos al estudiar a los animales salvajes en su hábitat natural.

El tití enano es el segundo mono más pequeño descubierto hasta el momento. Su nombre científico es *Callithrix humilias.* Mide aproximadamente 10 centímetros y pesa unos 158 gramos.

Una vocación temprana por la vida silvestre

El Dr. Mittermeier dice que su interés por los animales y las aventuras se remonta a su niñez en Nueva York. "De niño, mi madre me leía libros sobre África y Sudamérica. Cada semana me obligaba a ir al Museo de Historia Natural y al zoológico del Bronx. Así que desde muy joven me interesa la vida silvestre. En primer año de primaria, cuando las maestras me preguntaban qué quería ser de grande, yo contestaba que quería explorar la jungla. En el lenguaje de hoy, probablemente sería un biólogo del campo".

Aunque el interés primordial del Dr. Mittermeier es la ciencia, reconoce que el espíritu de aventura todavía lo motiva. "A los trece años, descubrí los libros de Tarzán, de Edgar Rice Burroughs, desde entonces he sido muy fanático de Tarzán".

En 1997, el Dr. Mittermeier emprendió una expedición extraordinaria a la selva amazónica de Brasil en busca del segundo mono más pequeño del mundo. En realidad la aventura empezó en 1996, cuando el Dr. Mittermeier visitó a su colega de mucho tiempo, Marc Van Roosmalen, en la ciudad brasileña de Manaos. Un aldeano había llevado un mono bebé huérfano a la clínica de primates de Van Roosmalen. El hombre dijo que encontró al mono a unos 500 kilómetros de allí.

Van Roosmalen "me enseñó este diminuto mono bebé —relata Mittermeier—. Era más o menos del tamaño de mi puño. Nos quedamos mirándonos uno al otro y nos dimos cuenta de que se trataba de una especie nueva, y una muy distintiva". Descubrir una nueva especie de mono es un acontecimiento científico poco común.

El diminuto mono se parecía al tití pigmeo, el mono más pequeño del mundo, que también vive en la selva tropical amazónica. Sin embargo, este tití enano era un poco más grande y su color

El delta entre el río Madeira y el río Aripuanã es una pequeña parte de la inmensa selva amazónica. En esta apartada región fue donde los científicos descubrieron este diminuto mono.

Área de exploración

y marcas eran diferentes. Tenía pelaje blanco alrededor de la cara, una corona negra, y la cola negra sin anillos. Tenía menos pelo en las orejas y su melena era más corta que la del mono más pequeño que se conocía. Mientras los científicos decidían qué nombre científico le darían, le decían "Pequeño amigo".

Pero un mono en cautiverio, por inusual que sea, no es prueba suficiente para establecer una especie nueva. Había que encontrar más de estos monos. No sería tarea fácil encontrarlos. "Es como encontrar una aguja en un pajar, salir a buscar en medio del bosque tropical más grande de la Tierra y tratar de encontrar una especie de mono diminuto nunca antes vista por ningún científico."

"Un mono en cautiverio... no es prueba suficiente para establecer una especie nueva."

La selva tropical amazónica es el pajar a que se refería el Dr. Mittermeier. Ésta tiene una extensión de casi 7 millones de kilómetros cuadrados, incluye una gran parte del norte de Brasil y varias regiones de otros ocho países de América del Sur. Es un reto explorar un lugar así. Vegetación densa, enfermedades tropicales, serpientes venenosas y gusanos barrenadores son sólo algunos de los peligros de esta selva. El Dr. Mittermeier sabía que mandar una expedición para localizar este mono sería muy peligroso y costoso.

Para reunir los recursos necesarios, el Dr. Mittermeier volvió a Estados Unidos. Él es presidente de una organización internacional que trabaja para proteger la gran variedad de plantas y animales de la Tierra. Divide su tiempo entre ese grupo de conservación, con sede en Washington,

Como otros monos de la selva amazónica, este pequeño mono se alimenta de la savia de los árboles.

◀ El tití enano huérfano a los 2 meses (izquierda) y a los 7 meses (derecha) en la clínica de primates.

y bosques tropicales del mundo. De regreso en Estados Unidos, el Dr. Mittermeier consiguió el dinero para las expediciones de Van Roosmalen.

Después de varios fracasos, Van Roosmalen por fin halló monos como "Pequeño amigo". Los encontró en un área aislada por dos ríos del resto de la selva tropical. A este tití enano se le dio el nombre científico *Callithrix humilis*. Finalmente, en 1997 el Dr. Mittermeier se unió a la expedición de científicos en la selva tropical brasileña que estaban fotografiando y observando a estos monos en su hábitat natural. Descubrieron que el comportamiento y los hábitos alimenticios del mono enano eran parecidos a los de otros monos amazónicos. Se alimentaban de la savia de los árboles.

"Primates no humanos", dice el Dr. Mittermeier, "son nuestros parientes vivos más cercanos, y pensarías que serían muy conocidos. De hecho, desde 1990 hemos descubierto siete especies nuevas sólo en Brasil. Y no cuenta las nuevas que hallamos en Madagascar y en otros lugares".

No es tan sorprendente que alguien descubra un escarabajo nuevo en la canopia de la selva tropical o un microorganismo en la tierra. Pero el descubrimiento de una nueva especie de primates indica que puede haber criaturas en el mundo que ni nos imaginamos que existen.

En tu diario

Escribe un párrafo acerca de lo que te interesa de Russell Mittermeier como científico. ¿Qué crees que lo motive? ¿Qué te sorprende de su forma de trabajar? ¿Qué destrezas necesita un científico como Mittermeier?

CAPÍTULO 1

Esponjas, cnidarios y gusanos

Los tentáculos de este coral amarillo le ayudan a atraer y atrapar alimento.

LO QUE ENCONTRARÁS

SECCIÓN 1 ¿Qué es un animal?

Descubre ¿Qué es un animal?
Inténtalo Muévete
Mejora tus destrezas Inferir

SECCIÓN 2 Simetría

Integrar las matemáticas

Descubre ¿De cuántas maneras se puede doblar?
Laboratorio real Tras las huellas

SECCIÓN 3 Esponjas y cnidarios

Descubre ¿Cómo distinguir las esponjas naturales de las sintéticas?
Inténtalo ¿Algún cnidario por ahí?

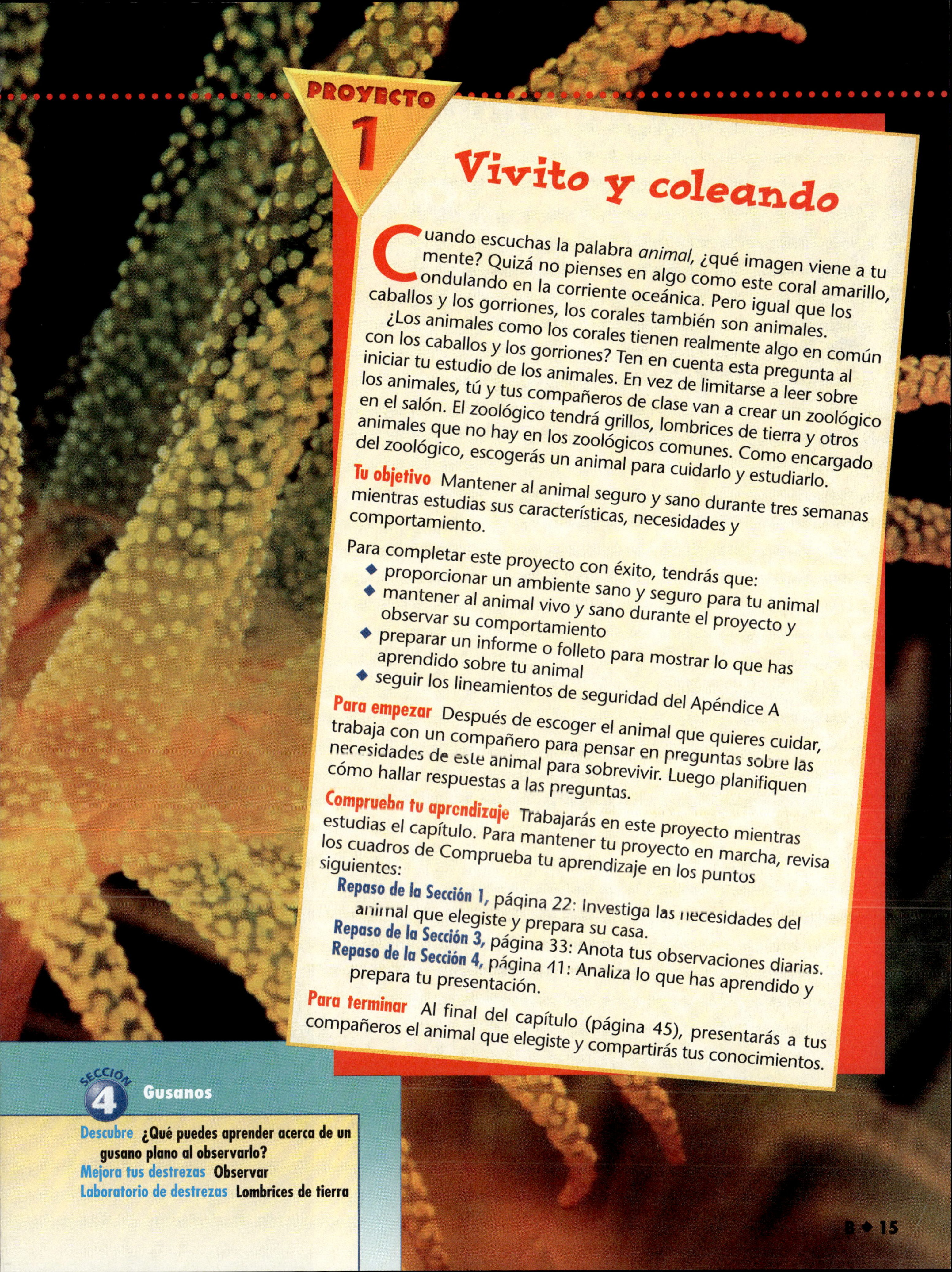

PROYECTO 1

Vivito y coleando

Cuando escuchas la palabra *animal*, ¿qué imagen viene a tu mente? Quizá no pienses en algo como este coral amarillo, ondulando en la corriente oceánica. Pero igual que los caballos y los gorriones, los corales también son animales.

¿Los animales como los corales tienen realmente algo en común con los caballos y los gorriones? Ten en cuenta esta pregunta al iniciar tu estudio de los animales. En vez de limitarse a leer sobre los animales, tú y tus compañeros de clase van a crear un zoológico en el salón. El zoológico tendrá grillos, lombrices de tierra y otros animales que no hay en los zoológicos comunes. Como encargado del zoológico, escogerás un animal para cuidarlo y estudiarlo.

Tu objetivo Mantener al animal seguro y sano durante tres semanas mientras estudias sus características, necesidades y comportamiento.

Para completar este proyecto con éxito, tendrás que:

- proporcionar un ambiente sano y seguro para tu animal
- mantener al animal vivo y sano durante el proyecto y observar su comportamiento
- preparar un informe o folleto para mostrar lo que has aprendido sobre tu animal
- seguir los lineamientos de seguridad del Apéndice A

Para empezar Después de escoger el animal que quieres cuidar, trabaja con un compañero para pensar en preguntas sobre las necesidades de este animal para sobrevivir. Luego planifiquen cómo hallar respuestas a las preguntas.

Comprueba tu aprendizaje Trabajarás en este proyecto mientras estudias el capítulo. Para mantener tu proyecto en marcha, revisa los cuadros de Comprueba tu aprendizaje en los puntos siguientes:

Repaso de la Sección 1, página 22: Investiga las necesidades del animal que elegiste y prepara su casa.
Repaso de la Sección 3, página 33: Anota tus observaciones diarias.
Repaso de la Sección 4, página 41: Analiza lo que has aprendido y prepara tu presentación.

Para terminar Al final del capítulo (página 45), presentarás a tus compañeros el animal que elegiste y compartirás tus conocimientos.

SECCIÓN 4 **Gusanos**

Descubre **¿Qué puedes aprender acerca de un gusano plano al observarlo?**
Mejora tus destrezas **Observar**
Laboratorio de destrezas **Lombrices de tierra**

SECCIÓN 1 ¿Qué es un animal?

DESCUBRE **ACTIVIDAD**

¿Es un animal?

1. Examina cada uno de los organismos que tu maestro te da.
2. Decide cuáles son animales. Piensa en las razones de tu decisión. Lávate las manos después de tocar cada uno de los organismos.

Reflexiona sobre

Formular definiciones operativas ¿Qué características usaste para decidir si cada organismo era un animal?

GUÍA DE LECTURA

- **¿Qué características tienen todos los animales en común?**
- **¿Cómo se clasifican los animales?**

Sugerencia de lectura **Antes de empezar a leer, escribe tu propia definición de *animal*. Agrega información o cámbiala a medida que leas.**

En las aguas cercanas a la costa norte de Australia, flota una joven medusa, la aguamala. Parece más una diminuta flor transparente que un animal. Con el tiempo, la forma de la joven medusa cambiará. De adulto, parecerá una burbuja de jalea transparente, con estructuras como brazos largos y ondulantes, llamados tentáculos.

Para capturar alimento, los tentáculos de la aguamala disparan un veneno letal a los animales desafortunados que los tocan. Los humanos no son la excepción. Un bañista que toque los tentáculos de la aguamala puede morir en solo cuatro minutos. A pesar de su apariencia inofensiva, las aguamalas adultas tienen uno de los venenos más potentes.

Figura 1 Que no te engañen los tentáculos delicados de esta aguamala australiana. Su veneno mata a los animales que la tocan, convirtiéndolos en su siguiente comida.

Características de los animales

Tal vez la aguamala no sea como la mayoría de los animales que conoces, pero también es un animal. Los biólogos —científicos que estudian a los organismos vivos—, han descrito más de 1 millón de especies distintas de animales, y seguramente hay muchas más. Una **especie** es un grupo de organismos que pueden reproducirse entre ellos y producir crías que también pueden aparearse y reproducirse.

Todas las especies de animales, incluyendo la hermosa pero letal aguamala, tienen algunas similitudes importantes. **Los animales son organismos pluricelulares que se alimentan de otros organismos.** Además, la mayoría de los animales se reproduce sexualmente y pueden moverse de un lugar a otro. Los biólogos buscan estas características para decidir si un organismo es un animal o no.

Cómo están organizadas las células animales Todos los animales son pluricelulares, es decir, sus cuerpos están hechos de muchas células, unidades diminutas básicas que constituyen a todos los seres vivos. Las células de la mayoría de los animales se agrupan para formar distintos tipos de tejido. Un tejido es un grupo de células similares que desempeñan una función específica. Por ejemplo, el tejido muscular permite a los animales moverse, mientras que el tejido nervioso lleva mensajes de una parte del cuerpo a otra. Los tejidos también pueden combinarse para formar un órgano, esto es, un grupo de diferentes tejidos que trabajan en conjunto para desempeñar una función específica más compleja. Los órganos se forman de diferentes tipos de tejido: el fémur, por ejemplo, es un órgano que contiene tejido esquelético, tejido nervioso y sangre. En la mayoría de los animales, distintos órganos se combinan para formar un sistema, como el sistema esquelético, mostrado en la Figura 2.

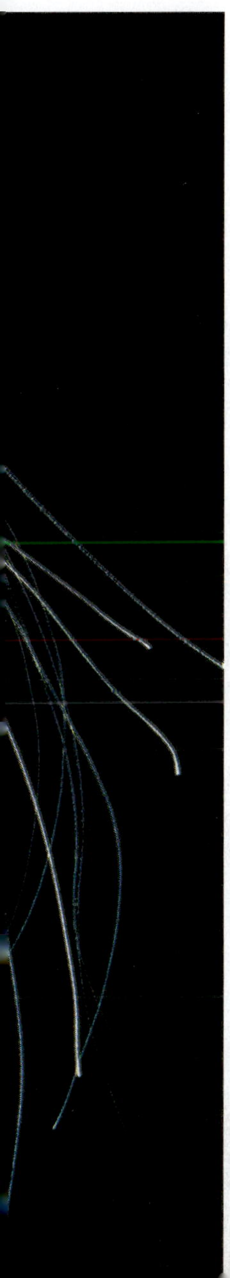

Cómo se alimentan los animales Todos los animales son **heterótrofos** —organismos que no pueden producir sus propios alimentos—, y deben alimentarse comiendo otros organismos. Esto contrasta con las plantas verdes, que son seres **autótrofos** —organismos que producen sus propios alimentos—. La mayoría de los animales lleva los alimentos a una cavidad dentro de sus cuerpos. En esa cavidad, los alimentos son digeridos o descompuestos en sustancias que el cuerpo del animal absorbe y usa.

Cómo se reproducen los animales Por lo general los animales se reproducen sexualmente. La **reproducción sexual** es el proceso por el cual se forma un organismo nuevo después de la unión de dos células sexuales: una célula diminuta de esperma masculino se une al óvulo femenino, mucho

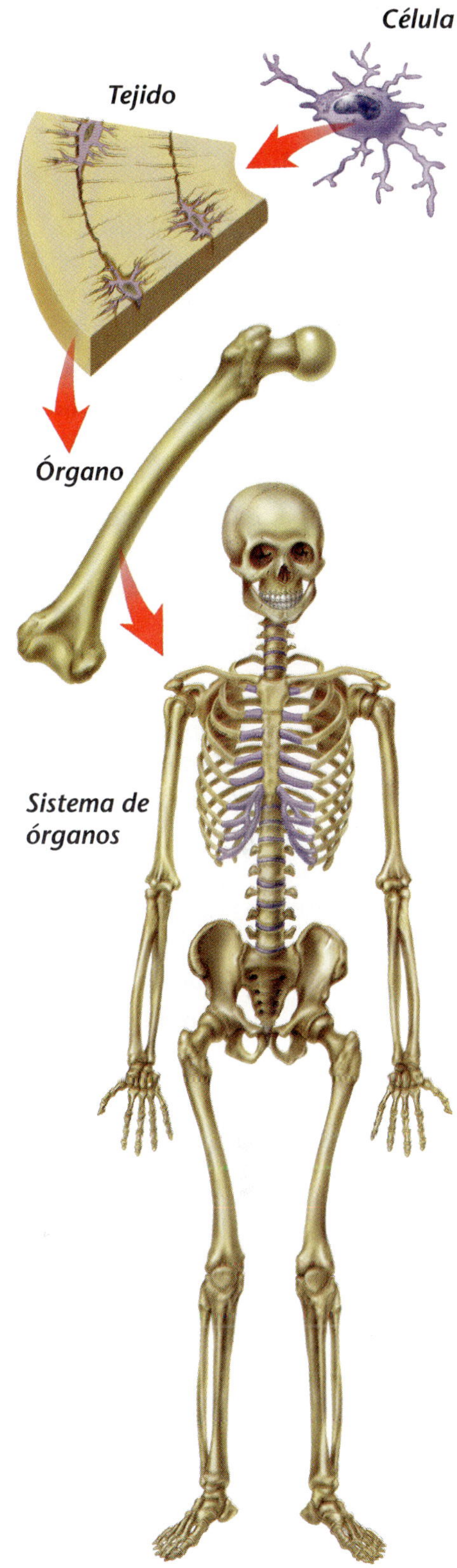

Figura 2 El sistema esquelético de un animal tiene distintos niveles de organización. Las células de los huesos constituyen los tejidos, y los tejidos integran órganos como el fémur. *Clasificar ¿El cráneo es un órgano o un tejido?*

INTÉNTALO

Muévete

ACTIVIDAD

Diseña un animal con una manera nueva y distinta de moverse. Tu diseño debe ayudar a tu animal a obtener alimento o huir del peligro.

1. Haz y rotula un dibujo que muestre cómo se movería el animal.
2. Usa plastilina, limpiadores de pipa, latas de aluminio, cartulina y cualquier material disponible para crear un modelo tridimensional de tu animal.
3. Compara tu animal con los de tus compañeros. ¿En qué se parecen? ¿En qué se diferencian?

Hacer modelos ¿Qué características de diseño ayudan a tu animal a obtener alimento o huir del peligro?

más grande. La unión de un óvulo con el esperma se llama **fecundación**. Las células de esperma y los óvulos transportan información sobre las características de los padres que los producen: características como tamaño y color. Cuando el espermatozoide y el óvulo se unen, el nuevo individuo que resulta tiene una combinación de características de ambos padres. Se parece a los dos padres, pero no es exactamente igual a ninguno.

Algunos animales se reproducen asexualmente. La **reproducción asexual** es el proceso por el cual un solo organismo produce un nuevo organismo idéntico. La reproducción asexual no incluye la unión de células sexuales de dos individuos. En cambio, el organismo padre se puede dividir para formar dos o más organismos nuevos, o puede producir crías de las yemas que crecen en su cuerpo. Por ejemplo, un animal diminuto llamado hidra se reproduce asexualmente formando brotes que con el tiempo se desprenden para formar nuevas hidras.

Cómo se mueven los animales El movimiento de los animales puede ser interesante de observar. Casi todos sus movimientos se relacionan con la obtención de alimento, con la reproducción y con huir de los peligros. Por ejemplo, los barnaclas agitan sus alas en el agua para atrapar partículas de alimento. Algunos gansos vuelan miles de millas cada primavera, hacia el lugar donde se aparean y ponen sus huevos. Y probablemente hayas visto un gato trepar por un árbol para alejarse de un perro que gruñe.

Aunque algunos animales no se mueven de lugar, como las ostras adultas, las esponjas y los corales que se adhieren firmemente a rocas y otras superficies sólidas bajo el agua; la mayoría de los animales se mueve libremente en alguna etapa de su vida. Por ejemplo, durante las primeras semanas de vida, una ostra es una nadadora tan diminuta que se necesitaría un microscopio para verla. Después la ostra joven busca una superficie sólida y se adhiere; se pega en el lugar y sufre cambios de forma, hasta convertirse en una ostra adulta dentro de su concha.

☑ ***Punto clave*** *Contrasta las maneras en que los heterótrofos y los autótrofos obtienen su alimento.*

Figura 3 Animales como este semental árabe se mueven con gracia y fuerza.

A

B

Cómo satisfacen sus necesidades los animales

Si te pidieran una lista de lo que necesitas para mantenerte vivo, quizás escribirías *agua, alimento* y *oxígeno*. Como todos los seres vivos, los animales necesitan agua porque las reacciones químicas que los mantienen vivos, como la descomposición de los alimentos, ocurren en el agua. Los alimentos proporcionan a los animales la materia prima para el crecimiento y la energía para las actividades de sus cuerpos, como el movimiento y la respiración. Para liberar esa energía, las células del cuerpo necesitan oxígeno. Algunos animales obtienen oxígeno del aire; otros lo absorben del agua.

El agua, los alimentos y el oxígeno tienen que venir del ambiente del animal. Un animal necesita ser capaz de responder a su ambiente, por ejemplo, de encontrar alimento y de huir del peligro. Los cuerpos y los comportamientos de los animales están adaptados para tareas como éstas. Una **adaptación** es una característica que ayuda a un organismo a sobrevivir en su ambiente o a reproducirse.

Adaptaciones para obtener alimentos

A diferencia de las plantas que producen su propio alimento usando la luz solar, los animales deben obtener su alimento. Algunos animales comen plantas, otros animales comen a otros animales, y hay otros que se alimentan de plantas y animales.

Figura 4 Los animales tienen distintas adaptaciones que les permiten obtener alimento. **A.** La víbora de moqueta es un carnívoro que se alimenta de lagartijas y otros animales. **B.** La guacamaya es un herbívoro que se alimenta de frutas y semillas. **Observar** *¿Qué adaptaciones para la alimentación ves en las fotos?*

Herbívoros Los animales que sólo comen plantas se llaman **herbívoros**. Los grillos, las termitas y los caracoles de tierra son algunos herbívoros pequeños comunes. Algunos herbívoros de mayor tamaño son las vacas, los caballos y los osos panda. Los herbívoros tienen adaptaciones como dientes con superficies anchas y planas, ideales para moler las plantas duras.

Carnívoros Los animales que sólo comen carne de otros animales son **carnívoros**. Muchos carnívoros son **depredadores** que cazan y matan otros animales y que cuentan con adaptaciones para capturar a los animales que comen, su presa. Por ejemplo, los lobos corren tras su **presa**. Las adaptaciones del lobo incluyen garras filosas, velocidad y oído y vista excelentes. Los dientes de la mayoría de los carnívoros son filosos y puntiagudos, adaptados para cortar y desgarrar.

A diferencia de los lobos, los depredadores de acecho se esconden y atacan de repente. La mayoría se confunde con su entorno. Imagina una rana posada tranquilamente junto a un estanque. Un insecto que pasa volando no la ve. De repente la lengua pegajosa de la rana atrapa al insecto ingenuo.

Omnívoros Algunos animales comen plantas y animales; estos animales se llaman **omnívoros**. Un oso pardo come tanto bayas y raíces como insectos, peces y otros animales pequeños. Los seres humanos también somos omnívoros, lo puedes comprobar si te gustan las hamburguesas con tomate.

☑ *Punto clave* *Describe algunas adaptaciones de los carnívoros para poder alimentarse.*

Adaptaciones para huir de depredadores

Además de las adaptaciones para poder alimentarse, los animales tienen otras que les ayudan para no ser devorados por los depredadores. Algunos animales como las tortugas y los erizos tienen conchas duras o piel con espinas. Las zarigüeyas y los pinacates juegan "al muerto" cuando son atacados, para que sus depredadores pierdan el interés. Aguijones, garras, carne agria y olores fuertes protegen a otros animales. Si ves un zorrillo, te alejas de él. Tal como lo hace la mayoría de los depredadores.

Clasificación de los animales

Los biólogos han dividido a los miembros del reino animal en 35 grupos principales, cada uno de los cuales se llama **fílum** (plural *fila*). A medida que leas este libro, aprenderás las características de algunos de estos fílums. Advierte que en la Figura 6, los fílums están ordenados como las ramas de un árbol. Este árbol muestra cómo,

Mejora tus destrezas

Inferir ACTIVIDAD

Las ilustraciones muestran las quijadas de dos animales. Observa con atención las ilustraciones y decide qué tipo de alimento probablemente come cada animal. Haz una lista de las observaciones en las cuales basas tus inferencias.

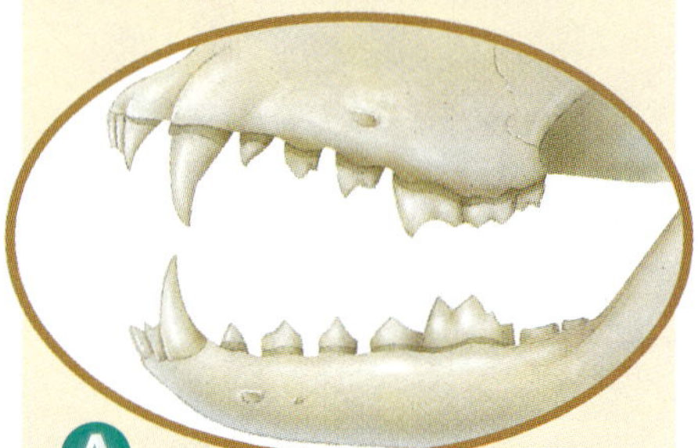

A

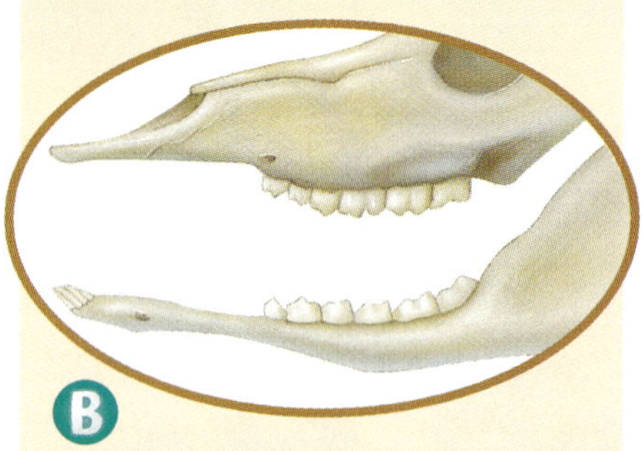

B

Figura 5 Los erizos, como este pigmeo africano, se enrollan en una bola espinosa para protegerse de posibles depredadores.

según los biólogos, se relacionan los distintos fílums. Por ejemplo, por sus posiciones en el árbol, puedes ver que los gusanos segmentados están más vinculados con los artrópodos que con las esponjas.

El árbol también muestra el orden en que los biólogos suponen que la vida animal ha evolucionado o cambiado con el tiempo. El resultado de este proceso son los distintos fílums que hoy existen. Los biólogos no saben exactamente cómo tuvo lugar la evolución, sólo hacen inferencias con base en la mejor evidencia disponible. Nota que los biólogos piensan que todos los animales descienden de ancestros unicelulares, o de una sola célula, como se muestra en la base del árbol.

Figura 6 Este árbol muestra cómo los fílums principales de animales están relacionados, y el orden aproximado en que evolucionaron. ***Interpretar diagramas*** *¿Con qué grupo están más vinculados los gusanos planos, con los nematelmintos o los moluscos?*

Figura 7 Los biólogos a menudo estudian el desarrollo de los embriones cuando clasifican a los animales. ***Comparar y contrastar*** *Compara los embriones de tres vertebrados: un pez, un conejo y un ser humano. ¿Qué animales muestran mayor similitud en su desarrollo?*

Los animales se clasifican, o se agrupan, según como se relacionen con los demás animales. **Cuando los biólogos clasifican a un animal, observan la estructura de su cuerpo y la forma en que se desarrolla como embrión al principio de su vida. También examinan el ADN, sustancia química en las células que controla las características hereditarias del organismo.** Cuanto más similares sean dos animales en esas características, probablemente más cercana es su relación.

Por ejemplo, observa los embriones en desarrollo en la Figura 7. Puedes ver que el embrión de conejo se parece más al embrión humano que al embrión de pez. Esta similitud proporciona la evidencia que indica que los conejos están más relacionados con los humanos que con los peces. La estructura del corazón de los animales es otra evidencia. El corazón de los conejos y el de los humanos son parecidos, pero son muy diferentes del corazón de los peces.

Una característica estructural importante que se usa para clasificar a los animales es la presencia o la falta de columna vertebral, la cual es una serie de huesos a lo largo del centro de la espalda. Un animal que no tiene columna vertebral se llama **invertebrado**. Las aguamalas, gusanos, caracoles, cangrejos, arañas e insectos son invertebrados. La mayoría de las especies animales (cerca del 95 por ciento) son invertebrados. En contraste, un **vertebrado** es un animal con columna vertebral. Los peces, anfibios, reptiles, aves y mamíferos son vertebrados.

Además de tener o no columna vertebral, los animales también se diferencian en la forma de sus cuerpos. Aunque unos pocos animales tienen cuerpos asimétricos, éstos son la excepción, como aprenderás en la siguiente sección.

Repaso de la sección 1

1. Describe dos características que todos los animales comparten.
2. Haz una lista de las características principales que se usan para clasificar a los animales en grupos.
3. Haz una lista de las necesidades que los animales tienen que satisfacer para sobrevivir.
4. **Razonamiento crítico Comparar y contrastar** Contrasta las maneras en que los lobos y las ranas obtienen su alimento, e identifica una adaptación que tiene cada animal para obtener alimento.

PROYECTO DEL CAPÍTULO 1

Comprueba tu aprendizaje

Ya debiste haber escogido tu animal e investigado en la biblioteca cómo satisfacer sus necesidades. Comenta con tu maestro cómo piensas obtener, alojar y cuidar tu animal. Después de preparar la casa de tu animal y de obtener alimento para él, ponlo en su nuevo hogar. (*Sugerencia*: Considera cómo sobrevivirá tu animal en las vacaciones y los fines de semana.)

SECCIÓN 2 Simetría

DESCUBRE ACTIVIDAD

¿De cuántas maneras se puede doblar?

1. Traza el triángulo en una hoja de papel y recórtalo. Después, dibuja un círculo con el contorno de un vaso u otro objeto redondo. Recorta el círculo.
2. Dobla el triángulo a la mitad. Haz lo mismo con el círculo.
3. ¿De cuántas maneras se puede doblar cada figura de manera que las dos mitades sean idénticas?

Reflexiona sobre

Clasificar ¿Qué animales conoces cuyo contorno podría doblarse las mismas veces que el triángulo? ¿O como el círculo?

Con sus alas cerradas, una mariposa de colores brillantes se posa en una flor para beber el néctar. Sus alas delicadas, pero fuertes, no se mueven mientras bebe. De repente, esas alas que parecen tan frágiles empiezan a moverse y levantan a la mariposa, casi sin esfuerzo, por el aire.

Como puedes ver en la fotografía de la gran mariposa cobriza en la Figura 8, el cuerpo de una mariposa tiene dos mitades, y cada mitad parece la imagen de la otra en un espejo. Esta disposición equilibrada, llamada simetría, es característica de muchos animales. La simetría de la mariposa contribuye a su apariencia agradable. Pero más importante, las alas equilibradas ayudan a la mariposa a volar con mayor facilidad.

GUÍA DE LECTURA

- **¿Qué tipos de simetría muestran los animales complejos?**

Sugerencia de lectura **Antes de leer, mira las Figuras 8 y 9. Predice cómo la forma del cuerpo es importante para un animal.**

Figura 8 Si pudieras dibujar una línea por el cuerpo de esta mariposa, la dividiría en dos mitades idénticas, como el reflejo de una mitad en un espejo. *Aplicar los conceptos ¿Cómo se llama esta disposición equilibrada?*

Las matemáticas de la simetría

En la Figura 8, puedes ver que una línea trazada verticalmente por en medio de la mariposa produce dos mitades del mismo tamaño, como reflejos exactos en un espejo. Esta línea que divide se llama eje de simetría. Un objeto tiene simetría lineal, o **simetría bilateral**, si hay una línea que lo divida en mitades como si fuera su imagen en el espejo. La gran mariposa cobriza tiene simetría bilateral, como una hoja de roble, una cuchara y un par de anteojos.

La simetría de la mariposa contrasta con la de una anémona de mar. La anémona de mar es circular, si la observas desde arriba, como en la Figura 9. Cualquier línea trazada por su centro dividirá la anémona en dos mitades simétricas. Como la anémona de mar, muchos objetos circulares muestran **simetría radial:** tienen muchos ejes de simetría que pasan por un punto central. Las bandejas redondas y las ruedas de bicicleta tienen simetría radial.

Figura 9 Las anémonas de mar tienen simetría radial. Un objeto con simetría radial tiene muchos ejes de simetría que pasan por un punto central. **Observar** *¿Cómo describirías la forma de la anémona de mar?*

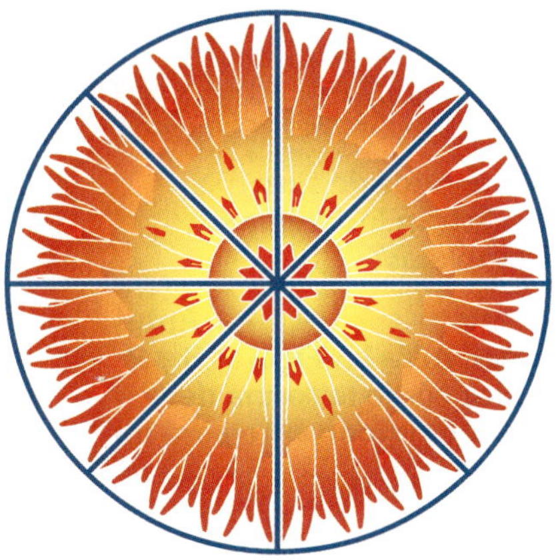

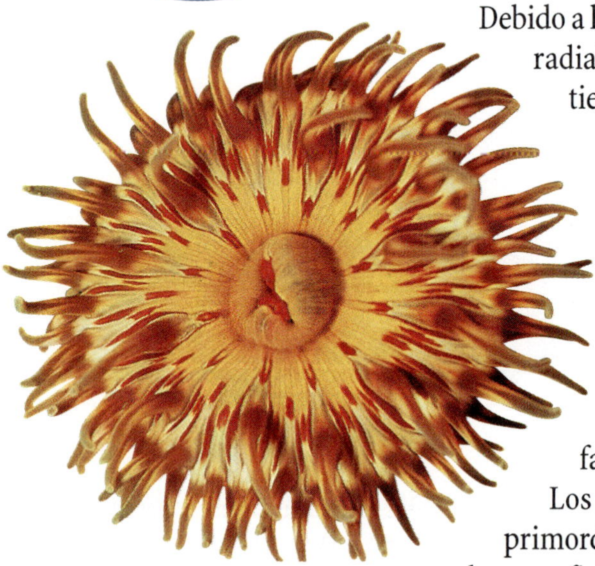

***Punto clave** ¿En qué se diferencia la simetría radial de la simetría bilateral?*

Simetría en animales

Hay pocos animales, como la mayoría de las esponjas, que no tienen simetría. Estos animales asimétricos generalmente tienen cuerpos muy sencillos. Por ejemplo, las esponjas no tienen corazón, cerebro, riñones ni células nerviosas. **Los cuerpos de todos los animales complejos tienen simetría radial o bilateral.**

Animales con simetría radial Las partes externas del cuerpo de los animales con simetría radial están uniformemente dispuestas alrededor de un eje central, como los rayos de una rueda de bicicleta. Debido a la disposición circular de sus partes, los animales con simetría radial, como aguamalas, anémonas de mar y erizos de mar no tienen definidas las partes traseras y delanteras.

Los animales con simetría radial tienen varias características en común. Todos viven en el agua. La mayoría no se traslada rápidamente; se queda en un solo lugar, se mueve con las corrientes de agua o se arrastran lentamente por el suelo. Pocos animales con simetría radial pueden salir en búsqueda de presa. A cambio, su ambiente acuático les proporciona los alimentos.

Para un animal acuático que no persigue su presa, la falta de una parte delantera o trasera no es una desventaja. Los animales con simetría radial conocen su medio ambiente primordialmente por los sentidos del tacto y gusto, que funcionan en la superficie de sus cuerpos. Gracias a que pueden percibir su medio ambiente en todas las direcciones, pueden atrapar el alimento que venga desde cualquier punto.

Animales con simetría bilateral La mayoría de los animales tiene simetría bilateral. Por ejemplo, un pez tiene una sola línea de simetría que lo divide en dos mitades iguales. Cada lado del pez tiene un ojo, una fosa nasal, la mitad de la boca, y un par de aletas. Tu cuerpo también tiene simetría bilateral.

En general, los animales con simetría bilateral son más grandes y complejos que los de simetría radial. Los animales con simetría bilateral tienen una parte delantera que sale primero cuando el animal se mueve. Estos animales muestran movimientos más rápidos y eficientes que la mayoría de los animales con simetría radial. En parte, esto se debe a que la simetría bilateral produce un cuerpo equilibrado y aerodinámico. Además, la mayoría de los animales con simetría bilateral tiene órganos sensoriales en el frente que perciben información sobre lo que hay delante de ellos. El movimiento rápido y los órganos sensoriales ayudan a los animales con simetría bilateral a conseguir alimento y huir de sus enemigos.

Figura 10 Los animales con simetría radial, como el erizo de mar a la izquierda, no tienen parte delantera ni trasera definidas. En contraste, los animales con simetría bilateral, como el tigre de arriba, tienen un frente con órganos sensoriales que perciben información. Debido al plano de su cuerpo equilibrado, un tigre también se puede mover rápidamente.

Repaso de la sección 2

1. ¿Cuáles son los dos tipos de simetría propias de los animales complejos? Descríbelos.
2. ¿De qué manera la simetría bilateral resulta una ventaja para un depredador?
3. Haz un dibujo de un animal con simetría bilateral que muestre su simetría. Traza el eje de simetría.
4. **Razonamiento crítico** **Aplicar los conceptos** ¿Qué letras mayúsculas tienen simetría bilateral? ¿Y simetría radial?

Las ciencias en casa

Con un familiar, observa en tu jardín o en un parque el mayor número de animales posible. Busca en lugares distintos, como en el césped, bajo las piedras y en el aire. Explica a tu pariente la ventaja de un animal al tener una parte trasera definida. ¿Cómo se llama este tipo de disposición de cuerpo?

Laboratorio real

Resuelve el misterio

TRAS LAS HUELLAS

Supón que caminas por un parque un frío día de invierno. Sospechas que muchos animales viven allí, pero a ninguno ves. En cambio, ves señales que los animales han dejado, como estas huellas misteriosas en la nieve. Estas huellas son evidencia que puedes usar para hacer inferencias sobre los animales, tales como su tamaño y qué estaban haciendo. Las inferencias son interpretaciones de observaciones que te ayudan a explicar qué pudo haber sucedido en una situación dada.

Problema

¿Qué puedes aprender sobre los animales al estudiar sus huellas?

Enfoque en las destrezas

observar, inferir

Procedimiento

1. Copia en tu cuaderno la tabla de datos.
2. La ilustración en la parte superior de la siguiente página muestra rastros o huellas dejadas por los animales que viven en el parque. La ilustración está dividida en tres secciones. Observa las huellas en la Sección 1.
3. Haz dos o tres observaciones sobre las huellas y anótalas en tu tabla de datos.
4. Para cada observación que anotaste, escribe una o dos inferencias más que podrías hacer con base en esa observación.

TABLA DE DATOS

Sección	Observaciones	Inferencias
Sección 1		
Sección 2		
Sección 3		

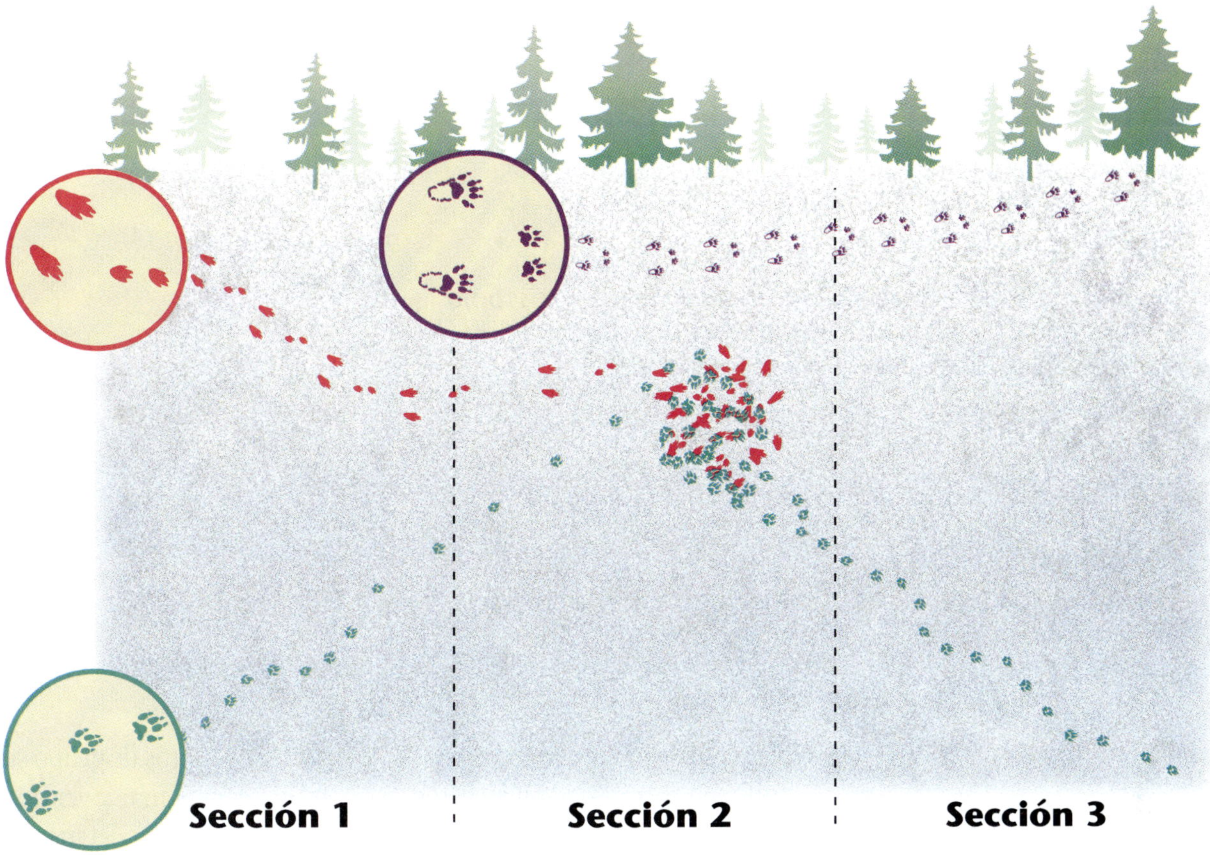

5. Ahora observa las huellas en la Sección 2. Escribe dos o más observaciones en la tabla de datos. Para cada observación, escribe una o más inferencias.
6. Estudia las huellas en la Sección 3. Escribe por lo menos una inferencia para cada observación.

Analizar y concluir

1. ¿Cuántos tipos de animales hicieron las huellas? Explica tu respuesta.
2. ¿Qué inferencias puedes hacer sobre el tamaño relativo de los animales de acuerdo con sus huellas? Explica tu respuesta.
3. ¿Qué puedes inferir sobre la rapidez de los movimientos de los animales? ¿Están caminando? ¿Corriendo? ¿Cómo lo sabes?
4. Escribe un párrafo para explicar qué crees que les sucedió a los animales y el orden de los hechos.
5. ¿De qué inferencia te sientes más seguro, y por qué? ¿De qué inferencia te sientes menos seguro, y por qué?
6. **Aplicar** ¿Qué importancia tendría para el trabajo de un detective, hacer inferencias? Explica tu respuesta.

Explorar más

Da un paseo por tu comunidad para buscar evidencia indirecta de vida animal, como rastros, plumas, nidos vacíos y hoyos en el suelo o en troncos. Por cada hallazgo, anota la ubicación, al menos dos observaciones importantes y una o más inferencias para explicar cada observación.

SECCIÓN 3
Esponjas y cnidarios

DESCUBRE — ACTIVIDAD

¿Cómo distinguir las esponjas naturales de las sintéticas?

1. Examina una esponja natural, y usa una lupa o un microscopio para ver más de cerca la superficie. Observa con atención los hoyos de la esponja. Dibuja lo que veas por la lente.
2. Corta un trozo pequeño de esponja y examínalo con la lupa. Dibuja lo que veas.
3. Repite los Pasos 1 y 2 con una esponja de cocina sintética.

Reflexiona sobre

Observar ¿Cuáles son las tres cosas en que se parecen la esponja natural y la sintética? ¿Cuáles serían tres diferencias?

GUÍA DE LECTURA

- **¿Cómo está organizado el cuerpo de una esponja?**
- **¿Cuáles son las tres características principales de los cnidarios?**

Sugerencia de lectura **Antes de leer, consulta *Explorar una esponja* en la página 29. Escribe una descripción breve de una esponja.**

Con entusiasmo, pero con cuidado, tú y tus compañeros de grupo se ponen los trajes de buzo, listos para hundirse en el mar y ver qué hay bajo la superficie. Saltas del barco, y el agua salada del mar se siente fresca en tu piel. Al descender lentamente, notas que estás rodeado por animales. Ves muchas clases de peces, por supuesto, pero al llegar al fondo del mar, ves otros animales, algunos tan extraños como las criaturas de una película de ciencia ficción. Algunas de esas criaturas extrañas pueden ser esponjas.

Las esponjas viven en todo el mundo, principalmente en los océanos, pero también en ríos y lagos de agua dulce. Las esponjas se adhieren a las superficies duras bajo el agua, y están adaptadas para la vida acuática. El movimiento de las corrientes les proporciona agua y oxígeno, y se lleva sus desechos. El agua tiene un papel importante en su reproducción y ayuda a sus crías a hallar nuevos lugares donde vivir.

Esponjas

Las esponjas no se parecen ni actúan como la mayoría de los animales que conoces. De hecho, son tan diferentes que por mucho tiempo se creyó que eran plantas. Como las plantas, las esponjas adultas permanecen en un lugar. Pero a diferencia de la mayoría de las plantas, las esponjas llevan alimento a sus cuerpos, lo que les da una clasificación en el reino animal. Estos extraños animales han existido en la Tierra desde hace cerca de 540 millones de años.

◄ Esponjas rosas en un arrecife de coral caribeño

El cuerpo de la mayoría de las esponjas tiene forma irregular, sin simetría. Aunque algunas de sus células desempeñan funciones especializadas, las esponjas carecen de los tejidos y órganos que tienen la mayoría de los animales.

La estructura de una esponja Tal vez hayas usado una esponja sintética para limpiar algún líquido que se haya derramado. Esa esponja tiene muchos hoyos, al igual que los animales llamados esponjas. **El cuerpo de una esponja se parece a una bolsa con hoyos por todas partes, llamados poros.** De hecho, el nombre del fílum al que pertenecen las esponjas es poríferos, que significa "con poros". Observa la gran cantidad de poros en la esponja en *Explorar una esponja.*

EXPLORAR *una esponja*

Cientos de poros, muchos tan pequeños que sólo con lupa pueden verse, cubren el cuerpo de la esponja. Traza la trayectoria del agua al entrar por un poro pequeño y moverse por la esponja. El movimiento del agua es clave para la supervivencia de la esponja, porque le proporciona alimento y se lleva los desechos.

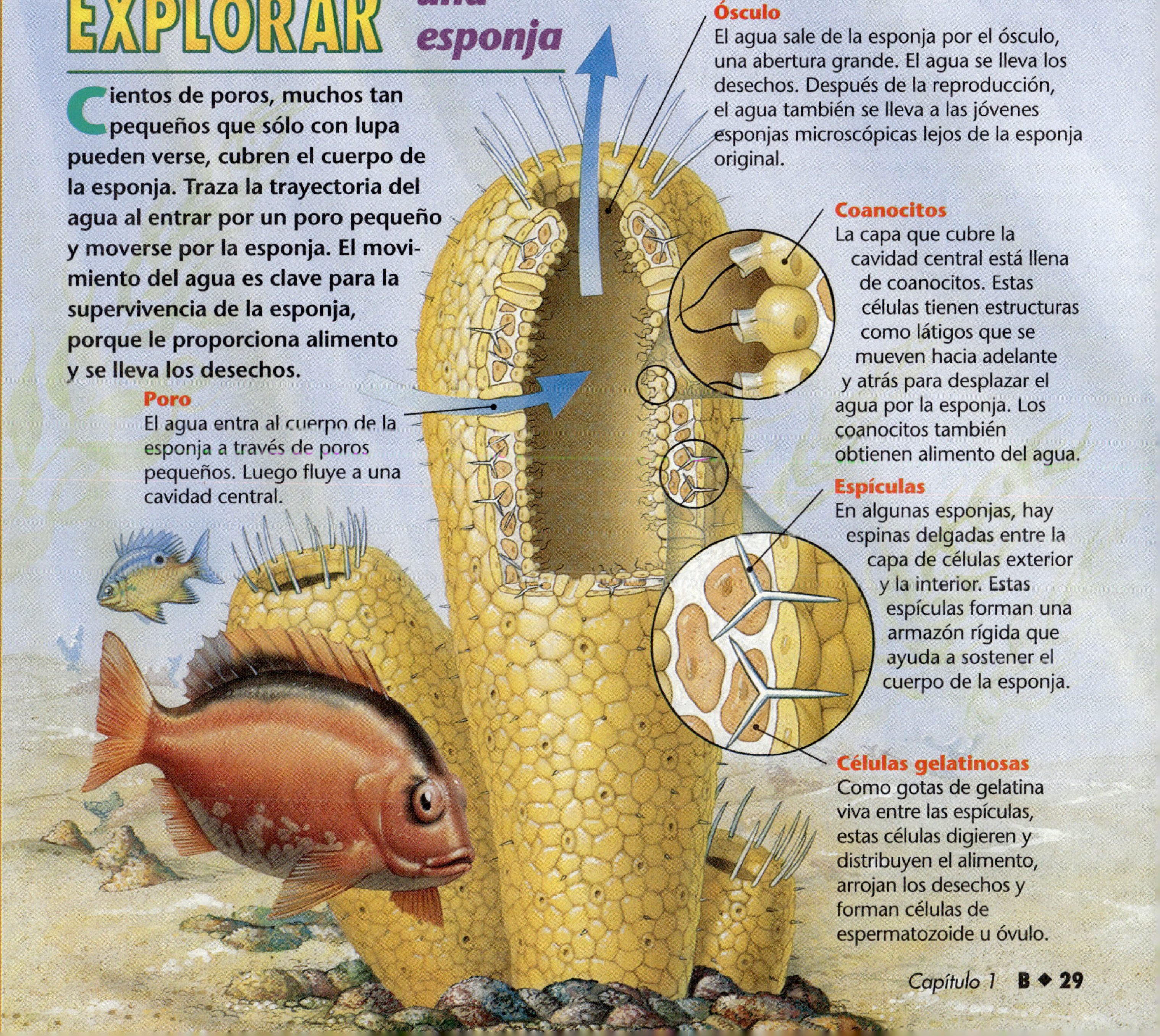

Artes del lenguaje CONEXIÓN

En el párrafo que describe cómo se defienden las esponjas, observa que el autor dice que cenar esponjas sería "como comerse un emparedado de espinas, arena y cemento, con un poquito de aderezo de sabor horrible". La descripción del autor es un símil, es decir, una comparación en la que se usa la palabra *como.* Los escritores suelen usar símiles para crear imágenes e impresiones más vívidas en el lector.

En tu diario

Tú también puedes usar símiles al escribir. Por ejemplo, puedes decir que en una carrera de caballos los animales salen disparados como cohetes. Elige tres animales y escribe un símil que describa a cada uno de ellos. En cada caso, identifica alguna característica notable.

Obtener alimento y oxígeno del agua Las esponjas se alimentan al filtrar partículas de alimento del agua. Cuando el agua entra en una esponja, lleva organismos diminutos como bacterias y protistos. Los coanocitos dentro de la cavidad central atrapan estas partículas de alimento y las digieren. Las esponjas son muy eficientes para extraer partículas de alimento del agua. Una esponja del tamaño de una taza de té puede extraer alimento de 5,000 litros de agua por día. ¡Esa cantidad de agua llenaría un camión de botellas de dos litros!

INTEGRAR LA QUÍMICA Las esponjas obtienen también oxígeno del agua. El agua contiene oxígeno, el cual pasa a las células de la esponja por un proceso llamado difusión. En la difusión, las moléculas de una sustancia se mueven de un área donde hay una concentración alta, a otra área de menos concentración. El oxígeno se concentra más en el agua que en las células de la esponja, por eso se mueve del agua a la esponja. Los desechos de las células de la esponja también pasan al agua por difusión.

Espículas Una red de espículas contiene los cuerpos blandos de la mayoría de las esponjas. Estas espículas son filosas espinas. Muchas esponjas son más duras que la madera, y algunas producen sustancias irritantes. Aun así, algunos peces comen esponjas. Una cena de esponjas probablemente es como comerse un emparedado de espinas, arena y cemento, con un poquito de aderezo de sabor horrible.

Reproducción de las esponjas Las esponjas se reproducen de manera asexual y sexual. La gemación es una forma de reproducción asexual. En la gemación, crecen nuevas esponjas de los lados de la esponja adulta. Con el tiempo, estas esponjas jóvenes se desprenden y empiezan a vivir por su cuenta. Las esponjas también se reproducen sexualmente y no tienen sexos separados; una misma esponja forma óvulos durante parte del año y espermatozoides durante la otra. Hay esponjas que en cualquier momento producen óvulos y otras que producen espermatozoides. Cuando una esponja produce espermatozoides, las corrientes de agua que circulan por la esponjan llevan los espermatozoides de la esponja al agua suelta. Los espermatozoides pueden entrar por los poros de otra esponja y fecundar sus óvulos.

Después de la fecundación, se desarrolla una larva. Una **larva** es la forma inmadura de un animal que parece muy diferente del adulto. Una larva de esponja es una bola de células hueca que nada por el agua. Con el tiempo, la larva se pega a una superficie y se convierte en una esponja adulta inmóvil.

☑ *Punto clave* *Cuando el agua fluye por el cuerpo de la esponja, ¿qué funciones le permite a la esponja desempeñar?*

Cnidarios

Otros organismos que podrías notar al bucear son medusas, anémonas de mar y corales. A primera vista, pareciera como si esos animales fueran de otro planeta. La mayoría de las medusas parecen burbujas transparentes con cortinas de tentáculos como serpentinas. Las anémonas de mar parecen flores submarinas extrañas. Algunos corales tienen ramas que los hacen verse como árboles. Medusas, anémonas de mar y corales son **cnidarios**, animales con ventosas urticantes y que llevan su alimento a una cavidad central. **Los carnívoros que usan sus ventosas urticantes para atrapar su presa y para defenderse, pertenecen a los cnidarios**. Estas ventosas urticantes están en los tentáculos, largos y ondulados.

A diferencia de las esponjas, los cnidarios tienen tejidos especializados. Por ejemplo, debido a tejidos parecidos a músculos, muchos cnidarios pueden moverse en formas interesantes. Las medusas nadan por el agua, y las hidras hacen piruetas lentas en el agua. Las anémonas se estiran y se encogen, y se doblan lentamente de un lado a otro. Estos movimientos los dirigen células nerviosas esparcidas como una telaraña o red. Esta red nerviosa ayuda al cnidario a responder rápidamente ante el peligro o la presencia de alimento.

Plano del cuerpo del cnidario Los cnidarios tienen dos planos distintos, ambos con simetría radial. Cuando leas sobre estos dos planos de cuerpo, observa la Figura 12. Un **pólipo**, como lo son la hidra, la anémona de mar y el coral, tiene forma de florero, con la abertura de la boca en la parte superior. La mayoría de los pólipos no se mueven; están adaptados para vivir adheridos a una superficie bajo el agua. En cambio, la **medusa**, con forma de taza, como

Figura 11 Todos los cnidarios viven en un ambiente acuático. **A.** Las hidras viven en estanques y lagos de agua dulce, donde se reproducen por gemación. **B.** La fisalia aretusa en realidad es una colonia de cnidarios que viven juntos. **C.** Las anémonas de mar son cnidarios grandes que a menudo viven en grupos en el océano. *Comparar y contrastar ¿Qué características tienen estos tres cnidarios en común?*

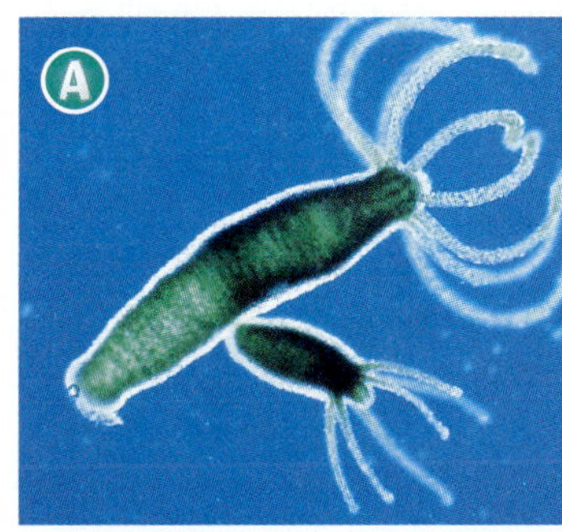

INTÉNTALO

¿Algún cnidario por ahí?

ACTIVIDAD

En esta actividad observarás las hiedras en acción.

1. Pon un poco de agua con hidras en un pequeño recipiente de plástico o caja de Petri. Déjala reposar por 15 minutos.
2. Usa una lente de aumento para observar a las hidras. Toca suavemente los tentáculos de una de ellas con un palillo de dientes. Observa qué sucede.
3. Devuelve el recipiente a tu maestro y lávate las manos.

Clasificar ¿Son las hidras pólipos o medusas? Describe su manera de moverse.

una aguamala, está adaptada para una vida en flotación libre. A diferencia de los pólipos, las medusas tienen bocas que abren hacia abajo. Algunos cnidarios pasan por una etapa de pólipo y una etapa de medusa durante la vida. Otras son pólipos o medusas toda la vida.

Cómo se alimentan los cnidarios Un cnidario atrapa su presa al usar sus ventosas urticantes para inyectar una sustancia venenosa que paraliza a los peces y otras presas. Después, los tentáculos del cnidario llevan el alimento a la boca. De allí el alimento pasa a una cavidad donde es digerido. Como los cnidarios tienen un sistema digestivo con una sola abertura, el alimento no digerido se expulsa a través de la boca.

Reproducción de los cnidarios Los cnidarios se reproducen asexual y sexualmente. Para los pólipos, como la hidra de la Figura 11, la gemación es la forma más común de reproducción asexual. Sorprendentemente, en algunos pólipos el animal entero se divide en partes. Cada parte forma un pólipo nuevo. Ambas formas de reproducción asexual permiten que el número de cnidarios aumente con gran rapidez en poco tiempo.

Los cnidarios se reproducen sexualmente de varias maneras. Algunas especies tienen ambos sexos en un mismo individuo. En otras, los sexos están en individuos separados, como en los humanos.

Punto clave *¿Cómo obtiene y digiere el alimento un cnidario?*

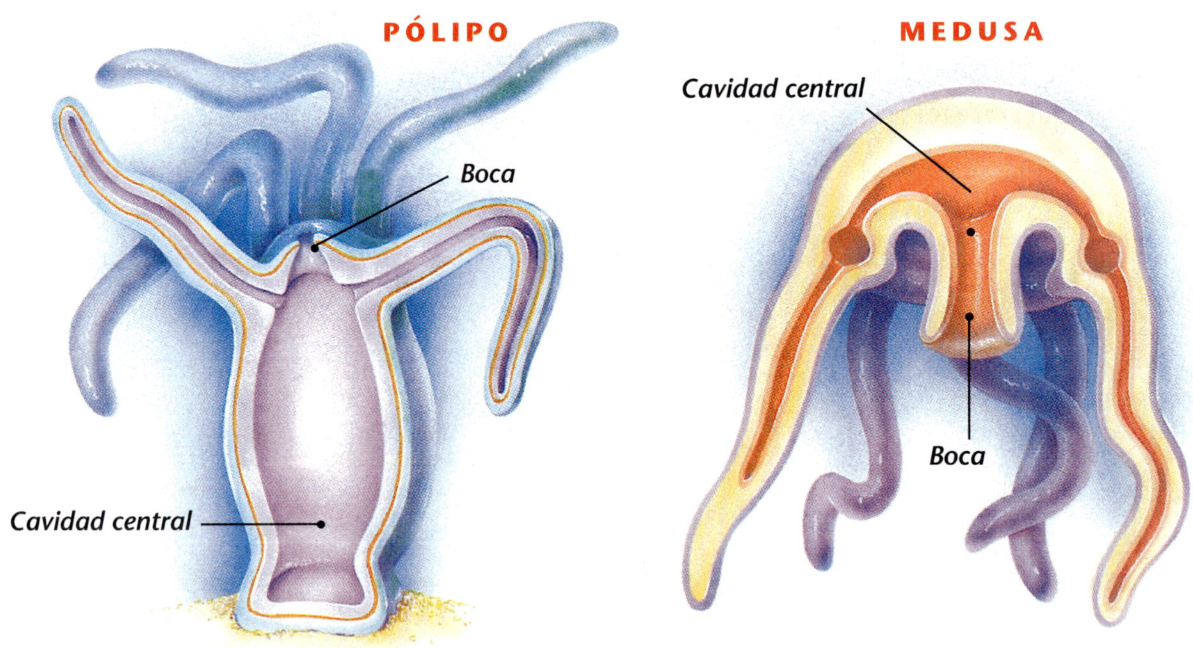

Figura 12 Los cnidarios tienen dos formas básicas de cuerpo: el pólipo con forma de florero y la medusa con forma de tazón. ***Comparar y contrastar*** *Contrasta la ubicación de la boca en el pólipo y la medusa.*

La vida en un arrecife

Figura 13 Los arrecifes de coral son refugio y coto de caza para una gran variedad de animales del mar. La foto de abajo es un acercamiento a un grupo de pólipos de coral.

En algunas aguas marinas poco profundas y cálidas, justo bajo la superficie, puedes hallar uno de los ambientes marinos más diversos del océano: un arrecife de coral. Los arrecifes de coral parecen de piedra. Pero de hecho, los arrecifes de coral están formados por cnidarios. Al inicio de su vida, una larva de coral que flota libre se adhiere a una superficie sólida. Una concha rota, un barco hundido o el esqueleto de un coral son perfectos para este fin.

El pólipo de coral se reproduce asexualmente lo mismo que su descendencia. El pólipo de coral produce un esqueleto duro como piedra alrededor de su cuerpo blando. Con el tiempo, ese pólipo puede dar vida a miles de pólipos, cada uno con un esqueleto duro. Cuando los pólipos de coral mueren, sus esqueletos permanecen. Durante miles de años, a medida que los corales vivos agregan sus esqueletos a los de aquellos que murieron, grandes masas parecidas a rocas, llamadas arrecifes, crecen desde el fondo del mar. Los arrecifes pueden llegar a ser enormes. La Gran Barrera de Arrecifes en la costa de Australia, mide 2,000 kilómetros de largo.

Los arrecifes, como en la Figura 13, son el refugio de más especies de peces e invertebrados que cualquier otro medio ambiente de la Tierra. Cientos de especies de esponjas viven entre los corales, filtrando el agua por sus cuerpos. Las lombrices excavan en el arrecife. Las almejas gigantes descansan con sus conchas enormes entreabiertas. Camarones y cangrejos salen de sus escondites bajo los corales. Por la noche, brillantes peces Damisela se acomodan en los huecos del coral. Al anochecer y al amanecer, tortugas, serpientes de mar y tiburones visitan el arrecife, buscando presas. Estos seres vivos interactúan en formas complejas.

Repaso de la sección 3

1. Describe la estructura del cuerpo de una esponja.
2. Explica cómo los cnidarios atrapan su presa y se defienden. Menciona estructuras específicas del cuerpo de los cnidarios.
3. Dibuja un diagrama para mostrar cómo el agua fluye por una esponja. Muestra la trayectoria con una flecha.
4. **Razonamiento crítico** **Clasificar** ¿Por qué se clasifica a las esponjas como animales?

PROYECTO DEL CAPÍTULO 1

Comprueba tu aprendizaje

Debes observar a tu animal todos los días y escribir tus observaciones en tu diario. Anota cómo se ve, cómo se alimenta y cómo se comporta. Anota cualquier cambio del animal. Comenta con tu maestro antes de modificar el refugio, horario de alimentación u otras condiciones de vida.

Ciencias y Sociedad

Arrecifes en peligro

Los arrecifes de coral en la costa de muchas naciones están en peligro, han sido dañados o amenazados por la destrucción. Los arrecifes alojan y protegen a muchas especies de animales marinos, incluyendo esponjas, camarones, tortugas marinas y peces. Además, protegen las costas contra las inundaciones causadas por las tormentas en el océano.

Aunque los arrecifes son tan duros como las rocas, el coral en sí es muy delicado. Los buzos pueden dañar los arrecifes frágiles. ¿Es posible proteger los arrecifes mientras los buzos siguen explorándolos?

Temas de debate

¿Qué tiene de malo bucear? Cerca de 3.5 millones de personas que disfrutan el buceo viven en Estados Unidos. Con tantos buzos es difícil garantizar que no se dañarán los arrecifes de coral. De hecho, los buzos pueden causar daños importantes al pararse sobre o al tocar los arrecifes. Dejar caer un ancla sin cuidado puede destruir parte del arrecife. Aunque la mayoría de los buzos son cuidadosos, siempre pueden ocurrir accidentes.

El daño más frecuente a los arrecifes ocurre cuando los buzos recolectan coral para coleccionar o para vender. Puedes ver el coral marino en joyería y en adornos.

¿Deben protegerse mejor los arrecifes? El gobierno de Estados Unidos ha aprobado leyes que prohiben, bajo la mayoría de las circunstancias, que las personas tomen coral del mar. Debido a que unos cuantos buzos no respetan las leyes, algunas personas quieren prohibir el buceo en su totalidad. Sin embargo, muchos buzos piensan que no es justo prohibir el buceo sólo por unos cuantos. Consideran que los arrecifes son los lugares más espectaculares y hermosos para explorar el océano.

A medida que buzos, fotógrafos, científicos y aficionados visitan y aprenden más sobre los delicados arrecifes, aumenta el conocimiento del público. Esto puede ser la mejor manera de asegurar su protección.

Más que un tema de buceo Los arrecifes de coral en el Atlántico occidental (en las Bermudas, las Bahamas, las Islas del Caribe y la Florida), son atracciones turísticas importantes que significan dinero y trabajo para las comunidades locales.

Además del daño que pueden causar los buzos a los arrecifes, otras actividades humanas (como la contaminación, los derrames de petróleo y las redes de pescar) también provocan daño. Asimismo, las tormentas tropicales, los cambios en el nivel y en la temperatura del mar dañan a los arrecifes frágiles.

Tú decide

1. Identifica el problema

En tus propias palabras, explica la controversia que genera el buceo en los arrecifes de coral.

2. Analiza las opciones

Enlista los argumentos de ambas partes. Observa las ventajas y desventajas. ¿Cómo favorece cada parte a los arrecifes de coral? ¿Qué o quién puede resultar dañado?

3. Encuentra una solución

Escribe un artículo que defina tu posición sobre el buceo en los arrecifes de coral. Especifica con claridad tu opinión y las razones en que se basa.

SECCIÓN 4

Gusanos

DESCUBRE — **ACTIVIDAD**

¿Qué puedes aprender acerca de un gusano plano al observarlo?

1. Tu maestro te dará una planaria, un tipo de gusano plano. Levanta el gusano con la punta de un pequeño pincel. Colócalo en un recipiente transparente pequeño. Usa un gotero para cubrir la planaria con agua de manantial.
2. Observa la planaria con una lupa durante unos minutos. Busca el área de la cabeza y de la cola. Busca dos manchas en el área de la cabeza. Haz un dibujo de la planaria.

3. Observa y describe cómo se mueve la planaria.
4. Con cuidado, toca la planaria con un palillo y observa cómo se comporta. Después devuelve la planaria a tu maestro y lávate las manos.

Reflexiona sobre

Observar ¿En qué se distingue una planaria de una esponja?

Quizá piensas que todos los gusanos son pequeños, viscosos y se retuercen. Sin embargo, muchos gusanos no son así. Hay unos de casi tres metros de largo y tan gruesos como tu brazo. Otros parecen masas peludas fosforescentes. Los gusanos pueden agitarse y arrastrarse o escalar con apéndices como cerdas. Y otros son muy pequeños y viven en tubos blancos pegados a piedras.

GUÍA DE LECTURA

- **¿Cuáles son los tres grupos principales de gusanos?**
- **¿Cuáles son las características de cada grupo de gusanos?**

Sugerencia de lectura **A medida que leas, haz una lista de las características de los gusanos planos, los cilíndricos y los segmentados.**

Qué tienen en común los gusanos

Es difícil decir exactamente qué son los gusanos porque los hay de muchos tipos, cada uno con sus propias características. **Los biólogos clasifican los gusanos en varios fílums. Los tres principales son: planaria, gusanos cilíndricos y gusanos segmentados.** Las planarias pertenecen al fílum platelmintos; los gusanos cilíndricos al fílum

Figura 14 El gusano plano de mar, a la izquierda, y el gusano segmentado del árbol de Navidad, derecha, son parte de la gran variedad de gusanos de mar.

Figura 15 Como notarás al observar en este espectacular gusano tremátodo, no todos los gusanos son grises y de forma cilíndrica.

nemátodos; los gusanos segmentados pertenecen al fílum anélidos.

Todos los gusanos tienen algunas características en común, son invertebrados y tienen cuerpos largos y estrechos sin patas. Además, tienen tejidos, órganos y sistemas de órganos. También, todos los gusanos tienen simetría bilateral. A diferencia de las esponjas o los cnidarios, los gusanos tienen extremos frontales y posteriores.

Los gusanos son los organismos más sencillos con cerebro, que es un nudo de tejido nervioso ubicado en el extremo frontal. Como el cerebro y algunos de los órganos sensoriales están ubicados en el extremo frontal, el gusano puede detectar objetos, alimento, parejas y depredadores rápidamente, y puede actuar de inmediato. Los órganos sensoriales, como los sensibles a la luz y el tacto, recopilan información del medio ambiente. El cerebro interpreta esa información y dirige la respuesta del animal. Por ejemplo, si una lombriz de tierra siente una pisada en la superficie del suelo, rápidamente vuelve a su túnel subterráneo.

En todos los fílums de gusanos, se presenta la reproducción sexual y la asexual. En muchas especies de gusanos, hay macho y hembra. En otras especies un mismo individuo tiene órganos sexuales masculinos y femeninos. Un gusano con ambos sexos normalmente no fecunda sus propios óvulos, sino que dos gusanos se aparean e intercambian espermatozoides. Muchos gusanos se reproducen asexualmente por métodos como dividirse en dos. De hecho, si cortas cierto tipo de gusano en varios pedazos, crecerá un gusano de cada pedazo. Las lombrices de tierra no pueden hacer esto, pero si cortas el extremo posterior de una, probablemente le crecerá a la lombriz una cola nueva. Esta capacidad de que las partes mutiladas de un organismo vuelvan a crecer se llama **regeneración**.

☑ *Punto clave* *¿Qué tipo de simetría tienen los gusanos?*

Gusanos planos

Como lo dice su nombre, estos gusanos son planos. Los cuerpos de los gusanos planos, como las planarias, los tremátodos y las tenias, son tan blandos como la gelatina. Aunque las tenias pueden medir de 10 a 12 metros de largo, otros gusanos son tan pequeños que casi no se ven.

La mayoría de las planarias son parásitos que obtienen su alimento de sus huéspedes. Un **parásito** es un organismo que vive dentro o encima de otro organismo. El parásito toma su alimento del organismo en que vive, llamado **huésped**. Los parásitos pueden robarles a sus huéspedes alimento y debilitarlos. Pueden dañar los tejidos u órganos del huésped. A veces un parásito mata a su huésped, pero normalmente el huésped sobrevive.

Tenias Las tenias son un tipo de planaria parásito. El cuerpo de una tenia está adaptado para absorber alimento del sistema digestivo del huésped. Algunos tipos de tenias pueden vivir en huéspedes humanos. Muchas tenias viven en más de un huésped durante su vida. Nota que en *Explorar el ciclo vital de una tenia canina*, la tenia tiene dos huéspedes distintos: un conejo y un perro.

EXPLORAR *el ciclo vital de una tenia canina*

En estado adulto, la tenia vive en el sistema digestivo de un perro. La tenia no tiene boca ni sistema digestivo; en cambio, absorbe alimento directamente por la pared de su cuerpo.

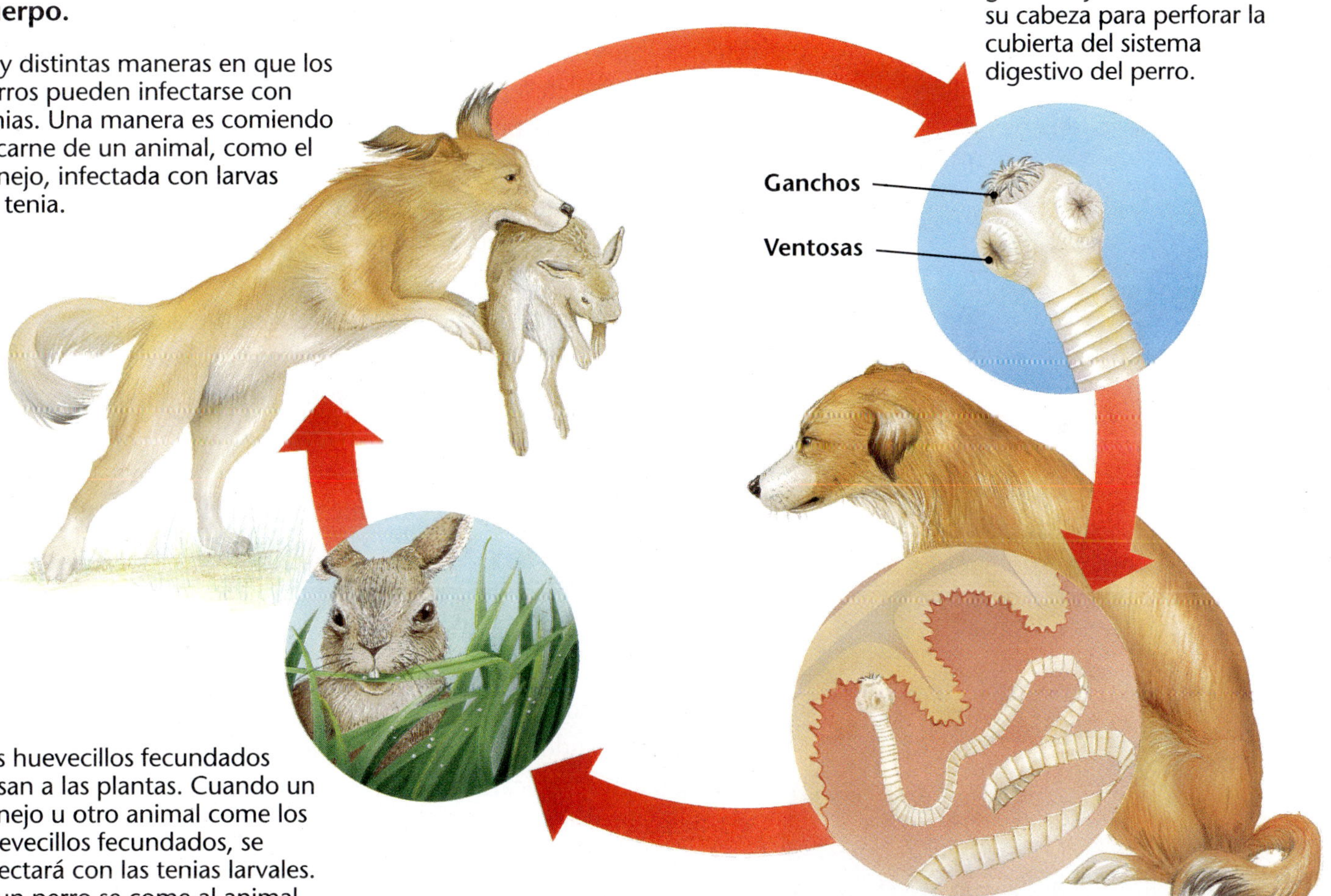

1. Hay distintas maneras en que los perros pueden infectarse con tenias. Una manera es comiendo la carne de un animal, como el conejo, infectada con larvas de tenia.
2. Una vez en el sistema digestivo del perro, la tenia inmadura se desarrolla. La tenia usa los ganchos y las ventosas de su cabeza para perforar la cubierta del sistema digestivo del perro.
3. Una vez adherida, la tenia absorbe el alimento digerido del intestino del perro y crece. Más tarde, la tenia produce óvulos y espermatozoides. Los huevecillos fecundados salen del sistema digestivo del perro junto con los desechos.
4. Los huevecillos fecundados pasan a las plantas. Cuando un conejo u otro animal come los huevecillos fecundados, se infectará con las tenias larvales. Si un perro se come al animal infectado, el ciclo vital de la tenia vuelve a empezar.

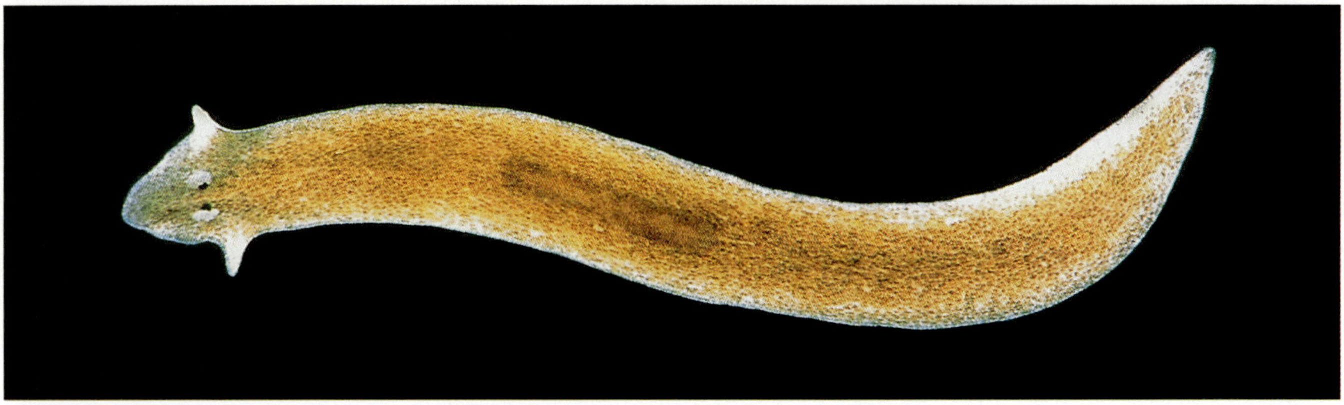

Figura 16 Las planarias son gusanos planos que viven en estanques, arroyos y océanos. Las manchas oculares en la cabeza pueden distinguir entre claro y oscuro. **Inferir** *¿Por qué es una ventaja para la planaria tener un extremo frontal definido?*

Planarias Algunas planarias no son parásitas, son vividoras. A diferencia de los parásitos, los organismos vividores no habitan dentro o sobre otros organismos. Pequeñas planarias de vividoras se resbalan por piedras en estanques, se escurren por la tierra húmeda o nadan lentamente por los océanos como hojas onduladas de colores brillantes.

Las planarias, como las de la Figura 16, son carroñeras: se alimentan de material muerto o en descomposición. Pero también son depredadoras y atacarán a cualquier animal más pequeño que ellas.

Si observas la cabeza de una planaria, verás dos puntos grandes que parecen ojos. Estos puntos se llaman manchas oculares, y funcionan como ojos, aunque no pueden ver una imagen específica como el ojo humano. La cabeza de una planaria también tiene células que perciben olores. Las planarias dependen principalmente del olfato para hallar alimento. Cuando una planaria huele alimento, se acerca y se desliza por encima de él.

Una planaria se alimenta como una aspiradora. Inserta un tubo de alimentación en el alimento. Los jugos digestivos fluyen al alimento y empiezan a descomponerlo cuando todavía está fuera del cuerpo de la planaria. Después, la planaria succiona las partículas de alimento ya parcialmente digeridas. La digestión termina en una cavidad interior de la planaria. El alimento se distribuye a las células del cuerpo por difusión. Como los cnidarios, las planarias tienen una abertura en su sistema digestivo. Los desechos no digeridos salen por el tubo de alimentación.

Figura 17 Los cuerpos transparentes de estos gusanos cilíndricos se tiñeron para verse mejor con el microscopio.

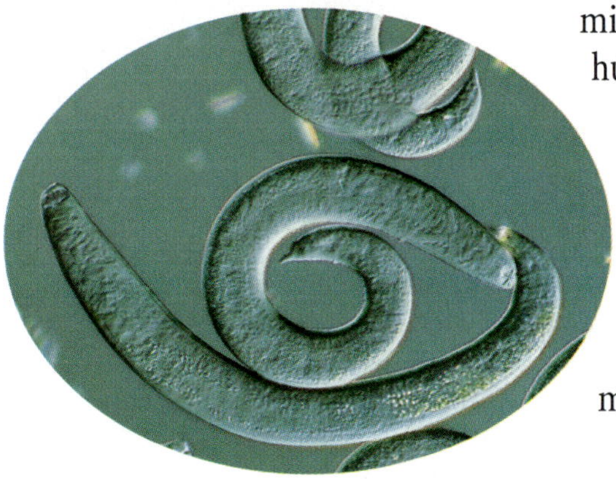

Gusanos cilíndricos

La próxima vez que camines por la playa, recuerda que alrededor de un millón de gusanos cilíndricos viven en cada metro cuadrado de arena húmeda. Los gusanos cilíndricos pueden vivir en casi cualquier ambiente húmedo, incluyendo los suelos del bosque, arenas antárticas y hasta las fosas con agua muy caliente. La mayoría son diminutos y difíciles de ver, pero quizá sean los animales más abundantes en la Tierra.

A diferencia de los gusanos planos, los gusanos cilíndricos tienen cuerpos redondos. Como puedes ver en la Figura 17, parecen espaguetis retorcidos con los extremos puntiagudos. Si los miras con un microscopio, verás que sus cuerpos se agitan de un lado a otro.

Mientras muchos gusanos cilíndricos son carnívoros o herbívoros, otros son parásitos. ¿Le has dado medicina para las lombrices a tu perro o gato? El medicamento probablemente era para matar gusanos cilíndricos parásitos, como los anquilostomas.

A diferencia de los cnidarios y los gusanos planos, los cilíndricos tienen un sistema digestivo que es como un tubo, abierto en ambos extremos. El alimento entra por la boca del animal y los desechos salen por una abertura al final del sistema digestivo llamado **ano**. El alimento pasa en un solo sentido por el sistema digestivo del gusano cilíndrico, como ocurre en la mayoría de los animales complejos.

Un sistema digestivo de un solo sentido tiene ciertas ventajas. Es como una línea de producción y cada parte del proceso se realiza en distintos puntos a lo largo de la línea. La digestión se lleva a cabo en etapas ordenadas. Primero, los jugos digestivos descomponen el alimento. Después el cuerpo absorbe el alimento. Finalmente, los desechos se eliminan. La ventaja de este tipo de proceso digestivo es que el cuerpo del animal usa el alimento de manera eficiente, pues absorbe de los alimentos gran cantidad de sustancias que necesita.

☑ **Punto clave** *Supón que usas un microscopio para observar un gusano diminuto. ¿Qué buscarías para saber si es un gusano cilíndrico?*

Gusanos segmentados

Si alguna vez has cavado en un jardín durante la primavera, quizá hayas visto lombrices de tierra retorciéndose en el suelo húmedo. Estos conocidos habitantes de la tierra son gusanos segmentados. También lo son los gusanos exóticos del fondo oceánico que ves en la Figura 18. Las sanguijuelas que chupan sangre también son gusanos segmentados. Como su cuerpo es largo y estrecho, algunos gusanos segmentados se parecen un poco a gusanos planos y los cilíndricos. Sin embargo, los gusanos segmentados están más relacionados con los cangrejos y caracoles.

Figura 18 Estos gusanos segmentados del fondo oceánico pertenecen al mismo fílum que las lombrices de tierra.

Mejora tus destrezas

Observar ACTIVIDAD

Observa lombrices de tierra en un recipiente con tierra. Haz tus observaciones durante varios días, de preferencia a distintas horas. Observa el tamaño, el color y la apariencia general de las lombrices. También observa su comportamiento, por ejemplo, cómo se mueven y cómo cavan en la tierra. ¿Cómo está adaptado el comportamiento de la lombriz para que sobrevivan en su medio ambiente?

Los gusanos segmentados están en casi todos los ambientes, y la mayoría vive en túneles o cámaras. El túnel ayuda al gusano a esconderse de posibles depredadores y presas. Muchos gusanos segmentados son depredadores de acecho que saltan de sus túneles para atacar animales cercanos.

Segmentación El cuerpo de una lombriz de tierra consta de una serie de anillos separados por estrías, parecido a la manguera de una aspiradora. **Los cuerpos de las lombrices de tierra y otros gusanos segmentados constan de muchas secciones conectadas llamadas segmentos.** Una lombriz de tierra normalmente tiene más de 100 segmentos. Desde el exterior, los segmentos parecen casi idénticos. Desde el interior, algunos órganos se repiten en la mayoría de los segmentos. Por ejemplo, cada segmento tiene tubos que extraen los desechos. Sin embargo, otros órganos, como los órganos reproductores, se encuentran sólo en algunos segmentos. Cordones nerviosos y un tubo digestivo recorren a lo largo el cuerpo de la lombriz. Como los gusanos cilíndricos, las lombrices de tierra tienen un sistema digestivo de un sentido con dos aberturas.

Sistema circulatorio cerrado Los gusanos segmentados tienen un sistema circulatorio cerrado. En un sistema circulatorio cerrado, como el tuyo, la sangre se mueve por una red de tubos llamados vasos sanguíneos. En contraste, algunos animales como los insectos tienen un sistema circulatorio en el cual la sangre se sale de los vasos sanguíneos y se mueve dentro del cuerpo. Un sistema circulatorio cerrado puede mover la sangre por el cuerpo del animal con mucho mayor rapidez que un sistema circulatorio abierto. La sangre lleva rápidamente oxígeno y alimento a las células. Por eso, un animal con un sistema circulatorio cerrado puede ser más grande y más activo que uno con un sistema circulatorio abierto.

En los segmentos 9 al 13, la lombriz de tierra tiene cinco pares de órganos que funcionan como corazones. Bombean sangre a los grandes vasos sanguíneos a lo largo del cuerpo. Busca los corazones y los vasos sanguíneos de la lombriz de tierra en la Figura 19.

Figura 19 El cuerpo de una lombriz de tierra está dividido en más de 100 segmentos. Algunos órganos se repiten en la mayoría de los segmentos; otros existen en solo unos cuántos. ***Interpretar diagramas*** *¿Cómo circula la sangre por el cuerpo de una lombriz de tierra?*

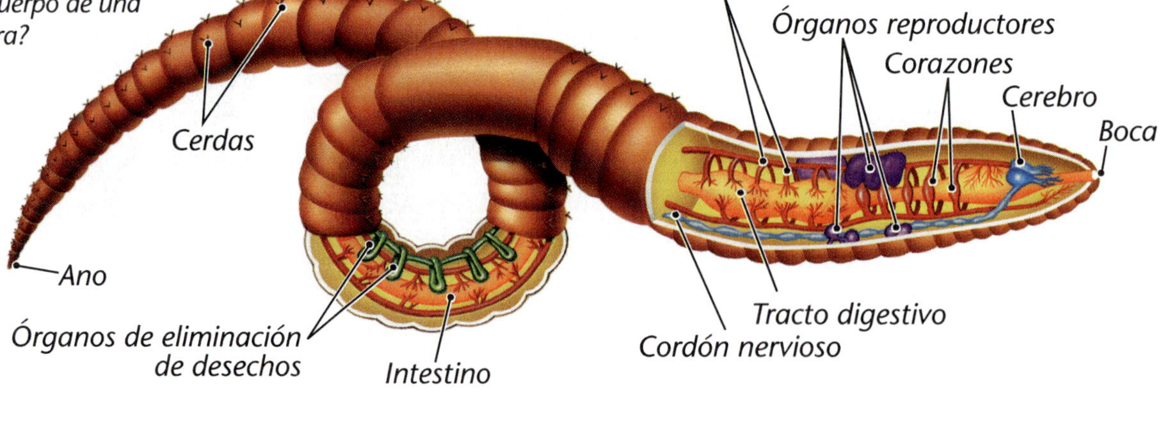

Cómo viven las lombrices de tierra Las lombrices se dedican a cavar. Son carroñeras que comen restos de plantas y animales descompuestos en la tierra. En las noches húmedas, las lombrices salen de sus hoyos. Se arrastran por la superficie del suelo, buscando hojas y frutas blandas para llevar a sus túneles para comer.

Las lombrices se pueden arrastrar por la superficie con más seguridad en la noche porque sus depredadores están dormidos. En la noche el aire fresco mantiene húmeda la piel de la lombriz. Si una lombriz se seca, muere porque la lombriz obtiene oxígeno de la humedad en su piel.

Unos músculos bien desarrollados permiten a la lombriz de tierra desplazarse por su túnel. De cada uno de los segmentos de la lombriz salen unas cerdas duras. Para avanzar, una lombriz clava sus cerdas en el suelo y se jala, como un alpinista con su piolet.

Lombrices de tierra y suelo Las lombrices de tierra están entre los habitantes más benéficos de las tierras de jardines y cultivo. Benefician a las personas al mejorar el suelo donde crecen las plantas. Las heces de las lombrices de tierra hacen el suelo más fértil. Los túneles remueven la tierra y permiten que el aire, el agua y las raíces de plantas se muevan por ellos. Probablemente has visto la entrada de un túnel de lombriz de tierra sin saber qué era (son muy comunes en los jardines). Para hallar una, busca un pequeño hoyo redondo en el suelo con pequeños montículos de tierra al lado.

INTEGRAR LAS CIENCIAS DE LA TIERRA

Repaso de la sección 4

1. Haz una lista de los tres fílums principales de gusanos y da un ejemplo de cada uno.
2. ¿Cómo se alimenta una tenia canina?
3. Contrasta el sistema digestivo de un gusano cilíndrico con el de una planaria.
4. Describe la estructura del cuerpo de una lombriz de tierra.
5. **Razonamiento crítico Relacionar causa y efecto** ¿Cómo ayuda el uso de una correa a evitar que un perro desarrolle una tenia canina?

PROYECTO DEL CAPÍTULO 1

Comprueba tu aprendizaje

Empieza a analizar lo que has aprendido sobre tu animal a través de tus observaciones. ¿Observaste un patrón diario de comportamiento en él? Piensa cómo le ayuda cada clase de comportamiento; por ejemplo, si lo ayuda a obtener alimento o a escapar del peligro. Decide cómo vas a presentar lo que has aprendido: en un informe escrito, una plática, ilustraciones con información u otro método. Prepara tablas u otras fuentes gráficas.

Desarrollar hipótesis

Lombrices de tierra

En este experimento vas a desarrollar hipótesis para aprender sobre las lombrices de tierra.

Problema

¿Prefieren las lombrices de tierra las condiciones secas o húmedas? ¿Prefieren la luz o la oscuridad?

Materiales

gotero de plástico	agua	cartulina
reloj	toallas de papel	linterna
2 lombrices de tierra	recipiente	bandeja

Procedimiento

1. ¿Qué ambiente prefieren las lombrices, seco o húmedo? Anota tu hipótesis.
2. Usa el gotero para rociar agua en las lombrices. Manténlas húmedas todo el tiempo.
3. Dobla una toalla de papel seca y colócala en el fondo de un lado de la bandeja. Dobla una toalla de papel húmeda y colócala en el otro lado.
4. Humedécete las manos. Pon las lombrices en el centro de la bandeja. Asegúrate de que la mitad del cuerpo de cada lombriz descanse sobre la toalla de papel húmeda y la otra mitad sobre la seca.
5. Cubre la bandeja con el cartón. Después de cinco minutos, quita el cartón y observa si las lombrices están sobre la superficie húmeda o la seca. Anota tus observaciones.
6. Repite los Pasos 4 y 5.
7. Devuelve las lombrices a su recipiente. Humedécelas con agua.
8. ¿Qué crees que las lombrices prefieren, luz u oscuridad? Anota tu hipótesis.

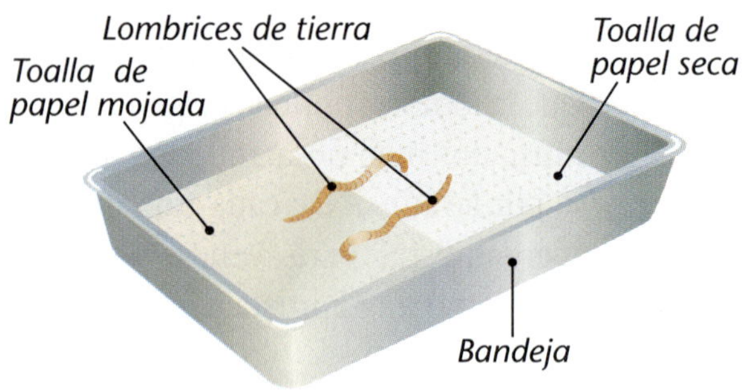

9. Cubre la bandeja con papel húmedo.
10. Coloca las lombrices en el centro de la bandeja. Tapa la mitad de la bandeja con la cartulina. Ilumina la otra mitad con la linterna.
11. Después de cinco minutos, registra su ubicación. Anota tus observaciones.
12. Repite los Pasos 10 y 11.
13. Humedece las lombrices y colócalas en el lugar designado por tu maestro. Lávate las manos después de tocar las lombrices.

Analizar y concluir

1. ¿Qué ambiente preferían las lombrices, húmedo o seco? ¿Con luz u oscuro? ¿El comportamiento de las lombrices apoyó tus hipótesis?
2. Usa lo que sabes sobre las lombrices de tierra para explicar cómo sus reacciones a la humedad y a la luz les ayudan a sobrevivir.
3. **Piensa en esto** ¿Qué conocimientos o experiencias te ayudaron a formular tus hipótesis?

Crear un experimento

¿Prefieren las lombrices una superficie lisa o áspera? Escribe tu hipótesis. Después diseña un experimento para contestar la pregunta. Consulta a tu maestro antes de hacer el experimento.

GUÍA DE ESTUDIO

SECCIÓN 1 ¿Qué es un animal?

Ideas clave

- Los animales son organismos pluricelulares que se alimentan de otros animales. Los animales pueden moverse. La mayoría se reproduce en forma sexual.
- Los animales necesitan agua, alimento y oxígeno para sobrevivir. Algunos animales son carnívoros, y comen animales. Otros son herbívoros y comen plantas. Los omnívoros comen plantas y animales.
- Cuando los biólogos clasifican un animal, toman en cuenta la estructura de su cuerpo, su ADN, y la manera en que se desarrolla el embrión. Algunos animales son vertebrados; la mayoría de las especies de animales son invertebrados.

Términos clave

especie
autótrofo
fecundación
adaptación
carnívoro
presa
fílum
vertebrado
heterótrofo
reproducción sexual
reproducción asexual
herbívoro
depredador
omnívoro
invertebrado

SECCIÓN 2 Simetría

INTEGRAR LAS MATEMÁTICAS

Ideas clave

- Los cuerpos de los animales complejos tienen simetría radial o bilateral.
- Los animales con simetría radial tienen las partes del cuerpo dispuestas alrededor de un punto central. Su extremo frontal no se distingue.
- Los animales con simetría bilateral tienen una línea que los divide en dos partes iguales. Estos animales, que normalmente tienen un extremo frontal definido, generalmente son más complejos que los animales con simetría radial.

Términos clave

simetría bilateral
simetría radial

SECCIÓN 3 Esponjas y cnidarios

Ideas clave

- Una esponja obtiene alimento al filtrar por los poros el agua que toma. Las esponjas no tienen tejidos ni órganos.
- Los cnidarios, que incluyen aguamalas e hidras, son carnívoros con ventosas urticantes que les ayudan a atrapar la presa. El cuerpo de los cnidarios tiene dos planos: pólipo y medusa.
- Los corales son cnidarios con esqueleto duro alrededor de su cuerpo blando. Con el tiempo, los esqueletos de los corales forman arrecifes.

Términos clave

larva
cnidario
pólipo
medusa

SECCIÓN 4 Gusanos

Ideas clave

- Los tres fílums principales de gusanos son: gusanos planos, gusanos cilíndricos y gusanos segmentados.
- La mayoría de los gusanos planos son parásitos que obtienen alimento de sus huéspedes. Las planarias son gusanos planos o parásitos.
- Los gusanos cilíndricos tienen un sistema digestivo que es un tubo abierto en ambos extremos.
- Los gusanos segmentados tienen cuerpos formados por muchos segmentos. Los gusanos segmentados tienen un sistema circulatorio cerrado en el cual los vasos contienen la sangre.
- Las lombrices de tierra ayudan a agricultores y jardineros al remover y fertilizar la tierra.

Términos clave

regeneración parásito huésped ano

ACTIVIDAD USAR LA INTERNET
www.science-explorer.phschool.com

Repaso del contenido

Para repasar los conceptos clave, consulta el Interactive Student Tutorial CD-ROM.

Opción múltiple

Elige la letra de la respuesta que complete mejor cada enunciado.

1. Los organismos que producen su propia comida se llaman
a. omnívoros. **b.** autótrofos.
c. heterótrofos. **d.** carnívoros.

2. ¿Cuál de estas características *no* es una de las principales que los biólogos usan para clasificar a los animales?
a. la estructura de su cuerpo
b. su altura o longitud
c. el desarrollo de su embrión
d. su ADN

3. Un animal con muchos ejes de simetría
a. tiene simetría bilateral.
b. tiene simetría radial.
c. no tiene simetría.
d. tiene simetría lineal.

4. ¿Qué animal es una medusa?
a. coral
b. aguamala
c. planaria
d. anémona de mar

5. ¿Qué animal tiene un sistema digestivo de un sentido?
a. lombriz de tierra
b. planaria
c. esponja
d. aguamala

Falso o verdadero

Si el enunciado es verdadero, escribe verdadero. Si es falso, cambia la palabra o palabras subrayadas para hacer verdadero el enunciado.

6. Todos los animales están formados de muchas células.
7. La reproducción sexual produce crías que no son exactamente como cualquiera de los padres.
8. Los peces tienen simetría radial.
9. Los cuerpos de los cnidarios tienen muchos poros.
10. Los cuerpos de los gusanos cilíndricos son segmentados.

Revisar los conceptos

11. Explica la relación entre células, tejidos y órganos.
12. Una molécula de oxígeno acaba de pasar a la célula de una esponja. Describe cómo llegó allí.
13. Compara una medusa con un pólipo.
14. ¿Son los humanos parásitos o vividores? Explica tu respuesta.
15. Tomas un puñado de suelo húmedo del bosque y lo examinas con el microscopio. ¿Qué tipo de animal probablemente habrá ahí en cantidades mayores? Explica tu respuesta.
16. Escribir para aprender Supón que eres un pez pequeño que visita el arrecife de coral por vez primera. ¿Qué cosas interesantes verías? ¿Tendrías que cuidarte de algún peligro? Escribe un párrafo para describir tu aventura en el arrecife de coral.

Razonamiento gráfico

17. Diagrama de flujo Este diagrama de flujo parcialmente completo muestra cómo fluye el agua por una esponja. En una hoja de papel, copia el diagrama de flujo en una hoja de papel. Después complétalo y ponle un título. (Para más información acerca de los diagramas de flujo, consulta el Manual de destrezas.)

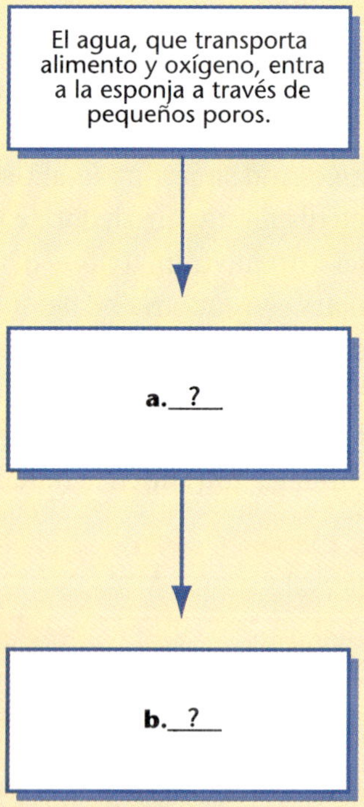

Aplicar las destrezas

Un científico usó un pesticida en un campo y dejó otro campo cercano sin tratar. Después, señaló cinco zonas de igual tamaño en cada campo. En seguida, cavó en un metro cúbico de tierra de cada zona y contó las lombrices de tierra en el suelo. La tabla siguiente muestra sus datos. Úsala para responder las preguntas 18–20.

Campo con pesticida		Campo sin tratar	
Zona	Lombrices por metro cúbico	Zona	Lombrices por metro cúbico
A	730	F	901
B	254	G	620
C	319	H	811
D	428	I	576
E	451	J	704

18. Controlar variables Identifica las variables de control y de respuesta en este experimento.

19. Calcular Calcula el número promedio de lombrices por metro cúbico en el campo tratado. Haz lo mismo para el campo sin tratar.

20. Sacar conclusiones ¿Cómo afectó el pesticida a la población de lombrices en la tierra?

Razonamiento crítico

21. Comparar y contrastar Compara las maneras en que una esponja, una planaria y un gusano cilíndrico digieren su alimento.

22. Predecir La arena en un desierto es de color anaranjado brillante. ¿De qué color serían los depredadores de acecho en este desierto? Explica tu respuesta.

23. Relacionar causa y efecto Si un pesticida matara muchas de las lombrices de tierra en un jardín, ¿cómo podría afectar a las plantas que crecen allí?

Evaluación del rendimiento

PROYECTO DEL CAPÍTULO 1

Para terminar

Presenta tu proyecto Haz un resumen para explicar lo que aprendiste sobre tu animal: características físicas, hábitat, alimento y comportamiento. Describe cualquier observación relevante. Después, muestra a tus compañeros tu animal, comparte tus descubrimientos y cualquier pregunta que pudieras tener sobre tu animal.

Reflexiona y anota ¿Resultó una buena elección elegir ese animal? ¿Por qué? ¿Cómo podrías haber cuidado mejor a tu animal? ¿Qué consejos darías a otro estudiante que quiera estudiar este animal?

Participa

En tu comunidad

Investiga con un veterinario o dueño de una tienda de mascotas cómo proteger a las mascotas de los parásitos. Usa la información para diseñar un cartel y exhibirlo en el consultorio del veterinario o en la tienda de mascotas.

CAPÍTULO 2

Moluscos, artrópodos y equinodermos

LO QUE ENCONTRARÁS

SECCIÓN 1 **Moluscos**

Descubre ¿Cómo puedes clasificar las conchas?
Mejora tus destrezas Clasificar
Laboratorio de destrezas A paso de caracol

SECCIÓN 2 **Artrópodos**

Descubre ¿Se dobla y se mueve?
Inténtalo Cochinillas de humedad, ¿secas o mojadas?

SECCIÓN 3 **Insectos**

Descubre ¿Qué tipo de apéndices tienen los insectos?
Mejora tus destrezas Graficar
Laboratorio real ¿Quién vive en la tierra?

PROYECTO 2

Una vida de cambios

Piensa en los cambios que sufre una cigarra masticadora durante su vida. En la etapa de ninfa blanca, se ve como gusano y no se parece a la cigarra adulta. La mayoría de los animales que estudiarás en este capítulo cambian de forma en el transcurso de su ciclo vital. En este proyecto, observarás estos cambios directamente a medida que observas el desarrollo de los gusanos de la harina.

Tu objetivo Observar cómo condiciones distintas afectan el desarrollo de los gusanos de la harina.

Para completar este proyecto con éxito, tendrás que:

- comparar el desarrollo de los gusanos de la harina bajo condiciones distintas
- anotar tus observaciones diarias durante varias semanas
- sacar conclusiones acerca de los efectos de esas condiciones en el desarrollo de los gusanos de la harina
- seguir los lineamientos de seguridad del Apéndice A

Para empezar Busca dos recipientes limpios, como los de margarina con tapa, para guardar los gusanos de la harina. Búscales alimento como hojuelas de maíz y una cuchara de plástico para transferir el alimento y cuéntalos. Escoge dos condiciones, como dos temperaturas o dos tipos de alimento, y piensa en cómo vas a poner a prueba estas dos condiciones.

Comprueba tu aprendizaje Trabajarás en este proyecto mientras estudias el capítulo. Para mantener tu proyecto en marcha, revisa los cuadros de Comprueba tu aprendizaje en los puntos siguientes:

Repaso de la Sección 2, página 61: Anota tus observaciones diarias.
Repaso de la Sección 3, página 67: Dibuja las etapas de desarrollo.
Repaso de la Sección 5, página 76: Saca conclusiones del desarrollo de los gusanos de la harina bajo cada condición.

Para terminar Al final del capítulo (página 79), prepararás un informe de tus resultados.

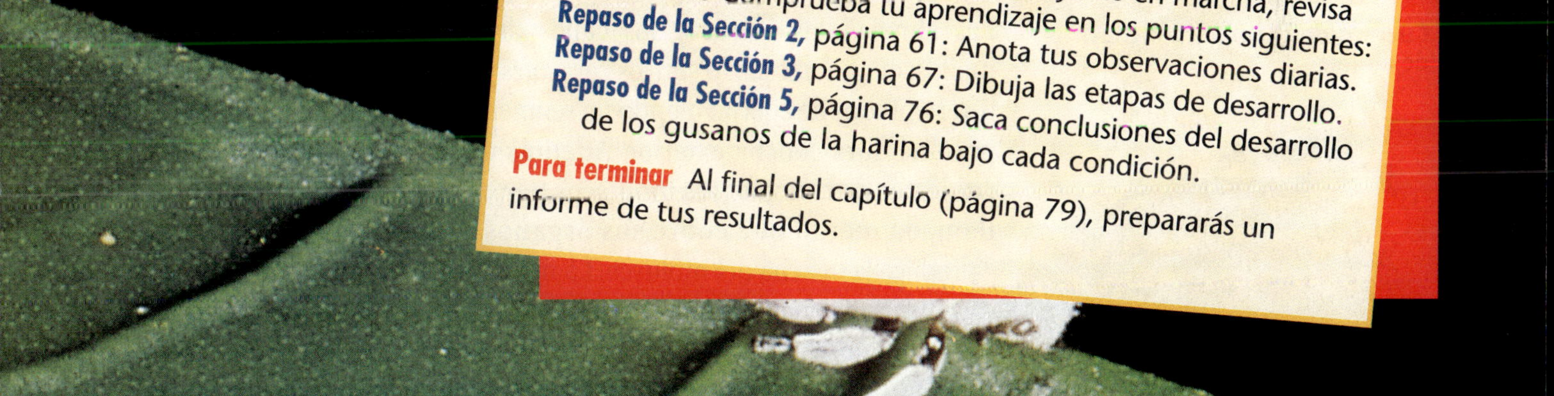

Las cigarras masticadoras sufren cambios dramáticos a lo largo de su vida. Las ninfas blanquecinas se convierten gradualmente en adultos de color verde claro. Luego los adultos jóvenes se convierten en adultos maduros de color verde brillante.

Integrar la física

SECCIÓN 4 **Los sonidos de los insectos**

Descubre ¿Qué causa el sonido?
Inténtalo Sintonízate

SECCIÓN 5 **Equinodermos**

Descubre ¿Cómo se agarran las estrellas de mar?

SECCIÓN 1 Moluscos

DESCUBRE — ACTIVIDAD

¿Cómo puedes clasificar las conchas?

1. Pide a tu maestro que te proporcione una variedad de conchas. Examina cada una con atención. Observa las conchas y siente su superficie.
2. Compara la superficie exterior con la interior.
3. Clasifica las conchas en dos o más grupos con base en las características que observes.

Reflexiona sobre

Inferir ¿Cómo puede ayudar la concha a un animal?

GUÍA DE LECTURA

- **¿Cuáles son las características principales de los moluscos?**
- **¿Cuáles son los grupos principales de moluscos?**

Sugerencia de lectura
Mientras lees, crea una tabla de comparar y contrastar para distinguir los diferentes grupos de moluscos.

De las conchas de almejas, los nativos americanos tallaban cuentas moradas y blancas llamadas "wampum". Tejían las cuentas para hacer cinturones con significado solemne. Un cinturón de cuentas podía representar la historia de una tribu. Cuando las tribus en guerra hacían las paces, intercambiaban tejidos hechos con cuentas.

Las conchas duras de las almejas eran la materia prima para el wampum, y los cuerpos blandos dentro de las conchas eran la fuente principal de alimento de los indígenas que vivían en la costa. Hoy en día, almejas, callos de hacha y ostras siguen siendo fuentes valiosas de alimento para muchas personas.

¿Qué son los moluscos?

Las almejas, las ostras y los callos de hacha son moluscos (fílum molluscous). También lo son los caracoles y los pulpos. Los **moluscos** son invertebrados de cuerpo blando no segmentado, muchas veces protegidos por una dura concha exterior. **Además de cuerpos blandos, a veces cubiertos de conchas, los moluscos tienen una capa delgada de tejido llamada manto que cubre sus órganos internos.** El manto también produce la concha del molusco. La mayoría de los moluscos se mueven con una estructura musculosa llamada pie. Los pies de distintos tipos de moluscos están adaptados para arrastrar, cavar o capturar presas.

Los moluscos viven por toda la Tierra. La mayoría vive en agua, desde arroyos montañosos hasta el océano, aunque algunos viven en la tierra, en lugares húmedos.

▼ Cuentas de concha y concha de almeja

Figura 1 Algunos moluscos, como el Nautilio de concha, izquierda, están protegidos por conchas. Otros, como los dibranquiados, derecha, no tienen conchas. **Clasificar** *¿Qué características tienen estos dos organismos en común?*

Como los gusanos segmentados, los moluscos tienen simetría bilateral. Sin embargo, a diferencia de aquéllos, las partes del cuerpo de los moluscos no se repiten. En cambio, sus órganos internos, como el estómago y los órganos reproductores, están ubicados en una sola área. También incluyen un par de **riñones**, órganos que filtran los desechos producidos por las células del animal.

La mayoría de los moluscos que viven en el agua tienen **branquias**, órganos para respirar que extraen el oxígeno del agua. Las branquias están pegadas al manto y tienen una rica variedad de vasos sanguíneos. Dentro de éstos el oxígeno del agua se difunde en la sangre y el dióxido de carbono sale por el mismo proceso. Las branquias de la mayoría de los moluscos están cubiertas de estructuras diminutas como pelos llamados cilios, cuyo movimiento hace que el agua fluya sobre las branquias.

Muchos moluscos poseen un órgano llamado **rádula**, conjunto de dientecillos flexibles. Como una lima, los diminutos dientes raspan alimento de una superficie como la de una hoja. Una rádula puede tener hasta 250,000 dientes. Los biólogos se basan en la disposición de los dientes en la rádula para clasificar los moluscos.

Punto clave ***¿En qué se diferencia la estructura corporal de un molusco de la de un gusano segmentado?***

Evidencia de moluscos primitivos

INTEGRAR LAS CIENCIAS DE LA TIERRA Los moluscos vivían en los océanos de la Tierra hace aproximadamente 540 millones de años. Casi toda la evidencia de su existencia está en fósiles de conchas en rocas de piedra caliza. Algunos tipos de piedra caliza están parcialmente constituidos por las conchas de los antiguos moluscos que vivían en el océano. Después de que los moluscos morían, sus conchas eran reducidas a pequeños pedazos por las olas y corrientes marinas. Estos pedazos, junto con los restos pesados de otros organismos, se acumulaban en el suelo oceánico. Después, esos materiales pesados sufrieron un cambio químico mediante el cual se consolidaron para formar piedra caliza. En este proceso, algunas conchas o partes de éstas no se rompieron y con el tiempo llegaron a ser fósiles.

Mejora tus destrezas

Clasificar

ACTIVIDAD

Al caminar en un arroyo, pisas un animal pequeño con una cubierta externa dura. Cuando examinas el animal, observas que hay un cuerpo blando dentro de la concha. Parece ser un molusco. ¿Qué características te ayudarían a determinar a qué grupo principal de moluscos pertenece?

Caracoles y sus parientes

Los biólogos clasifican los moluscos en grupos con base en características físicas como la presencia de una concha, el tipo de concha y de pie, la disposición de los dientes en la rádula y el grado de complejidad del sistema nervioso. **Los tres grupos principales de moluscos son gasterópodos, bivalvos y cefalópodos.**

Los moluscos más numerosos son los **gasterópodos**. Éstos, que incluyen los caracoles y babosas, son moluscos con una concha de una sola pieza o sin concha. Mientras que la mayoría de los caracoles tiene una concha de una sola pieza enrollada, muchas babosas no tienen concha. Los gasterópodos por lo general se mueven sobre un pie ancho. El nombre de gasterópodo significa "pie estómago", debido a que la mayoría tiene el pie en el mismo lado del cuerpo donde está el estómago. Para aprender más acerca del cuerpo de los gasterópodos, consulta *Explorar un caracol.*

Los gasterópodos habitan en casi todas las partes de la Tierra. Viven en océanos, costas rocosas, agua dulce y en la tierra seca también. Hasta hay unos caracoles que viven en las copas de los árboles.

Algunos gasterópodos son herbívoros, otros son carroñeros que se alimentan de material en descomposición y otros son carnívoros. Por ejemplo, la barrenadora de ostras es un caracol que libera un ácido sobre la concha de la ostra y perfora un hoyo con su rádula, para después raspar el cuerpo blando de la ostra.

Muchos caracoles tienen una placa como un escotillón de seguridad en el pie que cierra la abertura de la concha. Cuando un depredador lo amenaza, este caracol se retrae en su concha y cierra el escotillón. Los caracoles también se retraen en sus conchas cuando las condiciones son secas, y salen cuando las condiciones vuelven a ser húmedas. Cuando están sellados así en sus conchas, los gasterópodos pueden sobrevivir por periodos increíblemente largos. En un museo, las conchas de dos caracoles de tierra que se presumían muertos, fueron pegadas a una cartulina; cuatro años más tarde, cuando alguien puso la cartulina en agua, uno de los caracoles empezó a arrastrarse.

☑ ***Punto clave*** *¿De dónde proviene el nombre "gasterópodos"?*

Figura 2 Las dos conchas de un bivalvo están unidas por bisagras y músculos fuertes. Las almejas gigantes como ésta se ubican entre los bivalvos más grandes del mundo.

Moluscos de dos conchas

Almejas, ostras, callos de hacha y mejillones son **bivalvos**, moluscos que tienen dos conchas unidas por charnelas y músculos fuertes. A diferencia de los otros moluscos, los bivalvos no tienen rádulas. En cambio, la mayoría son filtradores; filtran su alimento del agua. Los bivalvos usan sus branquias para atrapar alimento al respirar. Las partículas del alimento

EXPLORAR *un caracol*

Como otros gasterópodos, el caracol tiene órganos sensoriales en la cabeza y un pie ancho muscular. Los caracoles que se ven aquí viven en un estanque.

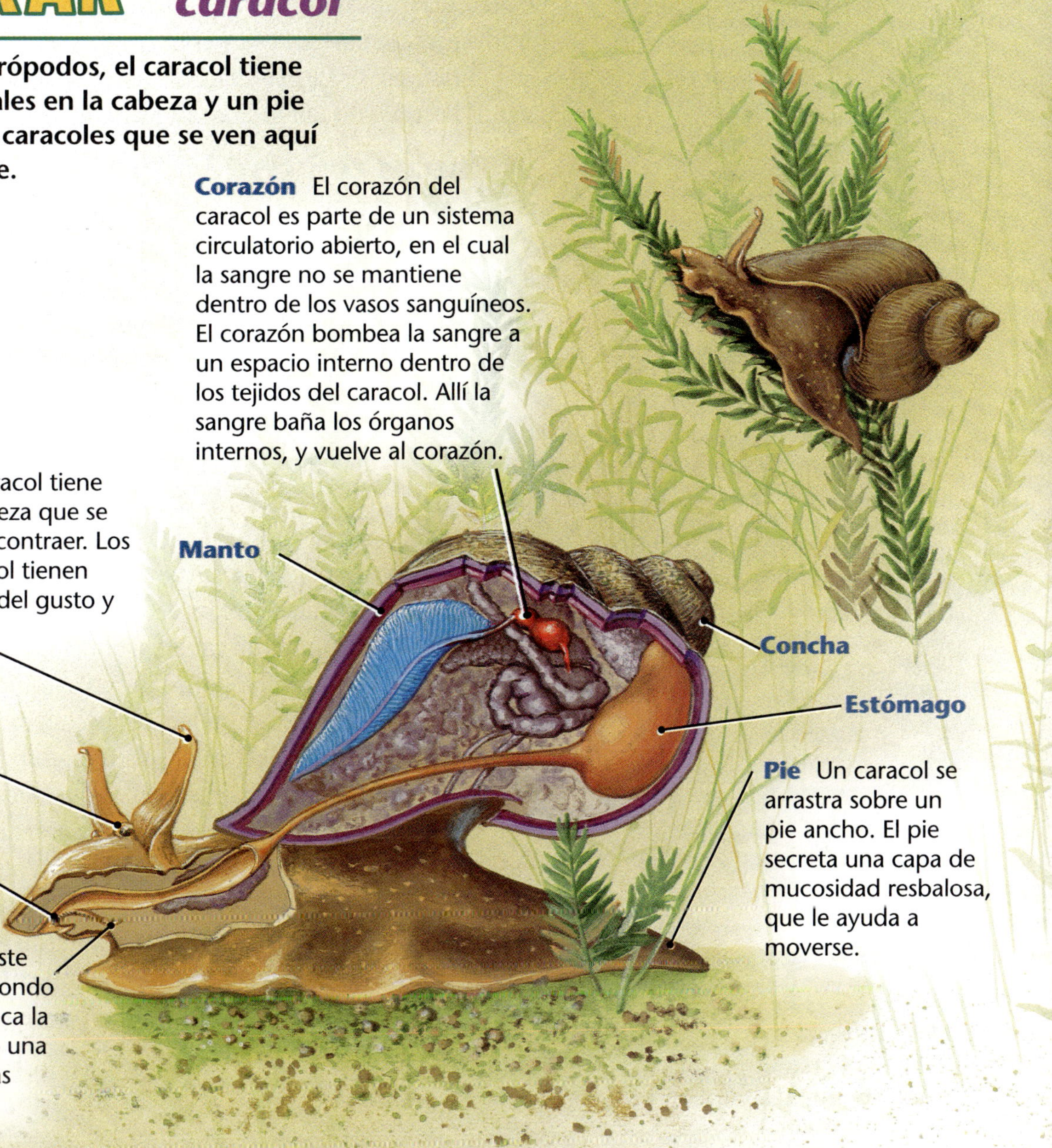

se adhieren a la mucosidad que cubre los cilios. Los cilios en las branquias desplazan las partículas de alimento a la boca del bivalvo.

Los bivalvos se encuentran en todo tipo de ambiente acuático. Como adultos, la mayoría de los bivalvos se quedan en un solo lugar o se mueven lentamente. Después de la etapa larval, por ejemplo, las ostras y los mejillones se pegan a una superficie debajo del agua. De hecho, al ser sorprendidos, los callos de hacha cierran sus conchas y brincan rápidamente en el agua por la arena.

A veces entra arena entre el manto y la concha del bivalvo e irrita el manto blando. Tal como si tú cubrieras con cinta suave el manubrio áspero de tu bicicleta para proteger tus manos, el manto del bivalvo produce una cubierta lisa perlada para cubrirse del objeto irritante. Con el tiempo, se forma una perla alrededor de la arena. Las perlas de algunas ostras son tan hermosas que se usan para hacer joyería.

Figura 3 Los pulpos viven en arrecifes de coral y se esconden en hoyos cuando no están cazando cangrejos y otros animales pequeños. ***Observar*** *¿Qué estructuras cubren los tentáculos del pulpo?*

Moluscos con tentáculos

Pulpos, sepias, nautilos y calamares son **cefalópodos**, moluscos cuyas extremidades se adaptaron en forma de tentáculos alrededor de su boca. Los tentáculos de algunos pulpos miden hasta 5 metros. Los nautilos tienen una concha externa, y los calamares y sepias tienen una concha pequeña dentro del cuerpo. Los pulpos no tienen concha.

Los cefalópodos atrapan alimento con sus tentáculos flexibles. Ventosas sensibles en los tentáculos perciben las sensaciones de gusto tanto como tacto. Un cefalópodo no tiene que tocar algo para reconocer su sabor; las ventosas responden a sustancias químicas en el agua. Así, cuando un pulpo explora debajo de una roca, sus tentáculos pueden encontrar un cangrejo por el sabor antes de tocarlo.

Los cefalópodos tienen ojos grandes y una visión excelente. También tienen el sistema nervioso más complejo de todos los invertebrados y un cerebro grande. Los cefalópodos son animales muy inteligentes que pueden recordar lo que han aprendido. En cautiverio, los pulpos aprenden muy rápido cuándo esperar alimento y cómo escapar de las jaulas.

INTEGRAR LA FÍSICA Todos los cefalópodos viven en el océano, donde nadan a chorro. Expulsan una corriente de agua de la cavidad del manto por un tubo, y como cohetes, se disparan en la dirección opuesta. Al voltear el tubo, pueden moverse en cualquier dirección.

Repaso de la sección 1

1. ¿Qué características tienen en común la mayoría de los moluscos?
2. Haz una lista de los tres grupos principales de moluscos. Describe la característica principal de cada grupo.
3. Explica cómo los bivalvos obtienen alimento.
4. **Razonamiento crítico Predecir** ¿Funcionarían bien las branquias si tuvieran pocos vasos sanguíneos? Explica tu respuesta.

Las ciencias en casa

Visita el supermercado con un miembro de tu familia e identifica los moluscos que se venden como alimento. No olvides buscar en otras secciones (la de alimentos enlatados, por ejemplo) y no sólo en la pescadería. Comenta las partes de los moluscos que se comen y las partes que no son comestibles.

Medir

A paso de caracol

En este experimento, usarás la destreza de medir para investigar la velocidad de un caracol en temperaturas distintas de agua.

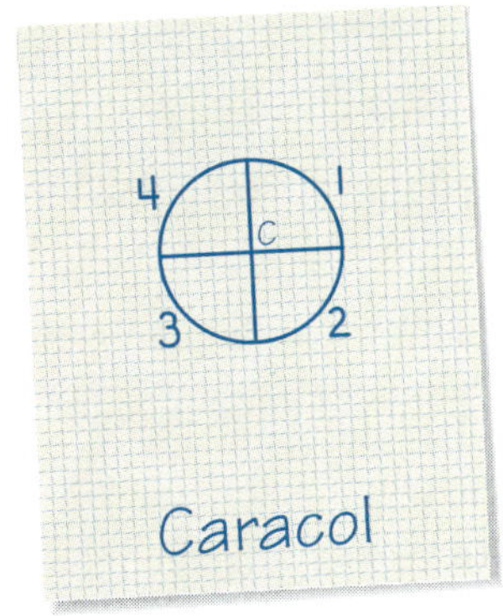

Problema

¿Cómo afectan las actividades de un caracol los cambios en la temperatura del ambiente?

Materiales

caracol de agua dulce
termómetro
regla
caja de Petri de plástico
hojas cuadriculadas
cronómetro
agua de manantial a tres temperaturas: fresca (9–13°C); media (18–22°C); tibia (27–31°C)

Procedimiento

1. Crea una tabla de datos para anotar las temperaturas del agua y la distancia que recorre el caracol a cada temperatura.
2. En una hoja cuadriculada rotulada *Caracol,* traza un círculo usando la base de la caja de Petri vacía. Divide y rotula el círculo como se ve en la ilustración. En la segunda hoja cuadriculada rotulada *Datos*, dibuja tres círculos más como los de la ilustración.
3. Coloca la caja de Petri sobre el círculo en la hoja *Caracol*, llénala con agua fresca, y anota la temperatura. Coloca con cuidado el caracol en el agua justo arriba de la "C".
4. Durante 5 minutos, observa el caracol. Anota sus movimientos al dibujar una línea que muestre su recorrido en el primer círculo.
5. Halla la distancia que recorrió el caracol al medir la línea que dibujaste. Quizás tengas que medir todas las partes de la línea y sumar. Anota la distancia en tu tabla de datos.
6. Repite los Pasos 3 al 5, primero con agua a temperatura media y después con agua tibia. Anota los recorridos del caracol en el segundo y tercer círculo en tu hoja *Datos*.
7. Devuelve el caracol a tu maestro cuando hayas terminado. Lávate las manos perfectamente.
8. Para cada temperatura, calcula el promedio de la clase para la distancia recorrida.

Analizar y concluir

1. Haz una gráfica de barras para mostrar el promedio de la clase para cada temperatura. ¿Cómo cambia la actividad de un caracol cuando la temperatura aumenta?
2. ¿Crees que el patrón que hallaste continuaría a temperaturas más altas? Explica tu respuesta.
3. **Piensa en esto** ¿Qué factores eran difíciles de medir? ¿Cómo cambiarías el procedimiento para obtener mediciones más exactas?

Crear un experimento

Diseña un experimento para medir la velocidad de un caracol en una pecera con grava en el fondo. Coméntalo con tu maestro.

SECCIÓN 2
Artrópodos

DESCUBRE — ACTIVIDAD

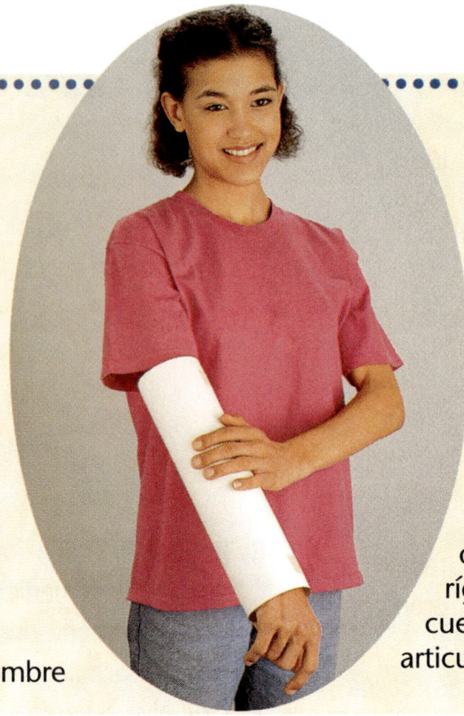

¿Se dobla y se mueve?

1. Pide a un compañero que enrolle una hoja de cartulina en tu brazo para formar un tubo que te cubra hasta el codo. Tu compañero debe usar tres pedazos de cinta adhesiva alrededor del tubo para mantenerlo cerrado: uno en cada extremo y uno en medio.
2. Con el tubo alrededor de tu brazo, trata de escribir tu nombre en una hoja de papel. Después, trata de rascarte la cabeza.
3. Mantén el tubo en tu brazo durante 10 minutos. Observa cómo el tubo afecta tu habilidad para hacer muchas cosas.

Reflexiona sobre

Inferir Los insectos y muchos otros animales tienen esqueletos rígidos en el exterior de sus cuerpos. ¿Por qué necesitan articulaciones sus esqueletos?

GUÍA DE LECTURA

- **¿Cuáles son las características principales de los artrópodos?**
- **¿Cuáles son los grupos más importantes de artrópodos?**

Sugerencia de lectura **Antes de leer, escribe los encabezados de esta sección en forma de preguntas y contéstalas conforme leas.**

En una noche sin luna, en la orilla de un bosque, una polilla revolotea de flor en flor bebiendo néctar. Cerca, una araña hambrienta acecha en su telaraña que se estira casi de forma invisible entre arbustos. De repente, la polilla queda atrapada en la telaraña. Los hilos pegajosos de la telaraña atrapan una de las alas de la polilla. Cuando la polilla atrapada lucha para zafarse, la araña se acelera hacia ella. En el último segundo, la polilla aletea fuertemente, se zafa y revolotea, a salvo. La próxima vez, quizás la polilla no tenga tanta suerte.

La araña hambrienta y la polilla suertuda son artrópodos. Los insectos y las arañas son probablemente los artrópodos que más conoces; sin embargo, el fílum también incluye animales como cangrejos, langostas, ciempiés y escorpiones. Los científicos han identificado alrededor de 875,000 especies distintas de artrópodos, y probablemente existan muchas más que todavía no se han descubierto. La Tierra tiene más especies de artrópodos que de todos los otros animales en conjunto.

Araña esperando su presa

Figura 4 Algunos artrópodos, como el cangrejo araña, a la izquierda, tienen un exoesqueleto duro. Otros, como la oruga de la Prometea, abajo, tienen un exoesqueleto coriáceo. ***Hacer generalizaciones*** *¿Qué papel desempeña un exoesqueleto?*

Características de los artrópodos

Los miembros del fílum **artrópodo** comparten ciertas características importantes. **Un artrópodo es un invertebrado que tiene un esqueleto externo, un cuerpo segmentado y partes articuladas llamadas apéndices.** Alas, partes de la boca y patas son apéndices. Las patas articuladas son una característica tan distintiva que da su nombre al fílum de los artrópodos. *Artro* significa "articulación" en griego, y *podo* significa "pie" o "pata".

Los artrópodos también tienen otras características en común. Estos animales poseen un sistema circulatorio abierto, donde la sangre sale de los vasos sanguíneos y baña los órganos internos. La mayoría de los artrópodos se reproducen sexualmente. A diferencia de una lombriz de tierra, que tiene órganos masculinos y femeninos en su cuerpo, la mayoría de los artrópodos son o machos o hembras; casi todos tienen fecundación interna, el espermatozoide se une con el óvulo dentro del cuerpo de la hembra. Esto contrasta con la fecundación externa, que se lleva a cabo fuera del cuerpo del animal.

Un esqueleto externo Si fueras un artrópodo, estarías cubierto completamente por una concha a prueba de agua. Este **exoesqueleto** ceroso, o esqueleto externo, protege al animal y ayuda a prevenir la evaporación del agua. Los animales de agua están rodeados de agua, pero los animales de tierra necesitan una manera de prevenir la resequedad. Los artrópodos fueron los primeros animales en salir del agua a la tierra, y probablemente sus exoesqueletos les permitieron hacerlo.

INTEGRAR LA QUÍMICA Los exoesqueletos de los artrópodos se componen de un material llamado **quitina**. La quitina está conformada de moléculas largas hechas de muchos bloques más pequeñas, como los eslabones de una cadena. Las moléculas de cadenas largas se llaman polímeros. Las fibras de algodón y hule son polímeros, también.

Figura 5 Esta cigarra del bosque tropical acaba de mudar. Puedes ver que su viejo exoesqueleto cuelga de la hoja justo abajo. *Aplicar los conceptos* *¿Por qué tienen que mudar los artrópodos?*

En cualquier polímero, el tipo, el número y la disposición de los bloques que lo forman determinan sus características. Los bloques que forman la quitina la hacen resistente y flexible.

Cuando un artrópodo crece, su exoesqueleto no puede expandirse. El artrópodo en crecimiento está atrapado en su exoesqueleto como un caballero en una armadura que le queda chica. Los artrópodos resuelven este problema al desechar su exoesqueleto y crecer en uno más grande. Este proceso de deshacerse del exoesqueleto se llama **muda**. Después de eliminar el esqueleto viejo, el nuevo es suave por un tiempo. Durante ese periodo, el artrópodo está menos protegido contra los peligros hasta que el nuevo esqueleto endurece.

Cuerpos segmentados Los cuerpos de los artrópodos están segmentados, de manera parecida al de una lombriz de tierra. El plano corporal segmentado es más fácil de observar en ciempiés y milpiés, cuyos cuerpos están conformados de muchos segmentos de apariencia idéntica. También puedes ver segmentos en las colas de camarones y langostas.

En algunos grupos de artrópodos, muchos segmentos se unen en secciones definidas, con secciones especializadas para desempeñar una función específica. La Figura 6 muestra el número de secciones corporales y otras características físicas típicas de los tres grupos principales de artrópodos.

Apéndices Igual que tus dedos son apéndices de las palmas, muchos artrópodos tienen apéndices articulados conectados a sus cuerpos. Las articulaciones de los apéndices le dan flexibilidad al animal y permiten el movimiento. Si realizaste la actividad Descubre, observaste la importancia de las articulaciones para el movimiento.

Los apéndices de los artrópodos tienden a constituir herramientas altamente especializadas. Por ejemplo, los apéndices que se extienden de la cabeza de un langostino incluyen partes bucales que usa para triturar el alimento. Un langostino también tiene dos

Figura 6 Los grupos de artrópodos se clasifican con base en el número de secciones corporales, patas y antenas, y según el lugar donde se encuentran. *Interpretar tablas* *¿Qué grupo de artrópodos no tiene antenas?*

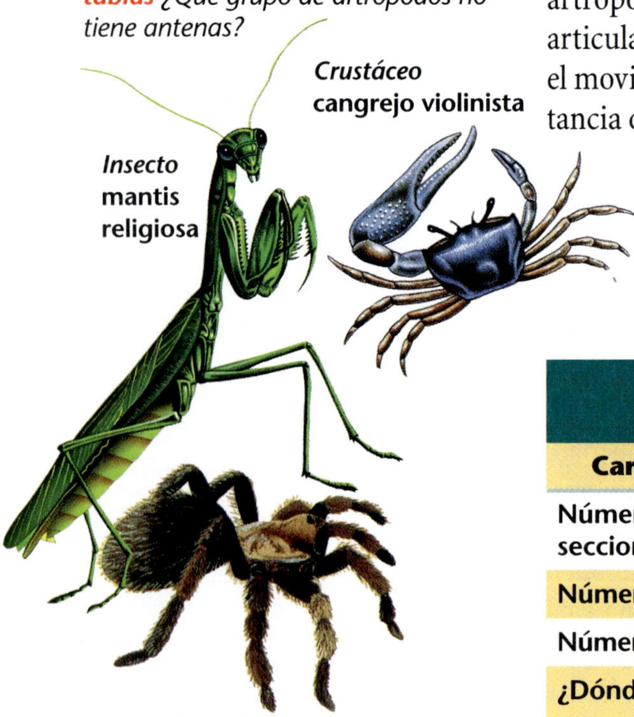

Comparaciones de los grupos más grandes de artrópodos

Característica	Crustáceos	Arácnidos	Insectos
Número de secciones corporales	2 o 3	2	3
Número de patas	5 o más pares	4 pares	3 pares
Número de antenas	2 pares	ninguna	1 par
¿Dónde habitan?	en agua o lugares húmedos	en su mayor parte en tierra	en su mayor parte en tierra

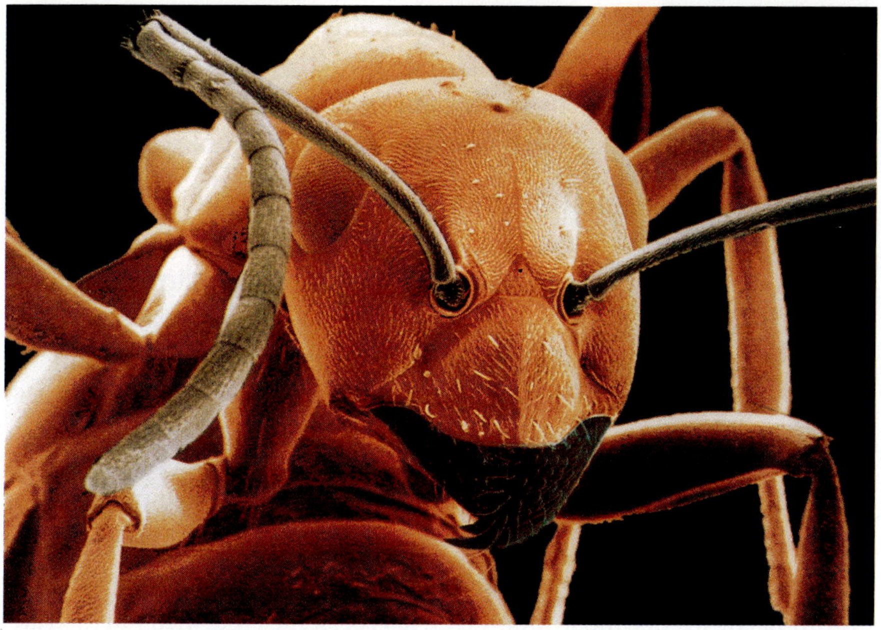

Figura 7 Los apéndices de esta termita incluyen sus antenas, patas y partes bucales. Usa sus partes bucales primero para serrar el alimento en pedazos pequeños y después para masticarlo.

pares de antenas. Una **antena** es un apéndice de la cabeza que contiene órganos sensoriales. Las antenas de un langostino tienen órganos de olfato, gusto, tacto y para mantener el equilibrio. Las patas también son apéndices. La mayoría de las patas de los langostinos están adaptadas para caminar, pero el langostino usa el primer par de patas, que tiene garras, para capturar presas y defenderse de los depredadores. Las alas que la mayoría de los insectos tienen también son apéndices.

☑ *Punto clave* *¿Cómo facilita el exoesqueleto que muchos artrópodos vivan en la tierra?*

Origen de los artrópodos

Como los gusanos segmentados y los artrópodos tienen cuerpos segmentados con apéndices en algunos segmentos, muchos biólogos han inferido que estos dos grupos de animales tienen un antepasado en común. Sin embargo, evidencia del ADN indica que los artrópodos y los gusanos segmentados no pueden estar tan relacionados como se pensaba.

Los artrópodos han vivido en la Tierra desde hace aproximadamente 540 millones de años. Como la mayoría de los grupos de animales, los artrópodos surgieron en los océanos, aunque en la actualidad viven en casi todas partes. Algunos tipos de artrópodos como langostinos y cangrejos, están adaptados para vivir en agua salada o dulce. En contraste, muy pocos insectos viven en agua salada, pero viven en casi cualquier otra parte.

Crustáceos

Los grupos principales de artrópodos son crustáceos, arácnidos, ciempiés, milpiés e insectos. Si alguna vez has comido un coctel de camarón o tortas de cangrejo, has comido crustáceos. Un **crustáceo** es un artrópodo con dos o tres secciones corporales y normalmente tiene tres pares de apéndices para masticar. Además, los crustáceos siempre tienen cinco o más pares de patas; cada segmento tiene un par de patas o patas

INTÉNTALO

Cochinillas de humedad, ¿secas o mojadas?

ACTIVIDAD

Las cochinillas de humedad son crustáceos que se enroscan cuando se les molesta. En esta actividad, descubrirás si prefieren un ambiente húmedo o seco.

1. Forra una caja de zapatos con papel de aluminio. Con cinta adhesiva, pega dos toallas de papel, una al lado de la otra. Pega una tira de cinta adhesiva entre las toallas. Humedece una de las toallas. Mantén la otra seca.

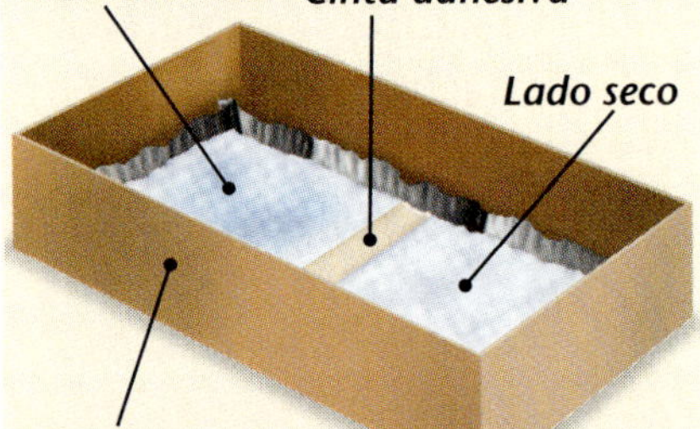

2. Coloca diez cochinillas en la cinta adhesiva. Tapa la caja.
3. Después de 5 minutos, levanta la tapa y cuenta las cochinillas en la toalla seca, en la toalla húmeda y en la cinta adhesiva. Anota los resultados en una tabla de datos.
4. Repite los pasos 2 y 3 dos veces más. Promedia los resultados de los tres ensayos. Lávate las manos después de manipular las cochinillas.

Interpretar datos ¿Las cochinillas prefieren un ambiente húmedo o seco?

modificadas. Los crustáceos son los únicos artrópodos con dos pares de antenas. *Explorar un langostino* muestra un crustáceo típico.

Ciclo vital La mayoría de los crustáceos, como cangrejos, percebes y camarones, empiezan la vida como larvas microscópicas nadadoras. Los cuerpos de estas larvas no se parecen a los de los adultos. Las larvas crustáceas cambian a adultos por **metamorfosis**, un proceso por el cual el cuerpo del animal pasa por cambios dramáticos de forma durante su ciclo vital.

Medios ambientes Casi todos los medios ambientes acuáticos son habitables para los crustáceos que normalmente, obtienen oxígeno por branquias. Los crustáceos pululan en lagos y ríos de agua dulce, y hasta en agua encharcada. Los crustáceos se encuentran en las partes más profundas de los océanos, flotando en las corrientes marinas y arrastrándose por las costas. Unos crustáceos viven en áreas húmedas de la tierra. ¡Incluso algunos cangrejos de gran tamaño viven en las copas de las palmeras!

Alimentación Los crustáceos obtienen alimento de muchas maneras. Muchos comen plantas y animales muertos. Otros son depredadores que se comen los animales que han matado. El camarón pistola es un depredador con un apéndice que se mueve con tanta fuerza que aturde a su presa. Los calanos, que son crustáceos como camarones que forman grupos enormes en las aguas frías del océano, son herbívoros que comen plantas microscópicas. En cambio, depredadores como peces, pingüinos, focas, aves marinas, y hasta el animal más grande del mundo, la gran ballena azul, comen calanos.

☑ *Punto clave* *Un animal que tiene exoesqueleto, dos secciones corporales y ocho patas, ¿es un crustáceo? ¿Cómo lo sabes?*

Las arañas y sus parientes

Las arañas, ácaros y garrapatas son los arácnidos más conocidos. Para ser considerado como **arácnido**, un artrópodo debe tener sólo dos secciones corporales. La primera sección es la cabeza y el pecho. La sección posterior, llamada **abdomen**, contiene los órganos reproductores del arácnido y parte del sistema digestivo. Los arácnidos tienen ocho patas, pero no tienen antenas. Respiran por órganos llamados estigmas o con una red de tubos diminutos que salen a aberturas en el exoesqueleto.

Arañas Las arañas son el tipo de arácnido más conocido, más temido y más interesante de todos. Todas las arañas son depredadoras, y la mayoría come insectos. Algunas arañas, como las tarántulas y arañas lobo, corren tras su presa, y otras, como las arañas doradas, tejen telarañas y esperan que su presa se enrede.

EXPLORAR *un langostino*

Los langostinos son crustáceos que viven en estanques, arroyos o ríos, se esconden bajo las piedras y cavan en el lodo. Algunos construyen una "chimenea" alta de lodo alrededor de la entrada de su túnel. Los langostinos comen casi cualquier planta o animal, vivo o muerto, incluyendo otros de su misma especie.

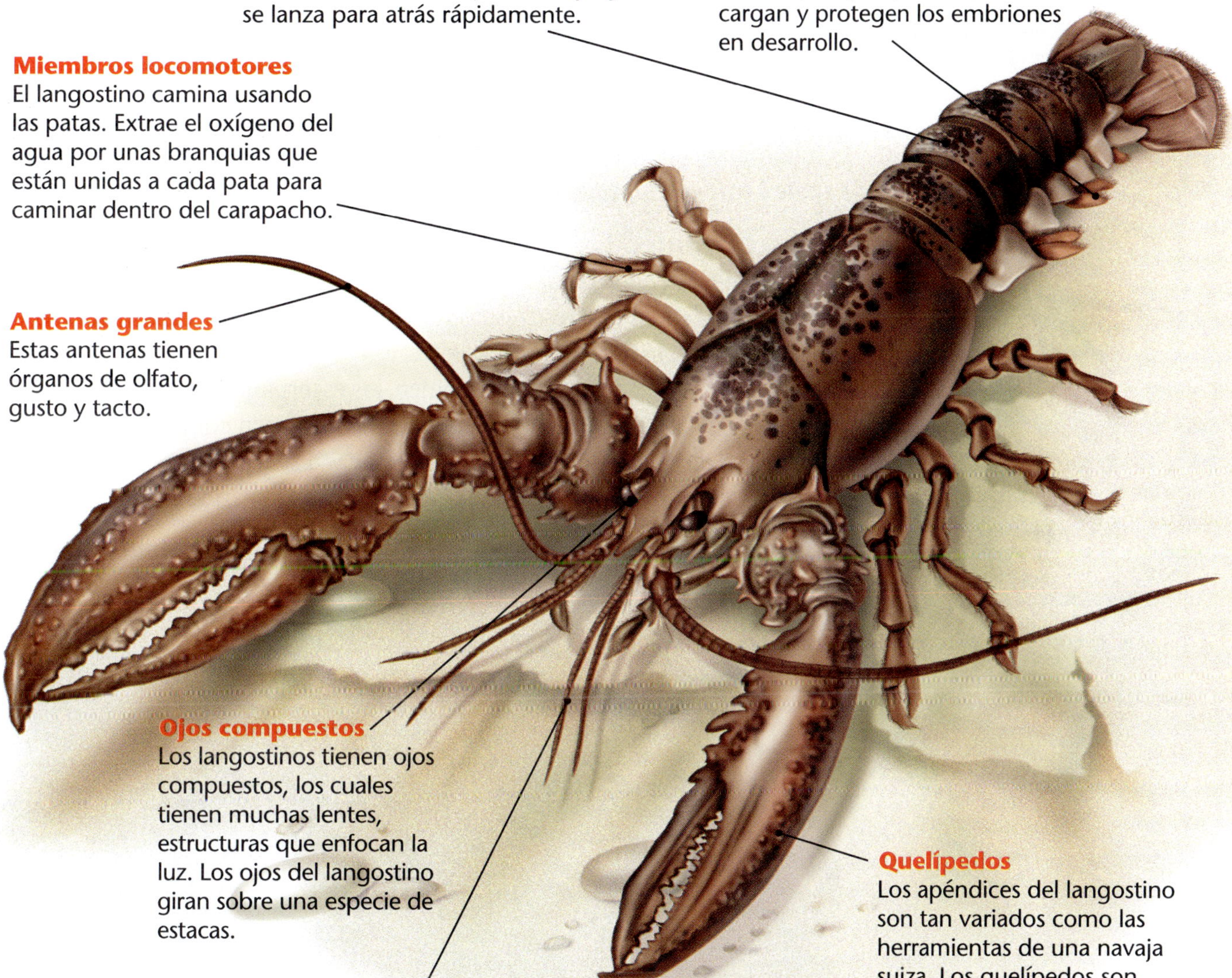

Abdomen
El abdomen muestra la segmentación típica del cuerpo de los artrópodos. Si un langostino percibe peligro, dobla su abdomen bajo su cuerpo y se lanza para atrás rápidamente.

Pleópodos
Los langostinos machos y hembras usan estos pleópodos como aletas para nadar. En los langostinos hembra, los pleópodos también cargan y protegen los embriones en desarrollo.

Miembros locomotores
El langostino camina usando las patas. Extrae el oxígeno del agua por unas branquias que están unidas a cada pata para caminar dentro del carapacho.

Antenas grandes
Estas antenas tienen órganos de olfato, gusto y tacto.

Ojos compuestos
Los langostinos tienen ojos compuestos, los cuales tienen muchas lentes, estructuras que enfocan la luz. Los ojos del langostino giran sobre una especie de estacas.

Quelípedos
Los apéndices del langostino son tan variados como las herramientas de una navaja suiza. Los quelípedos son anchas pinzas serradas que el langostino usa para capturar alimento y defenderse.

Antenas pequeñas
Hay órganos sensoriales del gusto, tacto y equilibrio en las antenas pequeñas horcadas.

Las arañas tienen colmillos huecos, órganos que usa para inyectar veneno a sus presas. El veneno de las arañas deshace los tejidos de las presas. Más tarde, la araña usa los colmillos como popotes para succionar los tejidos deshechos. A pesar de lo que se piensa, las arañas rara vez pican a la gente. Cuando esto sucede, la mayoría de los piquetes sólo son dolorosos y no ponen en peligro la vida de las personas. Sin embargo, el piquete de la viuda negra puede requerir cuidados médicos.

Ácaros Si alguna vez las niguas te han provocado comezón, has tenido un encuentro desagradable con arácnidos diminutos llamados ácaros. Niguas y muchos otros ácaros son parásitos. Por ejemplo, los perros y gatos se rascan las orejas por arador de la sarna. Los ácaros están en todas partes. Hasta hay ácaros del polvo microscópicos en las casas más limpias. Si eres alérgico al polvo, también puedes ser alérgico a los exoesqueletos de los ácaros del polvo. Los ácaros también viven en agua dulce y en el océano.

Garrapatas Las garrapatas son parásitos que viven en el exterior del cuerpo del huésped. Casi cada tipo de animal de tierra tiene una especie de garrapata que chupa su sangre. Algunas garrapatas que atacan a los humanos pueden contagiar enfermedades. Por ejemplo, la enfermedad de Lyme es propagada por el piquete de una garrapata infectada.

Escorpiones Los escorpiones también son arácnidos. Viven principalmente en los climas cálidos. Activos por la noche, los escorpiones se esconden en lugares frescos durante el día, bajo piedras y troncos o en hoyos en la tierra.

Al extremo de su abdomen, los escorpiones tienen un aguijón. Lo usan para inyectar veneno a su presa, generalmente una araña o insecto. A veces pican a las personas. Estos piquetes son dolorosos pero en la mayoría de los casos no ocasionan heridas serias.

☑ *Punto clave* ***¿Cómo obtienen y digieren su alimento las arañas?***

Figura 8 Los arácnidos son artrópodos con dos secciones corporales y ocho patas, sin antenas. **A.** Una garrapata es un parásito que se adhiere a su presa para alimentarse de su sangre. **B.** Un escorpión es un carnívoro que inyecta veneno de un aguijón dispuesto en el extremo del abdomen. **C.** La tarántula hondureña, una araña, usa sus colmillos para inyectar veneno a una culebra corredora.

Ciempiés y milpiés

Los ciempiés y milpiés tienen cuerpos de muchos segmentos, como puedes observar en la Figura 9. Cada segmento de un ciempiés tiene un par de patas, y algunos ciempiés tienen más de 100 segmentos. De hecho, la palabra *ciempiés* significa "cien pies". Los ciempiés son depredadores veloces con mandíbulas filosas. Inyectan veneno a los animales más pequeños que capturan para alimentarse.

Los milpiés pueden tener más de 80 segmentos y cada segmento tiene un par de patas, más patas que cualquier otro artrópodo. Aunque *milpiés* significa "mil pies", no tienen tantas patas. La mayoría de los milpiés son herbívoros que comen hojas parcialmente descompuestas. Cuando se les molesta, los milpiés se enrollan, convirtiéndose en una bola con armadura, y arroja chorros de líquido maloliente a cualquier depredador potencial.

Figura 9 Los ciempiés y milpiés son artrópodos con muchos segmentos corporales. Los ciempiés, izquierda, son carnívoros, y los milpiés, derecha, son herbívoros. **Comparar y contrastar** *¿Cómo puedes diferenciar entre estos dos organismos?*

Repaso de la sección 2

1. Identifica cuatro características que todos los artrópodos comparten.
2. Haz una lista de los grupos principales de artrópodos.
3. ¿Qué característica distingue a los crustáceos de los demás artrópodos?
4. ¿Cuáles son las características principales de los arácnidos?
5. **Razonamiento crítico Aplicar los conceptos** Algunos restaurantes sirven un platillo llamado cangrejo de caparazón blando. ¿Qué crees que le sucedió al cangrejo justo antes de ser atrapado? ¿Por qué es importante este proceso?

Comprueba tu aprendizaje

PROYECTO DEL CAPÍTULO 2

Construye una tabla de datos en tu cuaderno. Cada día, observa ambos grupos de gusanos de la harina. Anota cuántas aún son larvas, cuántas se han transformado en pupas sin movimiento y cuántas, si las hay, son insectos adultos. (*Sugerencia*: Aprenderás acerca de las etapas de la metamorfosis de los insectos en la Sección 3. Consulta *Explorar la metamorfosis de los insectos* en la página 65 como referencia para completar tu tabla de datos.)

SECCIÓN 3 Insectos

DESCUBRE — ACTIVIDAD

¿Qué tipo de apéndices tienen los insectos?

1. Tu maestro te proporcionará una colección de insectos. Examina los insectos con cuidado.
2. Observa las características físicas de cada una de las cubiertas corporales del insecto.
3. Cuenta las patas, alas, secciones corporales y antenas de cada insecto.
4. Observa con cuidado los apéndices: antenas, partes bucales, alas y patas. Contrasta los apéndices de los distintos insectos. Después devuelve los insectos a tu maestro y lávate las manos.

Reflexiona sobre

Observar Compara las patas y las alas de dos especies distintas de insecto. ¿Para qué tipo de movimientos está adaptado cada insecto?

GUÍA DE LECTURA

- **¿Cuáles son las características de los insectos?**
- **¿Cuál es el impacto general de los insectos en los humanos?**

Sugerencia de lectura
A medida que leas, usa los títulos de esta sección como los temas principales para hacer un esquema.

Con sus hermosas alas negras y naranjas, las mariposas monarca, aunque de apariencia delicada, son viajeras campeonas. Cada otoño, alrededor de 100 millones de estas mariposas viajan del sureste de Canadá y del este de Estados Unidos hacia las montañas del centro de México. Algunas mariposas monarca vuelan miles de kilómetros para llegar a su destino.

Las mariposas monarca que realizan este viaje tan largo nunca antes han estado en México. Sin embargo, de alguna manera llegan a los mismos árboles donde sus ancestros, ahora muertos, pasaron el invierno anterior. Nadie sabe con certeza cómo lo logran.

En primavera, las mariposas vuelan hacia el norte. Después de volar unos cientos de kilómetros, se detienen, se aparean, depositan los huevos y mueren. Pero sus hijos, y más tarde sus nietos y biznietos, continúan el viaje hacia el norte. Con el tiempo, las mariposas monarca llegan al área que dejaron sus antepasados el otoño anterior.

Mariposas monarca en invierno ▼

El cuerpo de los insectos

La mariposa monarca es un **insecto**, igual que una libélula, cucaracha o abeja. Puedes identificar a los insectos como otros artrópodos al contar sus secciones corporales y patas. **Los insectos son artrópodos con tres secciones corporales, seis patas, un par de antenas y normalmente uno o dos pares de alas.** Las tres regiones corporales son la cabeza, el tórax y el abdomen. El **tórax** del insecto, o sección media, es la parte a la que están unidas alas y patas. Los órganos sensoriales, como los ojos y las antenas, se encuentran en la cabeza del insecto. El abdomen contiene muchos de los órganos internos del insecto. Puedes observar las tres secciones corporales del saltamontes en la Figura 11.

Como la mayoría de los crustáceos, los insectos normalmente tienen dos ojos grandes compuestos, que contienen muchas lentes. Los ojos compuestos son excelentes para ver el movimiento. La mayoría de los insectos también tienen ojos pequeños simples, que distinguen entre la luz y la oscuridad.

Los insectos obtienen oxígeno a través de un sistema de tubos. Estos tubos llegan a aberturas en el exoesqueleto del insecto. El aire, que contiene oxígeno, entra al cuerpo del insecto por estos tubos y pasa directamente a las células corporales del insecto.

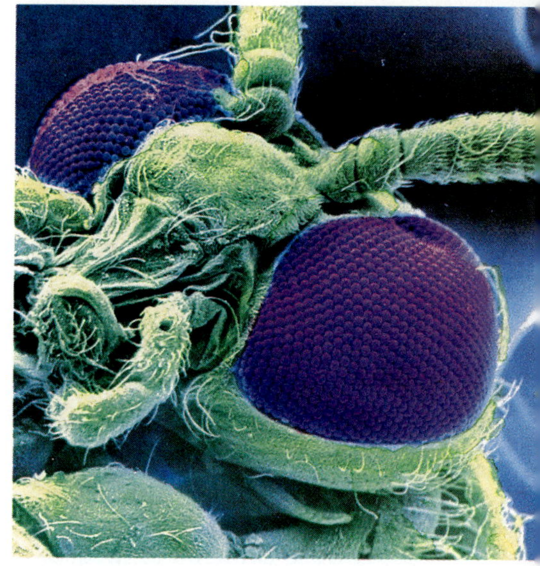

Figura 10 La mayoría de los insectos, como esta mosca negra, tienen ojos compuestos con muchas lentes. Como los ojos compuestos son muy efectivos para ver movimiento, los insectos pueden escapar rápidamente de posibles depredadores.

☑ *Punto clave* *¿En qué se diferencian los ojos compuestos de los insectos de los ojos simples?*

De huevo a adulto

Los insectos empiezan la vida como diminutos huevos de cascarón duro fecundados. Después de salir de los huevos, los insectos pasan por un proceso de metamorfosis, que con el tiempo produce un insecto adulto. Cada especie de insecto pasa por uno de dos tipos de metamorfosis.

Figura 11 El cuerpo del saltamontes, como el de todos los insectos, consta de tres secciones. *Interpretar diagramas* *¿A qué sección pertenecen las patas del saltamontes?*

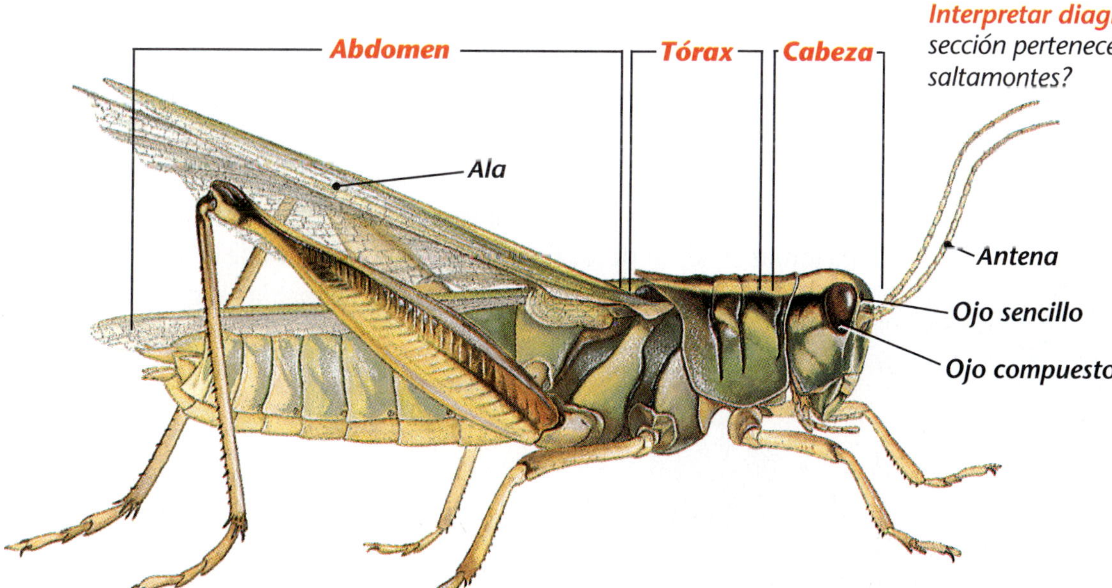

Mejora tus destrezas

Graficar ACTIVIDAD

Hasta ahora, 760,000 especies de insectos han sido identificadas. La tabla siguiente muestra un cálculo aproximado de las especies de los grupos principales. Usa los datos para dibujar una gráfica circular que muestre el porcentaje total de especies de insectos en cada grupo. (Consulta el Manual de destrezas.)

Grupos de insectos

Grupo	Número de especies
Hormigas, abejas y avispas	100,000
Escarabajos y gorgojos	300,000
Mariposas y polillas	110,000
Moscas y mosquitos	100,000
Otros grupos de insectos	150,000

Los dos tipos de metamorfosis de los insectos se muestran en *Explorar la metamorfosis de los insectos*. El primer tipo, llamado **metamorfosis completa** tiene 4 etapas muy distintas: huevo, larva, pupa y adulto. Como aprendiste en el Capítulo 1, una larva es una forma inmadura que se ve muy diferente al adulto. Las larvas de los insectos, como las orugas de mariposas y polillas, generalmente parecen gusanos. La vida de las larvas consiste en comer y crecer. Después de un tiempo, la larva entra a la segunda etapa de la metamorfosis completa y se convierte en **pupa**. Durante la etapa de pupa, el insecto está envuelto en una cubierta protectora y cambia gradualmente de larva a adulto. Una mariposa en una crisálida y una polilla en un capullo son ejemplos de pupas de insectos. Cuando su desarrollo ha terminado, un insecto adulto emerge de la pupa protectora. Escarabajos, mariposas, moscas y hormigas pasan por la metamorfosis completa.

En contraste, el segundo tipo de metamorfosis, llamado **metamorfosis gradual**, no tiene una etapa larval: del huevo incubado pasa a la etapa de **ninfa** con aspecto adulto. Una ninfa puede mudar varias veces antes de llegar a ser adulto. Los saltamontes, termitas, cucarachas y libélulas pasan por la metamorfosis gradual.

☑ *Punto clave* ***Enumera las etapas de la metamorfosis completa.***

Cómo se alimentan los insectos

La regla parece ser esta: si está vivo o si alguna vez lo estuvo, algún tipo de insecto lo comerá. Todos sabemos que los insectos comen plantas y partes de plantas, como hojas y néctar. Aunque los insectos también comen productos hechos de plantas, como el papel. La próxima vez que abras un libro muy viejo, busca piojos de los libros. Estos insectos muy pequeños viven en los libros viejos, y cavan túneles entre las hojas.

Los insectos se alimentan de animales también. Algunos como las pulgas y los mosquitos se alimentan de la sangre de animales vivos. Otros, como los escarabajos peloteros, se alimentan de heces de animales. Y otros, como los escarabajos escarbadores, se alimentan de los cuerpos en descomposición de animales muertos.

Las partes bucales de los insectos están adaptadas para una manera específica de obtener alimento. Por ejemplo, la lengua de la abeja tiene cerdas para tomar el néctar de las flores, y las partes bucales de los mosquitos son filosas para pinchar y chupar la sangre.

Figura 12 Esta oruga se alimenta de manera casi continua. Como larva, debe almacenar toda la energía que necesitará en la etapa de pupa.

EXPLORAR *la metamorfosis de los insectos*

Dependiendo de la especie, un insecto llega a la edad adulta mediante uno de dos procesos. Las luciérnagas sufren una metamorfosis completa, mientras que los saltamontes pasan por una metamorfosis gradual.

Luciérnaga macho adulto

METAMORFOSIS COMPLETA

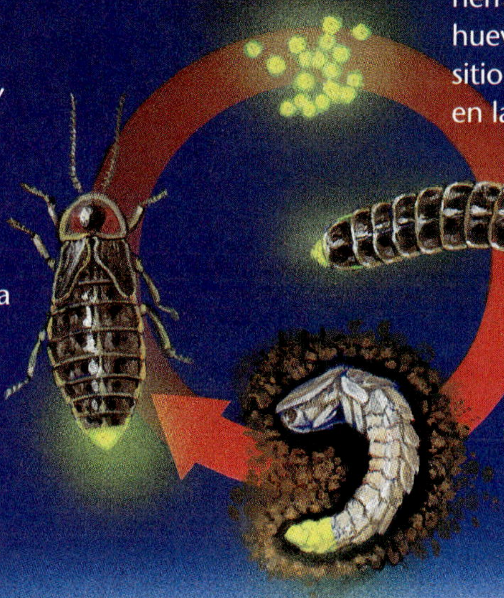

1. **Huevo** Las luciérnagas hembra depositan sus huevecillos casi en cualquier sitio. Los huevecillos brillan en la oscuridad.
2. **Larva** Los huevecillos se transforman en larvas que se alimentan de babosas. Las larvas se conocen como gusanos de luz porque brillan en la oscuridad.
3. **Pupa** Después de un tiempo, la larva se transforma en una pupa. Las alas, patas y antenas se forman en el interior del capullo protector.
4. **Adulto** Una vez completo su desarrollo, las luciérnagas adulto salen del capullo y extienden sus alas. Cuando su esqueleto se endurece, la luciérnaga empieza una vida enfocada en la búsqueda de alimento, la exploración de nuevos territorios y el apareamiento. Las luciérnagas adulto utilizan destellos de luz para atraer a sus parejas.

METAMORFOSIS GRADUAL

Saltamontes macho adulto

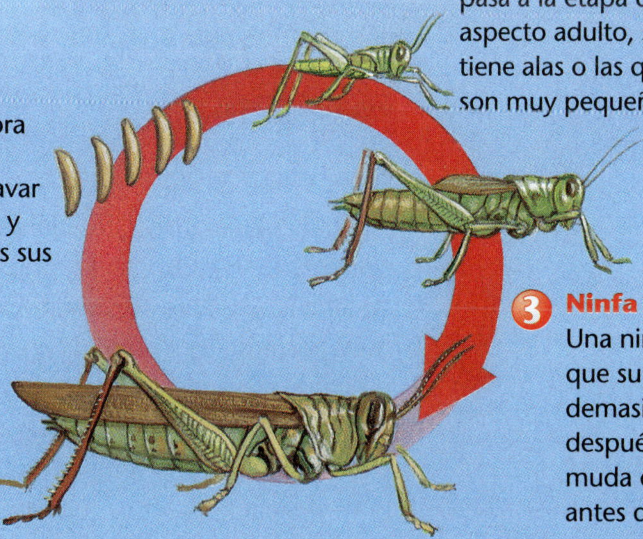

1. **Huevo** La hembra usa la punta del abdomen para cavar hoyos en la tierra y depositar en éstos sus huevos.
2. **Ninfa** El huevo incubado pasa a la etapa de ninfa con aspecto adulto, sólo que no tiene alas o las que tiene aún son muy pequeñas.
3. **Ninfa más grande** Una ninfa se alimenta hasta que su exoesqueleto es demasiado estrecho, y después muda. La ninfa muda cuatro o cinco veces antes de llegar a ser adulto.
4. **Adulto** La mayoría de los insectos que pasan por la metamorfosis gradual emergen de la muda final con alas de tamaño completo. Una vez endurecidas las alas, el adulto vuela para aparearse y empezar el ciclo de nuevo.

Figura 13 El bien camuflajeado insecto espina, izquierda, y el insecto hoja, derecha, tienen defensas muy efectivas contra los depredadores. *Observar ¿Por qué crees que el insecto de la izquierda se llama insecto espina?*

Estudios sociales CONEXIÓN

En el otoño de 1347, un barco zarpó de un puerto del Mar Negro a la isla europea de Sicilia. Ese barco llevaba insectos que ayudaron a cambiar el curso de la historia. Los insectos eran pulgas, y su piquete transmitía una enfermedad conocida como peste bubónica o muerte negra a los humanos.

Las personas infectadas morían generalmente en poco tiempo. El francés Jean de Venette escribió: "Aquel que estaba bien un día moría el día siguiente". La muerte negra se extendió rápidamente por Europa, matando a la tercera parte de la población. Debido a tal cantidad de muertes, la peste causó serios problemas económicos y gran descontento social.

En tu diario

Imagina que es el año 1380. Sobreviviste la epidemia de la peste y ahora tienes 45 años. Escribe cómo la epidemia ha cambiado a tu aldea.

Autodefensa

Los insectos tienen muchas defensas contra los depredadores, incluyendo un exoesqueleto duro que ayuda a protegerlos. Muchos insectos pueden correr rápidamente o volar para huir del peligro, como ya sabes si alguna vez has intentado matar una mosca. Algunos insectos como las chinches hediondas que huelen o saben mal a los depredadores. Otros insectos como las abejas y las avispas se defienden con piquetes dolorosos.

Una de las defensas más comunes es el **camuflaje** o coloración protectora, que ayuda al insecto a combinarse con su alrededor tanto que se vuelve casi invisible a un depredador. Ponte a prueba y trata de encontrar los insectos camuflajeados en la Figura 13. Los insectos palo, muchas orugas y saltamontes son sólo algunos de los insectos que usan el camuflaje como defensa.

Otros insectos son protegidos por su parecido con diferentes animales. Por ejemplo, las manchas de las alas de algunas polillas parecen ojos grandes; los depredadores que ven estas manchas muchas veces evitan estas polillas pues creen que son animales mucho más grandes.

☑ *Punto clave* *¿Cuáles son las cuatro defensas de los insectos?*

Insectos y humanos

Por cada persona viva, los científicos estiman que hay por lo menos 200 millones de insectos vivos. Muchos de esos insectos tienen un impacto en las vidas de las personas. Algunas especies de insectos pueden ser muy perjudiciales para las cosechas. Además, insectos como moscas, pulgas y mosquitos pueden portar microorganismos que causan enfermedades en los humanos. Por ejemplo, cuando pican a los humanos, algunas especies de mosquitos pueden transmitir el microorganismo que causa la malaria.

Sin embargo, la gran mayoría de los insectos son inofensivos o benéficos a los humanos. Las abejas hacen miel, y las larvas de la polilla del gusano de seda tejen las fibras que se usan para hacer seda. Algunos insectos consumen insectos perjudiciales, ayudando a reducir sus poblaciones. Y aunque algunos insectos destruyen las cosechas, muchos insectos más, como mariposas y moscas, ayudan en la reproducción al llevar polen de una planta a otra. Si los insectos desaparecieran de la Tierra, nunca tendrías otro piquete, pero tampoco tendrías mucho que comer.

Figura 14 Las abejas y otros polinizadores están entre los más benéficos de todos los insectos. Cuando una abeja bebe néctar de una flor, el polen se pega a su cuerpo. Cuando el insecto transporta el polen a la siguiente planta de donde come, ayuda a esa planta a reproducirse.

Controlar los insectos nocivos

INTEGRAR LAS CIENCIAS DEL AMBIENTE Las personas han intentado eliminar los insectos dañinos al aplicar a las plantas sustancias químicas, llamadas pesticidas. Sin embargo, los pesticidas también matan a los insectos útiles, como las abejas, y pueden dañar otros animales, como las aves. Y con el tiempo, los insectos se vuelven resistentes a los pesticidas; los pesticidas ya no matan a los insectos.

Los científicos están buscando otras maneras de controlar los insectos dañinos. Un método es el uso de controles biológicos. Los controles biológicos introducen depredadores naturales o enfermedades a las poblaciones de insectos. Por ejemplo, se pueden introducir catarinas (mariquitas) a las tierras de cultivo. Las catarinas se comen a los áfidos, insectos que destruyen duraznos, papas, y otras plantas de cultivo. Además, la tierra se puede tratar con bacterias inofensivas a los humanos pero que causan enfermedades en las larvas de los insectos nocivos como los escarabajos japoneses. Estos controles biológicos matan sólo una o unas cuántas especies nocivas. Como los controles biológicos matan sólo insectos nocivos específicos, son menos dañinos al medio ambiente que los insecticidas.

Repaso de la sección 3

1. Enumera las características que comparten los insectos.
2. Identifica dos maneras en que los insectos beneficien a los humanos.
3. Compara y contrasta la metamorfosis completa y la gradual.
4. **Razonamiento crítico** **Inferir** Las abejas pican a los depredadores que intentan atacarlas. Los sírfidos, que no pican, parecen abejas. ¿Cómo podría resultar una ventaja para los sírfidos este parecido?

PROYECTO DEL CAPÍTULO 2

Comprueba tu aprendizaje

Continúa observando los gusanos de la harina todos los días. Anota tus observaciones en la tabla de datos. Al observarlos en sus distintas etapas de desarrollo, haz un dibujo de una larva, una pupa y un adulto.

Laboratorio real

Tú y tu medio ambiente

¿Quién vive en el suelo?

El suelo bajo un árbol, en un jardín o bajo una piedra es el refugio de muchos organismos, incluyendo una variedad de artrópodos. Cada parte de suelo puede ser un ambiente en miniatura con sus propios residentes. Aquí examinarás un medio ambiente específico de suelo.

Problema

¿Qué tipos de animales viven en el suelo y en el humus?

Enfoque en las destrezas

observar, clasificar, inferir

Materiales

botella de plástico de 2 litros
limaduras gruesas de hierro
tela de manta
lámpara de cuello de ganso
frasco grande de boca ancha
muestra fresca de tierra y humus
tijeras grandes
llana
liga de hule grande
lupa
frasco pequeño

Procedimiento

1. Escoge un lugar para colocar tu equipo sin que se altere durante 24 horas. Coloca el frasco pequeño dentro del grande como se ve en la fotografía.
2. Usa las tijeras para cortar en dos la botella. **PRECAUCIÓN:** *No cortes hacia ti ni hacia a los demás.* Voltea la mitad de arriba de la botella para que sirva de embudo.
3. Pon una pequeña cantidad de limaduras gruesas de hierro dentro de la boca del embudo para mantener la tierra adentro. No la aprietes demasiado. Deja espacios para que pasen los pequeños organismos. Coloca el embudo en el frasco grande como se ve en la fotografía.
4. Usa la llana para llenar el embudo con tierra y humus. Cuando termines de tocar las hojas y la tierra, lávate las manos perfectamente.
5. Observa cuidadosamente para ver si la tierra y el humus están secos o húmedos. Anota tus observaciones.
6. Haz una tapa para tu muestra, colocando la manta encima del embudo. Usa la liga de hule grande para fijar la manta. Después pon una lámpara a 15 cm sobre el embudo y prende la luz. Deja el equipo así durante 24 horas. **PRECAUCIÓN:** *La bombilla caliente puede causar quemaduras. No la toques.*
7. Cuando estés listo para hacer tus observaciones, apaga la lámpara. Deja el embudo y el frasco en su lugar mientras observas. Usa la lupa para examinar cada una de los organismos. **PRECAUCIÓN:** *No toques los organismos.*
8. Usa una tabla de datos como la de la página 69 para esbozar cada organismo y anotar otras observaciones. No olvides incluir la evidencia que te ayudará a clasificar los organismos. (*Sugerencia:* Recuerda que algunos animales pueden estar en diferentes etapas de metamorfosis.)

TABLA DE DATOS				
Dibujo del organismo	Organismos encontrados	Tamaño	Características importantes	Fílum probable

9. Examina la tierra y el humus, y registra si este material está seco o húmedo.
10. Al terminar, sigue las indicaciones de tu maestro para devolver los organismos a la tierra.

Analizar y concluir

1. Describe las condiciones del ambiente de la tierra al principio y al final del experimento. ¿Qué causó el cambio?
2. ¿Qué tipo de animales recolectaste en el frasco pequeño? ¿Qué características usaste para identificar cada tipo de animal? ¿Qué tipo de animales fueron los más comunes?
3. ¿Por qué crees que los animales bajaron por el embudo para alejarse de la tierra?
4. **Aplicar** Usa lo que has aprendido acerca de los artrópodos y otros animales para hacer una inferencia acerca del papel que cada uno de los animales que recolectaste desempeña en el medio ambiente.

Explorar más

¿Qué tipos de organismos podrían vivir en otros tipos de suelos: por ejemplo, suelo en la orilla de un estanque, suelo seco y arenoso, o tierra comercial preparada para macetas? Propón una o más maneras para contestar esta pregunta.

SECCIÓN 4 Los sonidos de los insectos

DESCUBRE ACTIVIDAD

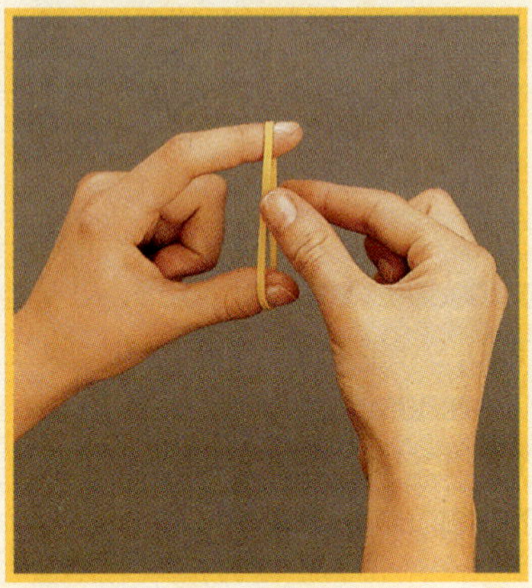

¿Qué causa el sonido?

1. Forma la letra C con el dedo índice y pulgar de una mano. Estira una liga de hule por la punta del índice y del pulgar, como se ve en la ilustración. Predice qué sucederá cuando estires y sueltes la liga.
2. Estira y suelta la liga para que emita un sonido. Observa la liga al hacer el ruido. Fíjate cómo se mueve.
3. Repite el Paso 2, pero tan pronto estires y sueltes la liga, tócala para que deje de moverse. Observa qué le ocurre al sonido.

Reflexiona sobre

Inferir ¿Qué relación hay entre sonido y vibración?

GUÍA DE LECTURA

- ¿Cómo se produce el sonido?
- ¿Qué función desempeña el sonido para muchos insectos?

Sugerencia de lectura
A medida que leas cómo se produce el sonido, ve la Figura 16.

Cerca de donde vives, en un anochecer de primavera, oyes un grillo cantar. Con la linterna en mano, caminas sin hacer ruido hacia el sonido. Cuando estás encima de él, prendes la linterna y ves un insecto negro en el suelo. Las alas están un poco levantadas y se están raspando una contra la otra tan rápido que se ve borroso. Has hallado un grillo macho que está usando el sonido para atraer a una pareja. Pronto, un grillo hembra podría responder a su llamado.

¿Cómo se produce el sonido?

Las alas del grillo vibran, se mueven hacia delante y hacia atrás tan rápido que no podemos ver el movimiento. Cuando las alas del grillo dejan de moverse, el sonido cesa. ¿Por qué sucede esto?

Figura 15 Este grillo macho de Borneo frota sus alas rápidamente para chirriar. Usa este canto para llamar a posibles parejas.

Figura 16 La vibración de la cuerda de una guitarra produce ondas que constan de áreas alternadas donde las moléculas de aire se comprimen y separan. ***Aplicar los conceptos*** *¿Cómo llega el sonido de la guitarra al oído?*

Todo sonido se produce por vibraciones que crean ondas que se mueven en dirección opuesta a la fuente. La Figura 16 muestra cómo las vibraciones de una cuerda de guitarra crean sonido. Después de jalar la cuerda a la izquierda y soltarla, la cuerda en movimiento choca con las partículas de aire en su camino. Empuja las partículas y las comprime, empujando las partículas comprimidas hacia afuera. Detrás de esta área comprimida hay un área en la cual las partículas están separadas.

Como la cuerda sigue moviéndose hacia delante y hacia atrás muchas veces, crea muchas regiones alternadas de partículas comprimidas y partículas separadas. Juntas, las áreas comprimidas y las áreas separadas se mueven en ondas que se alejan de la cuerda de guitarra, como se ve en la Figura 16. El movimiento rápido de las alas del grillo producen sonido casi de la misma forma que una cuerda de guitarra que vibra.

Las ondas sonoras tienen que viajar por un medio: sólido, líquido o gas. Las ondas sonoras producidas por las cuerdas de guitarra y las alas del grillo viajan por el aire, que es un gas. El sonido también puede viajar por líquidos como el agua, y por sólidos, como la madera. Si golpeas suavemente tu pupitre y pones la oreja junto al pupitre, puedes escuchar las vibraciones de sonido que viajan por un material sólido.

☑ **Punto clave** *¿Por qué medio viaja el sonido de los truenos?*

INTÉNTALO

Sintonízate

ACTIVIDAD

Puedes usar un diapasón para ver cómo el sonido es causado por las vibraciones.

1. Golpea las puntas del diapasón con un lápiz y escucha el sonido que produce. Al mismo tiempo, observa con cuidado las puntas del diapasón. ¿Qué ves?
2. Toca ligeramente las puntas del diapasón. ¿Qué sientes?

Predecir Predice qué sucederá cuando golpees las puntas del diapasón y las metas en un vaso con agua. Da una razón para apoyar tu predicción. Después prueba tu predicción.

Comunicar por sonido

Los insectos producen sonidos de muchas maneras. Muchos insectos producen sonidos como las guitarras y otros instrumentos de cuerda. Frotan una parte áspera de su cuerpo contra una parte afilada. La parte áspera es como una plumilla para guitarra, y la parte filosa es como las cuerdas del instrumento. Los grillos chirrían y las chicharras hacen sus rasposas canciones con una parte áspera de cada ala.

Distintas especies de insectos usan distintas partes de sus cuerpos para producir el sonido. Los escarabajos negros grandes frotan sus alas traseras contra áreas ásperas del abdomen, haciendo un sonido chillante débil. Los escarabajos vigía golpean el suelo con la cabeza. Las cigarras tienen en el abdomen hojas delgadas de tejido llamadas timbales. Los timbales producen sonido al vibrar como la cubierta de un tambor.

Las cucarachas son de los pocos insectos que producen sonidos al forzar el aire a salir de su cuerpo. Este es el mismo método usado por los humanos y otros vertebrados para producir los sonidos que usan para comunicarse.

Muchos insectos usan sonido para atraer a la pareja. Generalmente es el macho el que canta; tal es el caso con los insectos como grillos, saltamontes y chicharras. Sin embargo, en algunas especies la hembra produce el sonido. Por ejemplo, los mosquitos hembras atraen a los machos al usar sus alas para producir vibraciones distintivas de tono alto.

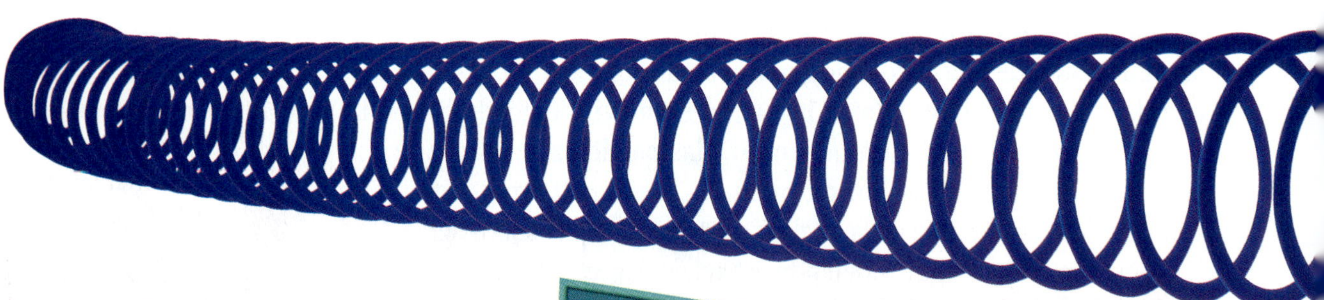

Repaso de la sección 4

1. Explica cómo al golpear un tambor se produce un sonido.
2. ¿Qué comunica el canto del grillo o el de la cigarra?
3. Describe dos maneras en que los insectos producen sonidos.
4. **Razonamiento crítico** **Aplicar los conceptos** Viajas en una nave espacial en el espacio exterior, donde no hay aire. Otra nave te rebasa a gran velocidad. ¿Produce un sonido al hacerlo? ¿Por qué?

Las ciencias en casa

Puedes usar un resorte de juguete como el de arriba para mostrar a tu familia cómo viajan las ondas sonoras. Pide a alguien que detenga un extremo del resorte. Sostén el otro extremo en la mano. Estira el resorte suavemente hasta que esté totalmente extendido y paralelo al piso. Empieza una onda al empujar un extremo. Señala cómo las ondas de las muelles comprimidas viajan por el resorte. Explica a tu familia en qué se parece la onda a una onda sonora que viaja en el aire.

SECCIÓN 5

Equinodermos

DESCUBRE

ACTIVIDAD

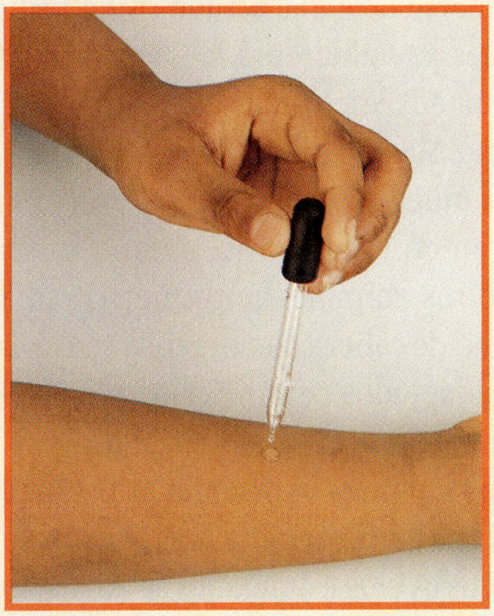

¿Cómo se agarran las estrellas de mar?

1. Las estrellas de mar usan cientos de estructuras diminutas en los brazos para agarrarse de las rocas y atravesar las superficies bajo el agua. Usa un gotero para ver cómo funcionan estas estructuras. Llena el gotero de agua y luego escúrrelo.
2. Escurre la última gota de agua en la parte interna de tu brazo. Después, mientras mantienes el bulbo apretado, toca la gota de agua con la punta del gotero. Suelta el bulbo del gotero mientras la punta toca tu piel.
3. Toma el gotero por el tubo, levántalo despacio y observa la piel de tu brazo.

Reflexiona sobre

Predecir Además de moverse y agarrarse de las superficies, ¿para qué podrían usar las estrellas de mar sus ventosas?

Parecen estrellas, alfileteros, monedas y pepinos, ¿de veras serán animales? Estrellas de mar, estrellas quebradizas y estrellas de cesta tienen el cuerpo en forma de estrella. Los erizos de mar parecen alfileteros vivos, y los erizos planos son discos planos y redondos. Los pepinos de mar parecen pepinillos por las algas que crecen dentro de los tejidos, hasta que empiezan a arrastrarse lentamente por la arena. Todas estas criaturas extrañas pertenecen al mismo fílum.

GUÍA DE LECTURA

◆ **Qué característica es típica de los equinodermos?**

Sugerencia de lectura **Antes de leer, consulta *Explorar una estrella de mar* en la página 75 para conocer algunas características de los equinodermos.**

Los animales de "piel espinosa"

Los biólogos clasifican a los erizos, estrellas y pepinos de mar como equinodermos (fílum Equinodermata). Un **equinodermo** es un invertebrado con simetría radial que vive en el fondo del mar. *Equinodermo* significa "piel espinosa". El nombre es apropiado porque en la mayoría de estos animales un esqueleto de espinas interno, o **endoesqueleto**, conformado de placas que contienen calcio forma el soporte de la piel.

Los equinodermos adultos tienen un tipo único de simetría radial donde las partes corporales, normalmente en múltiplos de cinco, están distribuidas como los rayos de una rueda. Si cuentas los brazos en una estrella de mar o las secciones corporales de un erizo de mar, casi siempre serán cinco, o un múltiplo de cinco.

▼ Un erizo de mar magnífico

Además de la simetría radial de cinco partes y el endoesqueleto, los equinodermos tienen un sistema interno de líquidos llamado sistema vascular de agua. El **sistema vascular de agua** consta de vasos llenos de líquido en el cuerpo del equinodermo. Algunas secciones de los vasos se contraen, comprimiendo agua a estructuras llamadas pies ambulacrales, partes externas del sistema vascular de agua. Los extremos de estos pies son pegajosos y al llenarse de agua, actúan como pequeñas ventosas. Así, los pies ambulacrales se adhieren a la superficie bajo el equinodermo. La mayoría de los equinodermos usan sus pies ambulacrales para arrastrarse y capturar alimento. Si volteas una estrella de mar, verás hileras de pies ambulacrales que se mueven.

Los equinodermos se arrastran en el fondo del océano, buscando alimento, refugio y pareja. Como otros animales con simetría radial, los equinodermos no tienen un extremo de cabeza con órganos sensoriales y tejido nervioso. En cambio, están adaptados para reaccionar a alimento, parejas o depredadores que se acercan de cualquier dirección.

La mayoría de los equinodermos son machos o hembras. Los óvulos se fecundan en el agua de mar, después de que la hembra libera los óvulos y el macho libera los espermatozoides. Los óvulos fecundados se desarrollan en larvas diminutas nadadoras que con el tiempo pasan por la metamorfosis y llegan a ser equinodermos adultos.

☑ *Punto clave* *¿Cuál es la función de los pies ambulacrales del equinodermo?*

Figura 17 Esta estrella de mar roja está en proceso de regenerar dos brazos, posiblemente perdidos en una lucha con un depredador.

Estrellas de mar

Las estrellas de mar son depredadores que comen moluscos, cangrejos y otros equinodermos. Una estrella de mar usa los brazos y pies ambulacrales, (ver *Explorar una estrella de mar*) para capturar su presa. La estrella de mar toma una almeja con los cinco brazos. Después jala las conchas cerradas con los pies ambulacrales. Cuando éstas se abren, la estrella de mar asoma su estómago por la boca al espacio entre las conchas de la almeja. Sustancias químicas digestivas descomponen los tejidos de la almeja, y la estrella de mar succiona el cuerpo parcialmente digerido de su presa. El comportamiento de una estrella de mar es bastante impresionante para un animal que no tiene cerebro.

Si una estrella de mar pierde un brazo, puede generar otro. El proceso para que las partes mutiladas vuelvan a crecer se llama **regeneración**. La Figura 17 muestra una estrella de mar con dos brazos parcialmente regenerados. Algunas especies de estrellas de mar pueden generar un animal entero de un solo brazo. Otras se reproducen al dividirse en muchas partes. Los brazos jalan en cinco direcciones y se regeneran cinco nuevas estrellas de mar.

EXPLORAR *una estrella de mar*

Las estrellas de mar, también llamadas estrellamares, normalmente tienen cinco brazos. Sin embargo, algunas pueden tener hasta cincuenta brazos.

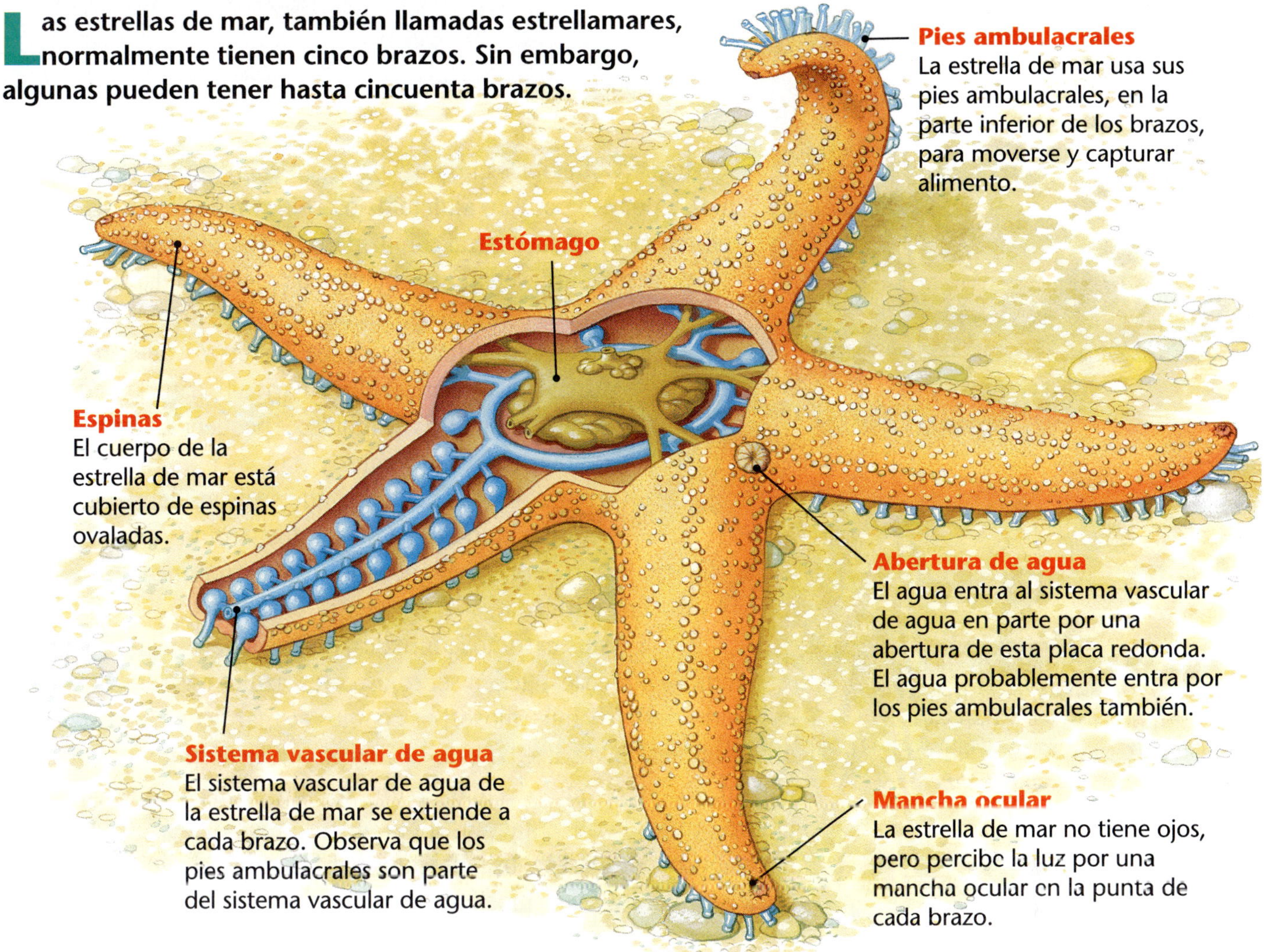

Otros equinodermos

Las estrellas quebradizas son parientes cercanos de las estrellas de mar. Como las estrellas de mar, las estrellas quebradizas también tienen cinco brazos pero largos y delgados y con articulaciones flexibles. Como las estrellas de mar, las estrellas quebradizas regeneran los brazos perdidos. Los pies ambulacrales de las estrellas quebradizas no tienen ventosas y los usan para capturar alimento pero no para moverse. En cambio, las estrellas quebradizas se propulsan al mover sus brazos gigantes por el suelo. Son de los más móviles de todos los equinodermos.

A diferencia de las estrellas de mar y las estrellas quebradizas, los erizos de mar y los erizos de playa no tienen brazos. Los erizos de playa parecen monedas grandes. Sus cuerpos planos están cubiertos de espinas muy cortas que les ayudan a enterrarse en la arena.

Figura 18 Los pepinos de mar rojos y azules **(A)**, las estrellas quebradizas **(B)**, y los erizos planos **(C)** son equinodermos. *Observar ¿Qué tipo de simetría tienen estos organismos?*

Espinas movibles cubren y protegen el cuerpo de los erizos de mar, y por eso parecen alfileteros o cepillos redondos. Las espinas cubren una concha central conformada de placas unidas. Los erizos de mar se mueven al usar bandas de pies ambulacrales que se extienden entre las espinas. Con los cinco dientes fuertes que pueden proyectar de la boca, los erizos de mar pueden raspar algas, masticar algas marinas y triturar pedazos de coral y las conchas de moluscos pequeños. Algunos erizos de mar usan los dientes y espinas para meterse en las grietas de las rocas y esconderse de los depredadores.

Como su nombre indica, los pepinos de mar se ven como pepinos de piel coriácea, pero nunca los verás en una ensalada.

Estos extraños animales, que viven en el suelo oceánico arenoso o rocoso, pueden ser rojos, cafés, azules o verdes. Su cuerpo es blando, flexible y musculoso. Los pepinos de mar tienen hileras de pies ambulacrales en la parte baja de su cuerpo que le permiten desplazarse lentamente por el fondo del mar. En un extremo de un pepino de mar está la boca, rodeada de tentáculos. El pepino de mar, que se alimenta por filtración, puede alargar sus tentáculos para empujar el alimento hacia la boca y retraer los tentáculos otra vez en su piel resistente.

Repaso de la sección 5

1. Identifica las características principales de los equinodermos.
2. Define *regeneración* y explica cómo se aplica a las estrellas de mar.
3. Compara y contrasta los erizos de mar con las estrellas de mar.
4. **Razonamiento crítico Inferir** ¿Cómo están adaptados los pies ambulacrales al movimiento lento y no rápido?

PROYECTO DEL CAPÍTULO 2

Comprueba tu aprendizaje

Sigue examinando los recipientes con los gusanos de la harina todos los días, y anota tus datos. Señala las diferencias entre los dos grupos de gusanos de la harina. Saca conclusiones acerca de cómo condiciones distintas afectaron su metamorfosis. Al terminar, devuelve los insectos a tu maestro.

GUÍA DE ESTUDIO

CAPÍTULO 2 REPASO

SECCIÓN 1 Moluscos

Ideas clave

- La mayoría de los moluscos tienen conchas, cuerpos blandos, un manto que cubre los órganos internos y un pie muscular.
- Los moluscos se clasifican con base en la presencia de una concha, tipo de concha, tipo de pie, disposición de los dientes en la rádula y la complejidad del sistema nervioso.
- Los grupos principales de moluscos incluyen los gasterópodos, bivalvos y cefalópodos.

Términos clave

molusco
branquias
gasterópodo
cefalópodo
riñón
rádula
bivalvo

SECCIÓN 2 Artrópodos

Ideas clave

- Los artrópodos tienen exoesqueleto, apéndices articulados y cuerpo segmentado.
- Los grupos principales de artrópodos incluyen crustáceos, arácnidos, ciempiés, milpiés e insectos.
- Los crustáceos son los únicos artrópodos con dos pares de antenas.
- Los arácnidos tienen dos secciones corporales, ocho patas y no tienen antenas.

Términos clave

artrópodo
muda
metamorfosis
exoesqueleto
antena
arácnido
quitina
crustáceo
abdomen

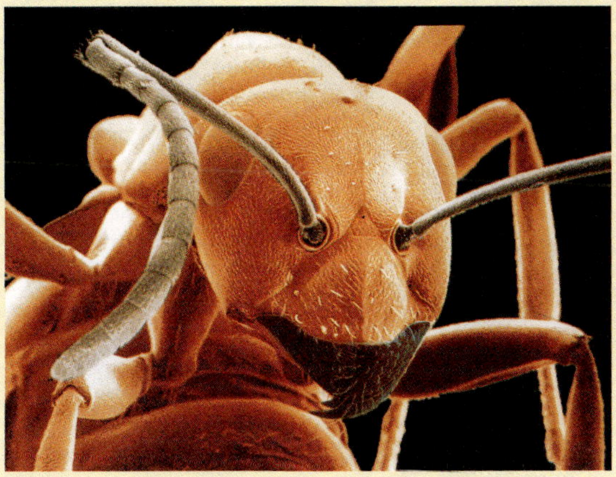

SECCIÓN 3 Insectos

Ideas clave

- Los insectos son artrópodos con tres secciones corporales, seis patas, un par de antenas y normalmente uno o dos pares de alas.
- En la metamorfosis completa, un insecto pasa por cuatro etapas distintas: huevo, larva, pupa y adulto. En la metamorfosis gradual, el insecto pasa de huevo a ninfa; la ninfa puede mudar varias veces antes de llegar a ser adulto.
- Aunque algunos insectos son nocivos para los humanos, la gran mayoría son inofensivos o benéficos.

Términos clave

insecto
metamorfosis completa
metamorfosis gradual
camuflaje
tórax
pupa
ninfa

SECCIÓN 4 Los sonidos de los insectos

INTEGRAR LA FÍSICA

Ideas clave

- El sonido se genera por algo que vibra. El sonido viaja en ondas por sólidos, líquidos y gases.
- Muchos insectos usan el sonido para atraer una pareja.

SECCIÓN 5 Equinodermos

Ideas clave

- Los equinodermos se caracterizan por un endoesqueleto, simetría radial de cinco partes y un sistema vascular de agua.
- Los equinodermos incluyen estrellas de mar, erizos de mar, estrellas quebradizas y pepinos de mar.

Términos clave

equinodermo
sistema vascular de agua
endoesqueleto

Repaso del contenido

Para repasar los conceptos clave, consulta el Interactive Student Tutorial CD-ROM.

Opción múltiple

Elige la letra de la respuesta que complete mejor cada enunciado.

1. Los moluscos con tentáculos se conocen como
   - **a.** cefalópodos.
   - **b.** gasterópodos.
   - **c.** bivalvos.
   - **d.** estrellas de mar.
2. ¿Qué respuesta describe las patas de los artrópodos?
   - **a.** Siempre son seis.
   - **b.** Siempre están unidas al abdomen.
   - **c.** Son rígidas.
   - **d.** Son articuladas.
3. ¿En qué etapa del desarrollo está la polilla envuelta en un capullo?
   - **a.** huevo
   - **b.** larva
   - **c.** pupa
   - **d.** adulto
4. El sonido puede viajar por
   - **a.** únicamente sólidos.
   - **b.** únicamente líquidos.
   - **c.** únicamente gases.
   - **d.** sólidos, líquidos y gases.
5. Una estrella de mar es
   - **a.** un molusco.
   - **b.** un artrópodo.
   - **c.** un equinodermo.
   - **d.** una esponja.

Falso o verdadero

Si el enunciado es verdadero, escribe verdadero. Si es falso, cambia la palabra o palabras subrayadas para hacer verdadero el enunciado.

6. Todos los artrópodos tienen exoesqueleto.
7. Todos los erizos de mar tienen dos pares de antenas.
8. La sección media del insecto se llama abdomen.
9. Muchos insectos usan sonido para atraer una pareja.
10. Todos los equinodermos tienen endoesqueleto.

Revisar los conceptos

11. Explica cómo un caracol usa la rádula.
12. ¿En qué se diferencia el movimiento de un cefalópodo del movimiento de la mayoría de los moluscos?
13. Describe cinco actividades que un langostino puede realizar con sus apéndices.
14. ¿En qué se parecen los procesos de digestión de una araña y de una estrella de mar?
15. ¿En qué se diferencian los ciempiés de los milpiés?
16. Identifica cómo los insectos dañan a las personas.
17. ¿En qué se diferencian los insectos de otros artrópodos?
18. ¿Cómo viaja el sonido de su fuente?
19. ¿En qué se diferencia la simetría radial de un equinodermo de la de una aguamala?
20. **Escribir para aprender** Imagina que eres una langosta que acaba de mudar. Usa palabras gráficas y precisas para describir una situación peligrosa que podrías enfrentar antes de que tu nuevo exoesqueleto se haya endurecido.

Razonamiento gráfico

21. **Red de conceptos** La siguiente red de conceptos muestra la clasificación de los artrópodos. Copia la red y complétala. (Para más información acerca de las redes de conceptos, consulta el Manual de destrezas.)

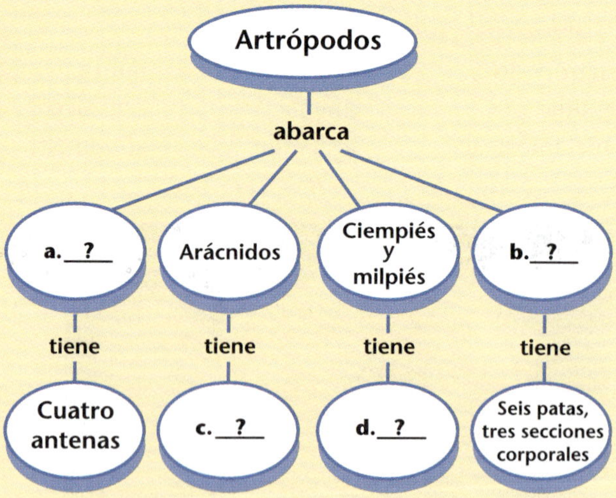

Aplicar las destrezas

La siguiente información proviene de un libro sobre insectos. Úsala para contestar las preguntas 22–25.

"Una polilla colibrí aletea un promedio de 85 veces por segundo, y vuela a una velocidad aproximada de 17.8 kilómetros por hora (kph). Una abeja aletea como 250 veces por segundo, y vuela alrededor de 10.3 kph. Las alas de una mosca aletean como 190 veces por segundo, y vuela aproximadamente 7.1 kph".

22. Crear tablas de datos Crea una tabla de datos para organiza la información acerca de la velocidad de aleteo y vuelo.

23. Graficar Construye dos gráficas de barras; una que muestre la velocidad de aleteo de los tres insectos y una que muestre la velocidad de vuelo.

24. Interpretar datos ¿Cuál de los tres insectos posee la velocidad de aleteo más alta? ¿Cuál vuela más rápido?

25. Sacar conclusiones Con base en los datos, ¿notas alguna relación entre la velocidad de aleteo de un insecto y la velocidad de vuelo? Explica. ¿Qué factores aparte de la velocidad de aleteo podrían afectar la velocidad de vuelo de un insecto?

Razonamiento crítico

26. Aplicar los conceptos Explica por qué el desarrollo de un león, que crece de un cachorro diminuto a un adulto de 200 libras, no es metamorfosis.

27. Comparar y contrastar Compara y contrasta los bivalvos y cefalópodos.

28. Formular juicios ¿Crees que los pesticidas deben usarse para matar insectos nocivos? Sustenta tu idea con hechos.

29. Relacionar causa y efecto Las estrellas de mar a veces quedan atrapadas en las redes de pescar. En una época, para proteger a las almejas de sus depredadores naturales, los trabajadores en los barcos de pesca cortaban las estrellas de mar en pedazos y las lanzaban otra vez al agua. ¿Qué efecto crees que tuvo en la población de estrellas de mar? Explica tu respuesta.

30. Clasificar Tu amiga dijo que encontró un insecto muerto con dos pares de antenas y ocho patas. ¿Es posible? ¿Por qué?

Evaluación del rendimiento

PROYECTO DEL CAPÍTULO 2

Para terminar

Presenta tu proyecto Usa diagramas para mostrar cómo organizaste tu experimento y los resultados que obtuviste. Haz y muestra gráficas con los datos que recopilaste. Incluye ilustraciones de los gusanos de la harina en cada etapa de desarrollo.

Reflexiona y anota En tu diario, escribe tu conclusión de cómo las condiciones experimentales afectaron el crecimiento y desarrollo de los gusanos de la harina. Explica tus resultados.

Participa

En tu comunidad Comunícate con el departamento de salud de tu localidad u otra oficina comunitaria apropiada para averiguar qué medidas se toman en tu comunidad contra los insectos nocivos. Por ejemplo, ¿usan pesticida en tu comunidad para matar los mosquitos? Si es así, pregunta qué pesticidas son y qué medidas se toman para proteger a las personas y a la fauna silvestre.

CAPÍTULO 3

Peces, anfibios y reptiles

Este camaleón de tres cuernos tiene de invitado a un grillo para desayunar.

LO QUE ENCONTRARÁS

SECCIÓN 1 ¿Qué es un vertebrado?

Descubre ¿En qué se parecen un paraguas y un esqueleto?
Inténtalo Huesos de cuentas

SECCIÓN 2 Peces

Descubre ¿Cómo fluye el agua por las branquias de un pez?
Mejora tus destrezas Comunicar
Laboratorio real Hogar, dulce hogar

SECCIÓN 3 Anfibios

Descubre ¿Cuál es la ventaja de ser verde?
Inténtalo Membranas para el agua

PROYECTO 3

Adaptaciones de los animales

El camaleón se queda inmóvil en una ramita. Sólo mueve los ojos para acechar un grillo. De pronto, el camaleón dispara su lengua larga y lo captura.

Si observas un animal por unos minutos, verás que está adaptado a su medio ambiente. ¿Cómo se alimenta, huye de depredadores, y obtiene oxígeno? Para responder estas preguntas harás modelos de un pez, un anfibio y un reptil para mostrar cómo se adaptan a su ambiente.

Tu objetivo Construir maquetas de un pez, un anfibio y un reptil que muestren cómo cada uno de estos animales está adaptado para desempeñar una función esencial en su ambiente.

Para completar el proyecto con éxito, tendrás que:

- escoger una adaptación importante para mostrarla
- construir una maqueta de cada animal, donde muestres cómo desempeña la función que elegiste
- elaborar un cartel para explicar cómo la adaptación de cada animal es apropiada para su ambiente
- seguir los lineamientos de seguridad del Apéndice A

Para empezar Trabaja con un compañero y comenten lo que saben de los peces, anfibios y reptiles. Pregúntense: ¿Dónde viven estos organismos? ¿Cómo se mueven? ¿Cómo se protegen? Piensa las características que le gustaría modelar.

Comprueba tu aprendizaje Trabajarás en este proyecto a medida que estudias el capítulo. Para mantener tu proyecto en marcha, revisa los cuadros de Comprueba tu aprendizaje en los puntos siguientes:

Repaso de la Sección 2, página 93: Escoge un pez para modelar y reúne tus materiales.
Repaso de la Sección 3, página 100: Modela un anfibio.
Repaso de la Sección 4, página 110: Modela un reptil. Haz un cartel.

Para terminar Al final del capítulo (página 117), exhibirás tus modelos y tu cartel.

SECCIÓN 4 **Reptiles**

Descubre ¿Cómo se alimentan las serpientes?
Mejora tus destrezas Sacar conclusiones
Laboratorio de destrezas Un baño de sol

Integrar las ciencias de la Tierra

SECCIÓN 5 **Los vertebrados en las rocas**

Descubre ¿Qué puedes aprender de una huella?

SECCIÓN 1

¿Qué es un vertebrado?

DESCUBRE

ACTIVIDAD

¿En qué se parecen un paraguas y un esqueleto?

1. Abre un paraguas. Voltéalo y examina cómo está construido.
2. Cierra el paraguas y observa cómo los brazos y las varillas se pliegan contra la varilla central.
3. Piensa qué ocurriría si quitaras las varillas del paraguas y lo usaras en la lluvia.

Reflexiona sobre

Inferir ¿Cuál es la función de las varillas del paraguas? ¿En qué se parecen las varillas del paraguas y los huesos de tu esqueleto? ¿En qué se diferencian?

GUÍA DE LECTURA

- **¿Qué característica principal comparten los vertebrados?**
- **¿Cómo se diferencian los vertebrados en su manera de controlar su temperatura corporal?**

Sugerencia de lectura **Al leer, escribe en tus propias palabras una definición de cada término en negritas.**

Retrocede en el tiempo e imagina un océano hace 530 millones de años. Ves una criatura extraña, del largo de tu dedo cordial. La criatura está nadando con un movimiento ondulante, como una bandera ondeando en el viento. Su aleta caudal es ancha y plana. Diminutas placas como armadura cubren su cuerpo pequeño. Tiene los ojos separados. Si pudieras ver dentro del animal, notarías que tiene columna vertebral. Estás viendo uno de los primeros vertebrados, en su hogar en el mar antiguo.

Recuerda del Capítulo 1 que los vertebrados son animales con columna vertebral, también llamada espinal vertebral, espina dorsal o espinazo. Los peces fueron los primeros vertebrados que existieron y todavía viven hoy en las aguas de la Tierra. Otros vertebrados son los anfibios, como las ranas, reptiles, como las serpientes, aves y mamíferos.

▼ Pez agnato

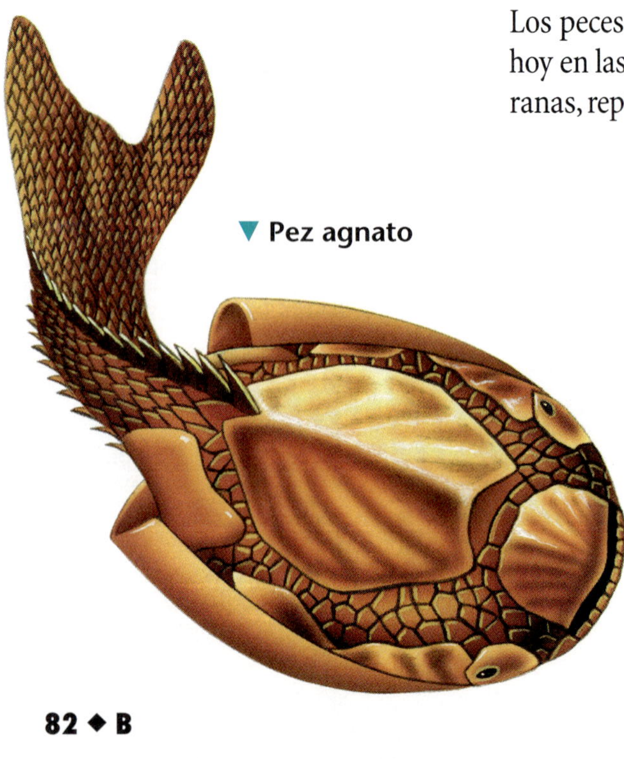

El fílum Cordata

Los vertebrados son un subgrupo del fílum Cordata. Este fílum incluye los **cordados**, que comparten las siguientes características: en alguna etapa de su vida tienen un notocordio, un cordón nervioso y aberturas en el área de la garganta. El nombre del fílum proviene del **notocordio**, un bastoncillo flexible que sostiene el lomo del animal. Algunos cordados, como la lancilla de la Figura 1, conserva el notocordio durante toda la vida. Otros, como los tunicados, tienen un notocordio cuando son larvas pero no de adultos. En los vertebrados, todo o parte del notocordio es remplazado por la columna vertebral. Algunos vertebrados tienen columna vertebral formada de

cartílago, un tejido conjuntivo más blando que el hueso pero flexible y fuerte. La mayoría de los vertebrados tiene columna vertebral de hueso duro.

Aparte del notocordio, todos los cordados tienen un cordón nervioso que corre a lo largo de la parte dorsal, así como tu médula espinal, que es un cordón nervioso. El cordón nervioso es la conexión entre el cerebro y los nervios, a través del cual viajan los mensajes. Muchos otros grupos de animales (crustáceos y lombrices, por ejemplo) tienen cordones nerviosos pero no corren por la parte dorsal.

Figura 1 Esta lancilla muestra todas las características típicas de los cordados. Tiene un notocordio que ayuda a sostener su cuerpo, aberturas faríngeas que le ayudan a respirar y un cordón nervioso.

Además, los cordados tienen aberturas en el área de la garganta llamadas aberturas faríngeas. Los peces conservan estas aberturas como parte de las branquias durante toda la vida, pero en muchos vertebrados, incluyendo los humanos, desaparecen antes de nacer.

☑ *Punto clave* *¿Qué características comparten todos los cordados?*

La columna vertebral y el endoesqueleto

La columna vertebral del vertebrado corre a lo largo de la parte dorsal; está formada por huesos similares, llamados **vértebras**, que están alineados como cuentas en un hilo. Las articulaciones entre las vértebras dan flexibilidad a la columna vertebral. Puedes agacharte para atar tus zapatos en parte porque tu columna vertebral es flexible. Cada vértebra tiene un agujero por donde pasa la médula espinal. Ésta cabe en las vértebras como los dedos en los anillos.

La columna vertebral de los vertebrado es parte del endoesqueleto, o esqueleto interno. El endoesqueleto sostiene y protege al cuerpo, lo estructura y los músculos se conectan a él. Además de la columna vertebral, el endoesqueleto del vertebrado incluye el cráneo y las costillas. El cráneo protege el cerebro y los órganos sensoriales. Las costillas están unidas a las vértebras y protegen el corazón, los

Figura 2 Los cuerpos de todos los vertebrados están sostenidos por un endoesqueleto con columna vertebral *Comparar y contrastar Indica dos semejanzas entre el esqueleto de una vaca y el de una gallina. Menciona dos diferencias entre ellos.*

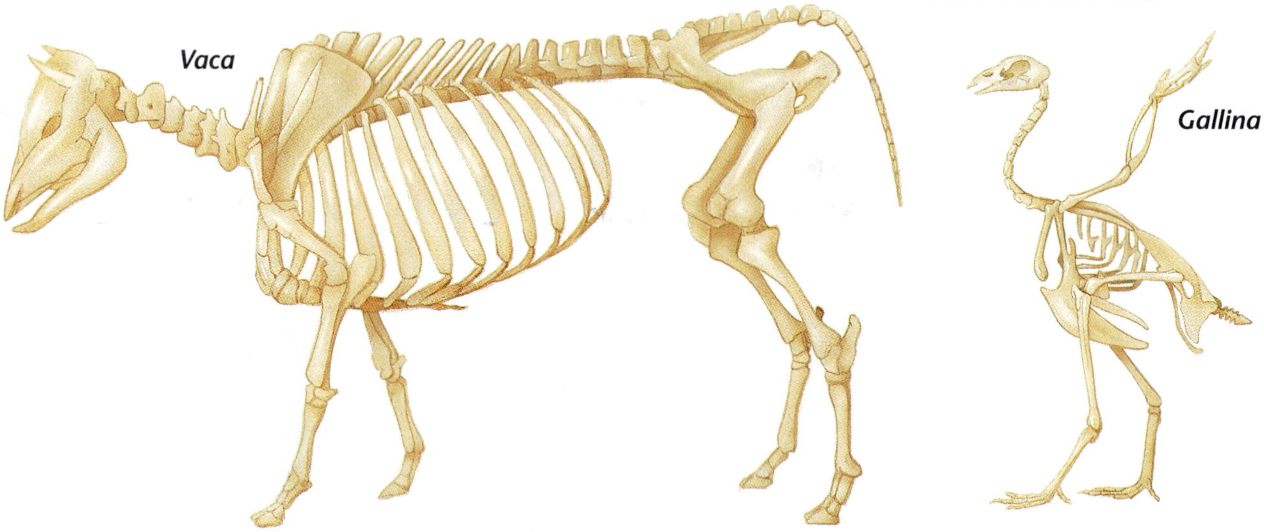

INTÉNTALO

Huesos de cuentas

ACTIVIDAD

Puedes usar un cordón y cuentas para modelar la estructura de la columna vertebral de un vertebrado.

1. Haz un nudo grande en un extremo del cordón.
2. Ensarta una a una las cuentas en el cordón, deja suficiente cordón para hacer un nudo grande en el otro extremo.
3. Haz un nudo grande en el extremo sin nudo.
4. Trata de doblar el cordón de cuentas hacia distintas partes.

Hacer modelos ¿Qué representa el cordón en tu modelo? ¿Qué representan las cuentas?

pulmones y otros órganos internos. Muchos vertebrados también tienen huesos de piernas y brazos adaptados para varios movimientos.

El endoesqueleto del vertebrado tiene varias características importantes. Para empezar, a diferencia del exoesqueleto del artrópodo, crece conforme crece el animal. También forma un marco interno que sostiene el cuerpo contra el jalón hacia abajo de la gravedad, facilitando el movimiento al mismo tiempo. Debido a estas características del endoesqueleto, los vertebrados alcanzan mayor tamaño que los animales con exoesqueletos o sin esqueletos.

☑ *Punto clave* *¿Qué funciones desempeña el esqueleto del vertebrado?*

Mantener la temperatura del cuerpo

Una característica que distingue a los grupos principales de vertebrados entre sí es la manera en que controlan la temperatura del cuerpo. **La temperatura del cuerpo de la mayoría de los peces, anfibios y reptiles es parecida a la temperatura de su ambiente. En contraste, la temperatura del cuerpo de las aves y los mamíferos es estable y típicamente más alta que la del ambiente.** Los peces, anfibios y reptiles son ectotermos. Los **ectotermos** son animales cuyo cuerpo no produce suficiente calor interno, la temperatura de su cuerpo cambia con la temperatura del ambiente. Por ejemplo, cuando una tortuga está acostada al sol en la orilla del río, la temperatura de su cuerpo es más alta que cuando nada en un río de agua fresca. Aunque los ectotermos a veces son llamados "de sangre fría", esta denominación es equivocada pues la sangre de los ectotermos generalmente es cálida.

Figura 3 Como otros ectotermos, la temperatura del cuerpo de este pitón de Woma cambia con la temperatura del ambiente. Cuando los ectotermos viven en lugares calientes, como este desierto de Australia, buscan refugio en lugares más frescos durante las horas más calurosas del día.

En contraste con una tortuga, un castor tendría la misma temperatura corporal si estuviera en agua fría o en tierra cálida. El castor es un mamífero, los mamíferos y las aves son **endotermos**. Los endotermos son animales cuyo cuerpo controla y regula su temperatura al controlar el calor interno que produce. La temperatura del cuerpo del endotermo normalmente no cambia mucho, aún cuando la temperatura del ambiente cambie.

Los endotermos también tienen otras adaptaciones, como pelaje o plumas y glándulas sudoríparas. El pelaje y las plumas mantienen a los endotermos abrigados en los días fríos. En cambio, cuando hace calor, algunos endotermos sudan. Al evaporarse el sudor, el animal se enfría. Como los endotermos pueden mantener la temperatura de su cuerpo estable, pueden vivir en una variedad más grande de ambientes que los ectotermos.

Evolución de los vertebrados

Los primeros cordados diminutos nadaban en las aguas de la Tierra mucho antes que los vertebrados aparecieran. Si observas la Figura 5 de la página siguiente, notarás que la representación de la evolución de los vertebrados se parece a un árbol con ramas. Evidencias de fósiles indican que los primeros vertebrados que existieron en la Tierra eran peces, éstos aparecieron hace alrededor de 530 millones de años. Los anfibios, que habitaron en la Tierra hace aproximadamente 380 millones de años, son descendientes de los peces. Después, hace cerca de 320 millones de años, los reptiles evolucionaron de los anfibios. Los mamíferos y las aves, de los que aprenderás en el Capítulo 4, son descendientes de los reptiles. Los mamíferos aparecieron hace casi 220 millones de años. Las aves, el último grupo de vertebrados en surgir, apareció hace aproximadamente 150 millones de años.

Figura 4 El pingüino emperador es el único animal que pasa el invierno en la Antártida. Aunque las temperaturas en la Antártida pueden bajar hasta –50° C, una cubierta densa mantiene a las aves adultas sin frío. Una cubierta gruesa y esponjosa protege al polluelo contra el frío hasta que posee su cubierta de adulto. **Inferir** *¿Crees que el pingüino emperador es un ectotermo o un endotermo?*

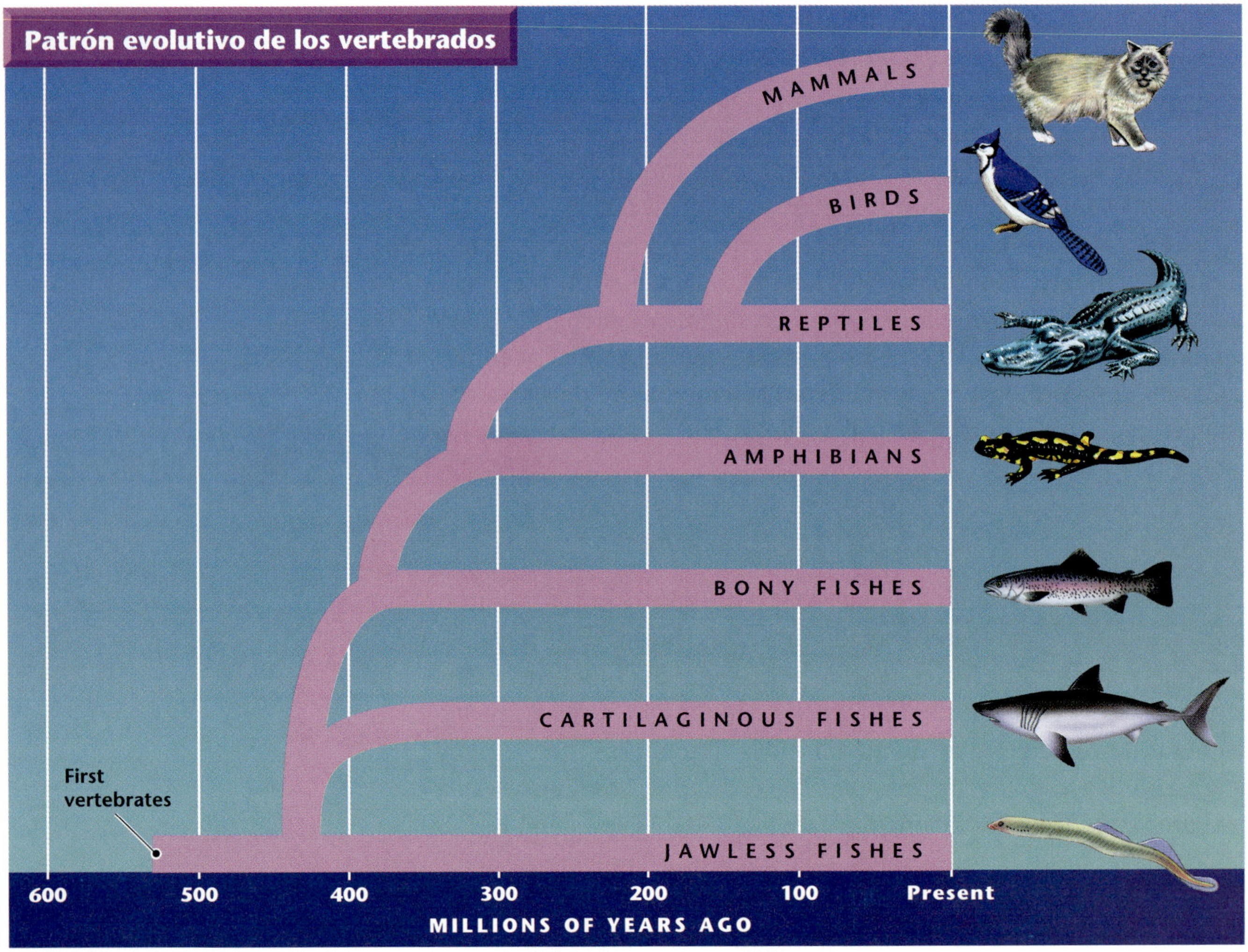

Figura 5 El diagrama muestra el patrón de ramificación de la evolución de los vertebrados. El primer vertebrado, el pez sin mandíbula, apareció hace cerca de 530 millones de años. ***Interpretar diagramas*** *¿Aproximadamente cuánto tiempo transcurrió entre la aparición del primer pez y la aparición de la primera ave?*

Repaso de la sección 1

1. ¿Cuáles son las tres funciones de la columna vertebral?
2. Explica cómo se diferencian los ectotermos y los endotermos en su manera de controlar la temperatura del cuerpo. Menciona dos ejemplos de cada uno.
3. ¿Cuáles son los dos grupos de vertebrados actuales que descienden de los reptiles?
4. **Razonamiento crítico Hacer generalizaciones** ¿Qué grupo crees que sea más activo en la noche, los ectotermos o los endotermos? Explica tu respuesta.

Las ciencias en casa

Pide a los miembros de tu familia que sientan las vértebras que corren por el centro de su espalda. Después, pídeles que sientan el cráneo bajo la piel de su frente. Además, si para cenar tienes pescado con espinas, examina el esqueleto del pescado con tu familia después de comer y señala la columna vertebral. Muestra por dónde la médula espinal atraviesa las vértebras. Comenta con tu familia las funciones de la columna vertebral y del cráneo.

SECCIÓN 2
Peces

DESCUBRE ACTIVIDAD

¿Cómo fluye el agua por las branquias de un pez?

1. Observa con atención un pez en un acuario durante unos minutos. Observa con qué frecuencia el pez abre la boca. El agua fluye de la boca del pez a las branquias.
2. Observa las aletas que están detrás de sus ojos. Nota cómo se abren y cierran.

3. Observa los movimientos de la boca y los opérculos al mismo tiempo. Nota la relación entre los movimientos de estas estructuras.

Reflexiona sobre

Observar ¿Qué hacen los opérculos de los costados del pez cuando éste abre la boca? ¿Qué papel crees que desempeñan estas dos estructuras en la vida de un pez?

GUÍA DE LECTURA

- **¿Cómo usan las branquias los peces?**
- **¿Cuáles son los tres grupos de peces?**

Sugerencia de lectura **Al leer acerca de los distintos grupos de peces, haz una tabla para comparar y contrastar las características de los grupos.**

En las aguas cálidas de un arrecife de coral, un pez llamado morena se queda estático. Un pez más pequeño, un labro, se acerca a la morena y empieza a comer los diminutos parásitos que están en la piel de la morena. Como una aspiradora en una alfombra, el labro se mueve alrededor de la morena, comiendo piel muerta y bacterias, además de parásitos. El labro limpia incluso dentro de la boca y las branquias de la morena. Ambos peces se benefician de esta limpieza. La morena se deshace de parásitos y otros materiales no deseados, y el labro obtiene alimento.

Ambos, el labro y la morena, pertenecen al grupo de vertebrados llamado peces. Un **pez** es un vertebrado ectotérmico que vive en al agua y tiene aletas, las estructuras que sirven para moverse. Además, la mayoría de los peces obtienen oxígeno por branquias y tienen escamas. Las escamas son delgadas placas encimadas que cubren la piel del pez; son de una sustancia dura como la de las uñas.

Los peces conforman el grupo más grande de vertebrados, casi la mitad de las especies de vertebrados son peces. Además, los peces han nadado en las aguas de la Tierra durante más de 500 millones de años, más que cualquier otro tipo de vertebrado.

▲ **Labro pequeño limpiando una morena anguila**

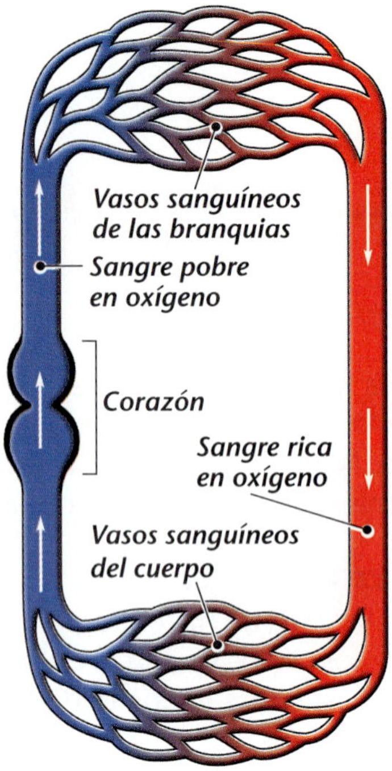

Figura 6 Traza la trayectoria de la sangre por el sistema circulatorio de un circuito del pez. ***Interpretar diagramas*** *¿De dónde toma oxígeno la sangre?*

Obtención de oxígeno

Los peces obtienen oxígeno del agua. Cuando un pez nada, automáticamente abre la boca y toma agua, como observaste en la actividad Descubre. El agua, que contiene oxígeno, pasa por aberturas en el área del cuello del pez que llegan a las branquias. Las agallas, que parecen plumas diminutas, son rojas por la cantidad de vasos sanguíneos que tienen. **Cuando el agua fluye por las branquias, el oxígeno pasa del agua a la sangre del pez, y el dióxido de carbono, un producto de desecho, sale de la sangre al agua.** Después de fluir por las branquias, al agua sale del pez por los opérculos, las cubiertas por las branquias.

De las branquias, la sangre circula llevando oxígeno a las células del cuerpo del pez. Como todos los vertebrados, los peces tienen un sistema circulatorio cerrado en el cual la sangre fluye por vasos sanguíneos a todas las partes del cuerpo. El corazón bombea la sangre en un circuito continuo, del corazón a las branquias, de las branquias al resto del cuerpo, y de regreso al corazón. Sigue esta trayectoria en la Figura 6.

Movimiento y alimentación

Las aletas ayudan al pez a nadar. Una aleta típica, como las del pez ángel de la Figura 7, consta de una membrana delgada estirada por soportes óseos. Como un remo ancho para canoa, una aleta proporciona una superficie grande para empujar contra el agua. Si has nadado con aletas y notaste que nadas mucho más rápido, comprenderás la gran ventaja de las superficies grandes de una aleta.

Como los peces pasan la mayor parte del tiempo cazando alimento o alimentándose, casi todos sus movimientos están relacionados con estas actividades. El cuerpo de la mayoría de los peces está adaptado para alimentarse de manera efectiva. Algunos carnívoros, como la barracuda, tienen dientes filosos y puntiagudos, apropiados para atrapar peces más pequeños. Los peces que comen insectos, como la trucha, tienen dientes cortos sin filo que usan para agarrar y triturar su presa. Los filtradores, como los tiburones de cestilla, usan estructuras como peines en las branquias para filtrar animales diminutos y plantas del agua.

El sistema nervioso altamente desarrollado del pez y los órganos sensoriales lo ayudan a encontrar alimento y evitar depredadores. Los peces pueden ver mucho mejor en el agua que nosotros. Sentidos agudos del tacto, el olfato y el gusto también les ayudan a capturar alimento. Un tiburón puede oler y hasta saborear una cantidad diminuta de sangre, ¡incluso una gota diluida en 115 litros de agua! Algunos peces tienen los órganos del gusto en lugares poco usuales; un pez gato, por ejemplo tiene el gusto en los bigotes.

☑ ***Punto clave*** *¿Cómo ayuda al pez tener aletas?*

Mejora tus destrezas

Comunicar

ACTIVIDAD

Ponte las gafas. Observa un pez preservado. Nota el tamaño, la forma, el número y la ubicación de las aletas. Levanta el opérculo y observa las branquias con la lupa. Haz un diagrama de tus observaciones; incluye una descripción escrita. Lávate las manos.

Pide a un compañero que lea tu trabajo para confirmar que comunique claramente lo que observaste. Después realiza los cambios necesarios.

Figura 7 Las aletas de un pez actúan como remos cortos para propulsarlo por el agua. Puedes ver claramente la estructura ósea de la aleta en el esqueleto de un pez ángel.

Cómo se reproducen los peces

La mayoría de los peces tienen fecundación externa. Recuerda del Capítulo 2 la fecundación externa, donde los óvulos se fecundan fuera del cuerpo de la hembra. El macho se queda cerca de la hembra y esparce una nube de espermatozoides sobre los óvulos cuando la hembra los libera. En contraste, los tiburones y las olominas tienen fecundación interna, en la cual los óvulos son fecundados dentro del cuerpo de la hembra. Los peces jóvenes se desarrollan dentro de la madre. Cuando están lo suficientemente desarrollados, nacen.

Peces sin mandíbula

Los biólogos clasifican los peces en tres grupos principales: peces agnatos o sin mandíbula, peces cartilaginosos y peces óseos. Se distinguen entre ellos por la estructura de la boca y el tipo de esqueleto que tienen. Los peces sin mandíbula fueron los primeros vertebrados. Hoy sólo existen cerca de 60 especies. Los peces agnatos actuales se diferencian de los otros peces en que no tienen escamas; sus esqueletos están compuestos de cartílago y no tienen pares de aletas, sorprendentemente, no pueden morder otros peces porque no tienen mandíbula en la boca. ¿Cómo puede comer un pez sin mandíbula? La boca de los peces agnatos tiene estructuras para raspar, rasgar y chupar.

Las lampreas y las lampreas glutinosas son los únicos tipos de peces sin mandíbula. Las lampreas glutinosas parecen grandes lombrices limosas. Se meten en los cuerpos de los peces muertos o moribundos y usan su lengua como lija para consumir los tejidos en descomposición. Muchas lampreas son parásitos de otros peces. Pegan su boca a peces sanos y succionan los tejidos y la sangre de sus víctimas. Si observas la boca de la lamprea en la Figura 8, probablemente te podrás imaginar el daño que puede causar.

Figura 8 Las lampreas son peces con cuerpos en forma de anguila. Usan sus dientes filosos y la boca de succión para alimentarse de otros peces. ***Clasificar*** *¿A qué grupo de peces pertenecen las lampreas?*

Los peces cartilaginosos

Los tiburones, mantarrayas y rayas son peces cartilaginosos. Como el nombre del grupo lo indica, los esqueletos de estos peces están hechos de cartílago, como los esqueletos de los peces agnatos. Sin embargo, a diferencia de las lampreas y lampreas glutinosas, los peces cartilaginosos tienen mandíbula y pares de aletas. Escamas puntiagudas como dientes cubren sus cuerpos y les da una textura más áspera que una lija. Todos los peces cartilaginosos son carnívoros.

Las rayas y mantarrayas viven en el fondo oceánico, donde se alimentan por filtración o cazan moluscos, crustáceos y peces pequeños.

Figura 9 Esta raya de manchas azules es un pez cartilaginoso que vive en el fondo oceánico. *Comparar y contrastar ¿En qué se diferencian los peces cartilaginosos de los peces sin mandíbula?*

El cuerpo del tiburón La mayoría de los cuerpos de los tiburones son esbeltos para facilitar su movimiento rápido a través del agua. La boca del tiburón generalmente está en la parte inferior de la cabeza. Contiene hileras de dientes serrados. La mayoría de los tiburones usan sólo las primeras hileras para comer, las demás hileras son mudas. Si un tiburón pierde un diente de la primera hilera, el de atrás se mueve para ocupar su lugar.

Siempre en movimiento La mayoría de los tiburones no pueden bombear agua por las branquias, por eso nadan contra la corriente para mantener el flujo de agua por sus branquias. Cuando un tiburón duerme, se coloca en una corriente que hace fluir agua por las branquias.

Los tiburones pasan la mayor parte del tiempo cazando alimento. Atacarán y comerán casi cualquier cosa que huela a alimento. Como su vista no es buena a veces tragan objetos extraños. Por ejemplo, en el estómago de un tiburón se encontraron un impermeable, tres abrigos y una matrícula de automóvil.

☑ **Punto clave** *¿Por qué los tiburones necesitan que el agua fluya por las branquias constantemente?*

Figura 10 Este tiburón tigre arenero muestra una característica muy conocida de los tiburones: muchos dientes filosos. A pesar de su apariencia feroz, normalmente no ataca a los humanos.

Peces óseos

La mayoría de los tipos de peces que conocemos, como la trucha, el atún y el pez dorado, tienen esqueletos conformados de hueso duro. Sus cuerpos están cubiertos de escamas y una bolsa en cada lado de la cabeza contiene las branquias del pez. Cada bolsa de branquias está cubierta por un opérculo flexible que se abre para sacar agua. Para aprender más acerca de las características principales de los peces óseos, observa con atención la perca en *Explorar un pez óseo*.

Vejigas natatorias y flotación Si dejas caer un ladrillo al agua, éste se hunde hasta el fondo. En contraste, un trozo de madera flota en la superficie. A diferencia del ladrillo y la madera, los peces no se hunden ni flotan en la superficie.

INTEGRAR LA FÍSICA

EXPLORAR un pez óseo

En un lugar sombreado y tranquilo cerca de la orilla de un arroyo o estanque, podrías encontrar algunas percas amarillas en el agua. Estos peces de agua dulce, que prefieren las aguas lentas, viajan en grupos llamados bancos.

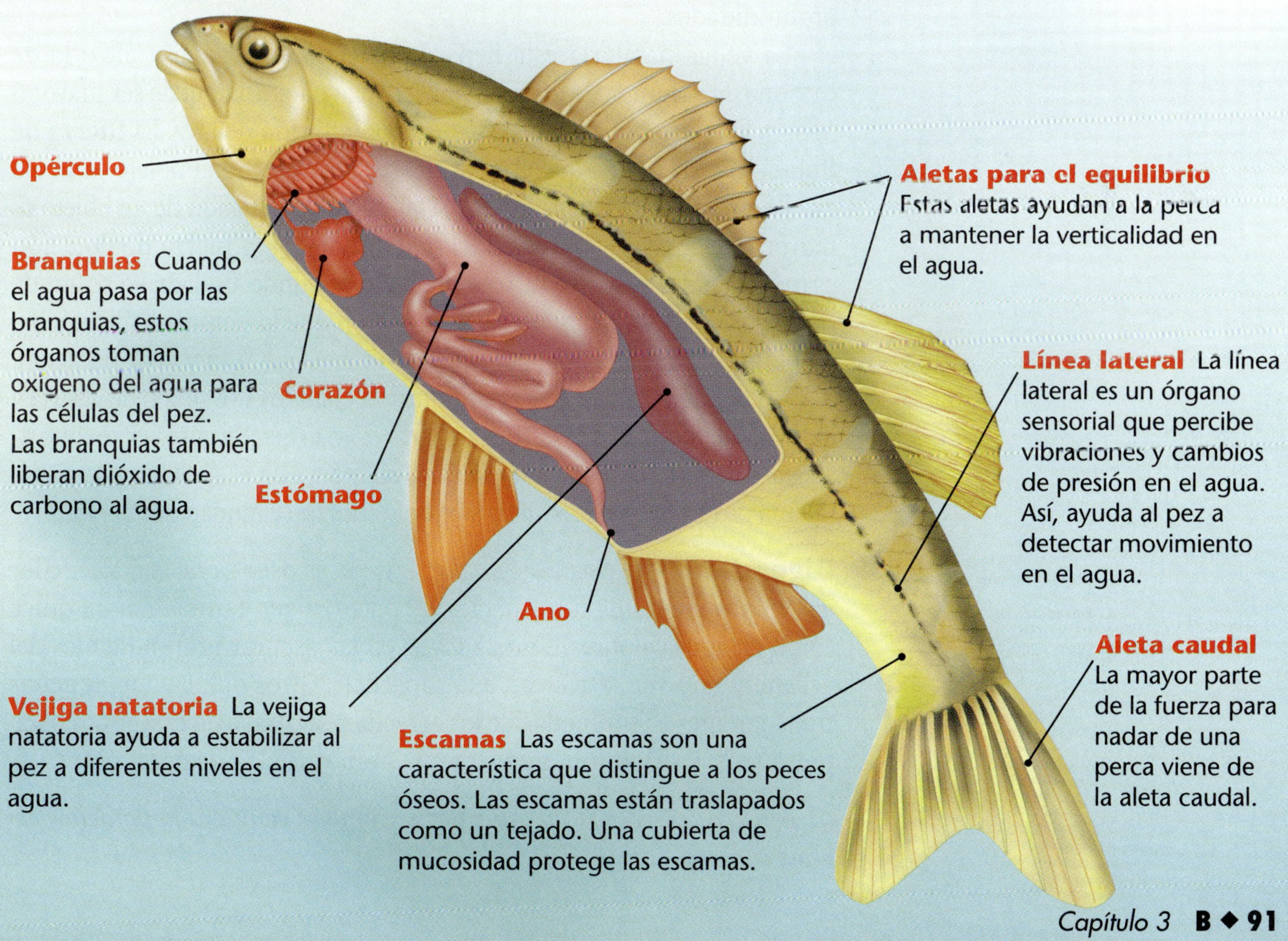

Figura 11 Las fotografías muestran unas cuantas especies de peces óseos. *Hacer generalizaciones ¿Qué características tienen en común todos estos peces?*

◀ **A.** Desde su apariencia como dragón a su comportamiento característico, el dragón marino es un pez poco común. Nada en bahías y lagunas con el cuerpo en posición vertical. Después de aparearse, el macho carga varios cientos de huevos en una bolsa en el abdomen hasta que maduran.

▲ **B.** El volador rubio es un pez del océano Atlántico que tiene pectorales como alas. Aunque realmente no vuelan, usan sus "alas" para planear bajo el agua y atraer pareja.

En cambio, nadan a distintas profundidades en el agua. La mayoría de los peces óseos tiene un órgano llamado **vejiga natatoria**, una bolsa interna llena de gas que les ayuda a estabilizar el cuerpo a distintas profundidades.

La vejiga natatoria está llena de oxígeno, nitrógeno y dióxido de carbono. El volumen de los gases en la vejiga natatoria puede ser mayor o menor. Este cambio de volumen afecta la flotación del pez. La **fuerza de flotación** es la fuerza que el agua ejerce sobre cualquier objeto inmerso en ella empujándolo hacia arriba. Si la fuerza de flotación de un objeto es mayor que el peso del mismo, el objeto flota. Si la fuerza de flotación es menor que el peso del mismo, el objeto se hunde. Un ladrillo se hunde porque pesa más que la fuerza de flotación que lo empuja hacia arriba; un bloque de madera flota porque pesa menos que la fuerza de flotación.

Un pez tiene mayor fuerza de flotación cuando el volumen de gases en la vejiga natatoria es mayor que cuando el volumen de gases es menor. Al ajustar su fuerza de flotación mientras se mueve en el agua, un pez puede flotar a profundidades distintas sin usar una gran cantidad de energía.

Diversidad de peces óseos Los peces óseos, que son alrededor del 95 por ciento de las especies de peces, viven tanto en agua dulce como en agua salobre. Algunos viven en las oscuras profundidades del océano y rara vez se acercan a la superficie. Otros pululan en las aguas transparentes e iluminadas de los arrecifes de coral o en estanques poco profundos. La Figura 11 muestra una gran variedad de peces óseos.

☑ ***Punto clave** Si un lápiz flota, ¿cómo se compara la flotación del lápiz con su peso?*

C

▲ **C.** Estos peces anémona de colores brillantes nadan con seguridad por los tentáculos de la anémona de mar. Los tentáculos de la anémona de mar pueden ser fatales para otros peces, pero no dañan a los peces anémona. Cada tipo de pez anémona prefiere vivir en un tipo específico de anémona.

D. El pez globo es un pez con espinas que se infla. Vive en aguas cálidas de todo el mundo. Cuando se siente amenazado, traga grandes cantidades de agua o aire para inflarse en una bola con espinas. Pocos depredadores se atreverían a morderlo. ▼

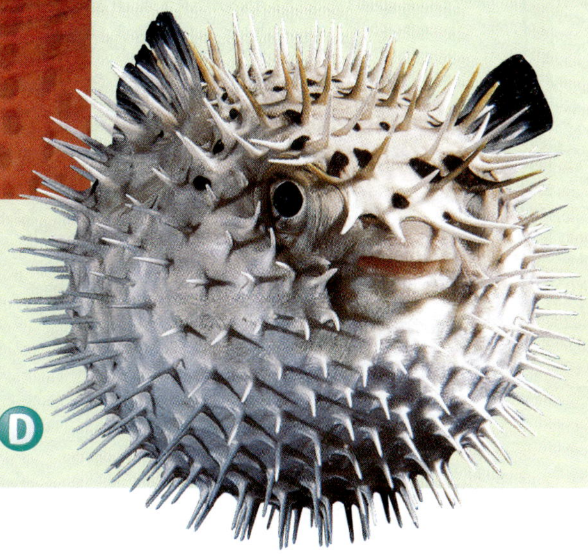

D

Alimento para personas

INTEGRAR LAS CIENCIAS DEL AMBIENTE Antes se consideraba que los océanos y ríos tenían una cantidad ilimitada de peces. Sin embargo, últimamente la pesca excesiva ha reducido drásticamente las poblaciones de bacalao del Atlántico, salmón del Pacífico y muchas otras especies de peces. Algunos países se esfuerzan por detener la pesca excesiva. Hace poco, Estados Unidos, Canadá y otros países fijaron límites para la pesca de ciertos peces. Además, algunos peces, como el pez gato, se crían en "granjas de peces". Esta práctica reduce la demanda para los peces en los ríos y océanos.

Repaso de la sección 2

1. Si no pudiera abrir la boca, ¿podría un pez obtener oxígeno?
2. ¿En qué se diferencia el esqueleto de un tiburón al de una perca?
3. Describe la manera en que dos peces distintos están adaptados para obtener alimento.
4. **Razonamiento crítico** **Predecir** Si un tiburón no pudiera oler, ¿cómo afectaría su habilidad para cazar?

PROYECTO DEL CAPÍTULO 3

Comprueba tu aprendizaje

Ya debes haber decidido la adaptación que quieres modelar. Elige un pez específico para modelar esta adaptación. Puedes consultar libros de referencia, revistas y realizar una búsqueda en la Internet para tomar una decisión. Después reúne los materiales y construye el modelo. (*Sugerencia:* Tal vez ir a una tienda de mascotas te ayudaría a observar el movimiento de los peces y otros vertebrados.)

Laboratorio real

Cómo funciona

Hogar, dulce hogar

Para que un ambiente artificial funcione, tiene que satisfacer las necesidades de los organismos que viven en él. En este experimento construirás un acuario para olominas cuyo ambiente natural es agua dulce y tibia.

Problema

¿Qué hace un acuario para que sobrevivan los peces?

Enfoque en las destrezas

hacer modelos, plantear preguntas

Materiales

gravilla
caracoles
red
agua del grifo
filtro de pecera
regla
alimento para olominas
termómetro
calentador de pecera
olominas
plantas de agua
acuario rectangular (15 a 20 litros) con tapa

Procedimiento

1. Lava el acuario con agua tibia, no uses jabón. Colócalo sobre una superficie plana donde reciba luz solar indirectamente.
2. Enjuaga la gravilla y espárcela en el fondo de la pecera para hacer una capa de 3 cm.
3. Llena el acuario a dos tercios con agua del grifo. Pon varias plantas de agua en la pecera y fija las raíces en la gravilla. Después lávate las manos.
4. Agrega más agua hasta que el nivel esté aproximadamente a 5 cm de la parte de arriba.
5. Instala el filtro en el agua y préndelo. Instala el calentador en el acuario y préndelo. Fija la temperatura a 25° C. **PRECAUCIÓN:** *No toques los aparatos eléctricos con las manos mojadas.*
6. Deja que el agua repose durante 2 días. El tiempo de reposo permite la evaporación del cloro.
7. Cuando el agua haya reposado y esté a la temperatura correcta, coloca las olominas y los caracoles en el acuario. Incluye una olomina y un caracol por cada 4 litros de agua. Tapa la pecera. Lávate las manos después de tocar los animales.
8. Observa el acuario diariamente durante dos semanas. Alimenta las olominas con una pequeña cantidad de alimento cada día. Busca evidencia que muestre que los peces y caracoles se hayan adaptado a ese ambiente. También observa cómo desempeñan sus actividades vitales, como alimentarse y respirar. Anota tus observaciones.
9. Usa la red para mantener la gravilla limpia y sacar cualquier planta o animal muerto.

Analizar y concluir

1. ¿Cómo satisface la pecera las siguientes necesidades de los animales que viven en ella: (a) abastecimiento de oxígeno, (b) temperatura apropiada y (c) alimento?
2. ¿Qué pasa con el oxígeno que los peces extraen del agua del acuario? ¿Cómo se reemplaza?
3. **Aplicar** ¿En qué se parece el acuario al ambiente natural de la olomina? ¿En qué se diferencia?

Explorar más

Escribe un plan para agregar otro tipo de pez. Incluye una lista de preguntas que debiste responder antes de llevar a cabo tu plan. Pide la aprobación de tu maestro antes de llevar a cabo tu plan.

Anfibios

DESCUBRE — ACTIVIDAD

¿Cuál es la ventaja de ser verde?

1. Cuenta 20 chícharos secos amarillos y 20 verdes. Revuélvelos en un vaso de papel.
2. Cubre tus ojos. Pide a tu compañero que distribuya los chícharos con cuidado en una hoja grande de papel verde.
3. Descubre tus ojos. Pide a un compañero que tome el tiempo mientras levantas, uno por uno, la mayor cantidad posible de chícharos en 15 segundos.
4. Al término de los 15 segundos, cuenta cuántos chícharos de cada color levantaste.

5. Repite los Pasos 2 a 4, pero ahora tú esparce los chícharos y toma el tiempo mientras tu compañero levanta los chícharos.
6. Compara tus resultados con los de tu compañero y el resto de la clase.

Reflexiona sobre

Inferir Muchas ranas son verdes, y el ambiente en que viven es normalmente verde. ¿Qué ventaja tiene una rana de ser verde?

Si caminaras por un área boscosa y húmeda en el noreste, estarías rodeado por ellas. Pero probablemente nunca verías ninguna. Durante el día, se esconden en hoyos en la tierra y en las grietas de las rocas. En la noche caminan por las hojas en descomposición en el suelo del bosque, buscando alimento. Algunas se trepan en los arbustos y rocas para buscar su presa. ¿Qué son estas criaturas que vagan en la noche? Son salamandras de lomo rojo.

La mayoría de estos animales delgados de cola larga apenas tienen el tamaño de tu dedo mayor. Tal vez sean pequeños pero son muchos. Algunos bosques del noreste probablemente tienen más salamandras de lomo rojo que aves y mamíferos en conjunto.

GUÍA DE LECTURA

- **¿Cómo es el ciclo de vida de un anfibio?**
- **¿Qué adaptaciones tiene los anfibios para moverse en la tierra?**

Sugerencia de lectura **Antes de empezar a leer, escribe dos o tres cosas que sepas sobre los anfibios. Después de leer esta sección, agrega tres datos más que hayas aprendido.**

Figura 12 Las salamandras de lomo rojo son los anfibios más comunes en algunos bosques húmedos del noreste.

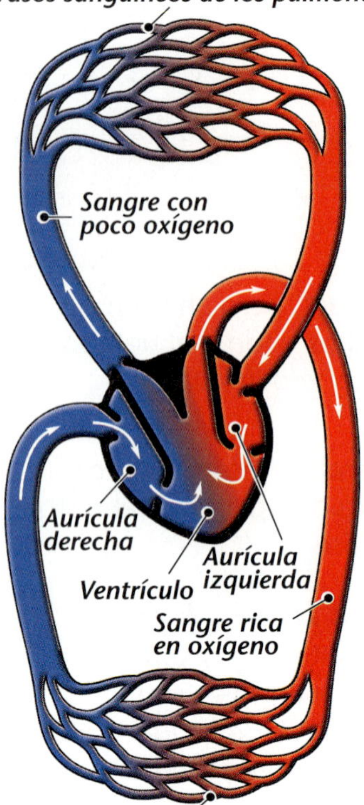

Figura 13 El sistema circulatorio de un anfibio adulto tiene dos circuitos. Un circuito corre del corazón a los pulmones y de regreso, y el segundo corre del corazón al cuerpo y de regreso.

De las branquias a los pulmones

Las salamandras de lomo rojo son una clase de anfibio; las ranas y los sapos son otra clase. Un **anfibio** es un vertebrado ectotermo que pasa la primera parte de su vida en el agua. La palabra *anfibio* significa "doble vida", y es exactamente lo que tienen los anfibios. **Después de empezar a vivir en el agua, la mayoría de los anfibios pasan su vida de adulto en la tierra y regresan al agua para reproducirse.**

La mayoría de los anfibios depositan sus huevos en el agua. Las larvas que salen de los huevos de anfibios nadan y tienen branquias para obtener oxígeno. Al pasar por la metamorfosis y llegar a ser adultos, la mayoría de los anfibios pierden las branquias y adquieren pulmones. Los anfibios adultos también obtienen oxígeno y se deshacen de dióxido de carbono a través de su piel delgada y húmeda.

Sistema circulatorio de los anfibios

El sistema circulatorio del renacuajo —la forma larval de una rana o un sapo— tiene un solo circuito, como el de un pez. En contraste, el sistema circulatorio de muchos anfibios adultos tiene dos circuitos. En el primer circuito la sangre fluye del corazón a los pulmones y la piel y recoge oxígeno. Esta sangre, rica en oxígeno, después regresa al corazón. En el segundo circuito la sangre fluye al resto del cuerpo, lleva sangre rica en oxígeno a las células.

A medida que leas sobre el corazón, traza la trayectoria de la sangre por el sistema circulatorio del anfibio mostrado en la Figura 13. El corazón de la mayoría de los anfibios tiene tres espacios interiores, o cámaras. Las dos cámaras superiores del corazón, las **aurículas,** reciben la sangre. Una aurícula recibe la sangre rica en oxígeno de los pulmones, y la otra recibe sangre deficiente en oxígeno del resto del cuerpo. De las aurículas, la sangre pasa a la cámara baja, el **ventrículo**, que bombea la sangre a los pulmones y al cuerpo. Las sangres ricas en oxígeno y deficiente en oxígeno se mezclan en el ventrículo.

☑ *Punto clave* *Compara las funciones de las aurículas y el ventrículo.*

Figura 14 El cuello de esta rana se infla al hacer el llamado a posibles parejas.

Reproducción y desarrollo

En las tardes de primavera cerca de un lago o un estanque, es posible que escuches coro fuerte de ranas machos llamando para atraer pareja. La mayoría de las ranas y los sapos tienen fecundación externa; una rana hembra libera óvulos que después son fecundados por los espermatozoides del macho. En contraste, la mayoría de las salamandras tienen fecundación interna, los óvulos se fecundan antes de ser depositados.

Los huevos de anfibio están cubiertos de una jalea transparente que los mantiene húmedos y ayuda a protegerlos contra infecciones. Dentro de cada óvulo fecundado se desarrolla un embrión diminuto. En pocos días, las larvas salen de la jalea retorciéndose y empiezan una vida de nado libre, como los peces.

La mayoría de los anfibios no cuidan los huevos después de la fecundación, aunque algunos sí lo hacen. Por ejemplo, el macho de una especie sudamericana de sapo de río empuja los huevos fecundados en la piel del dorso de la hembra. Más piel crece encima de los huevos y las crías pasan por la etapa de renacuajo dentro de la piel de la madre, protegidas contra depredadores. Con el tiempo, las ranas diminutas salen de su piel.

La mayoría de los anfibios pasan por una metamorfosis. El proceso de metamorfosis de la rana se muestra en la Figura 15. Primero aparecen las patas traseras, acompañadas por cambios en el esqueleto, sistema circulatorio y sistema digestivo. Más tarde aparecen las patas delanteras. Casi al mismo tiempo, el renacuajo pierde las branquias y empieza a respirar con los pulmones.

A diferencia de los renacuajos de las ranas y sapos, las larvas de las salamandras parecen adultos. La mayoría de las larvas de salamandra pasan por una metamorfosis en la que pierden las branquias. Sin embargo, los cambios no son tan dramáticos como los que ocurren durante la metamorfosis de las ranas y los sapos.

Artes del lenguaje CONEXIÓN

Cuando un renacuajo se convierte en rana adulto, muda su hábitat a un lugar desconocido, un ambiente de tierra muy distinto del ambiente acuático que conoce. Aunque los renacuajos reales no necesitan instrucciones para lograr este cambio, tú escribirás una guía imaginaria para prepararlos para este cambio hacia la tierra.

En tu diario

Primero, piensa qué tipo de información sería útil para el renacuajo, por ejemplo, cómo distinguiría la tierra firme del agua y en qué lugares puede encontrar alimento una rana. Escoge cuatro o cinco de tus ideas y escribe una sugerencia breve para cada una. Redacta de una manera amena y usa lenguaje descriptivo.

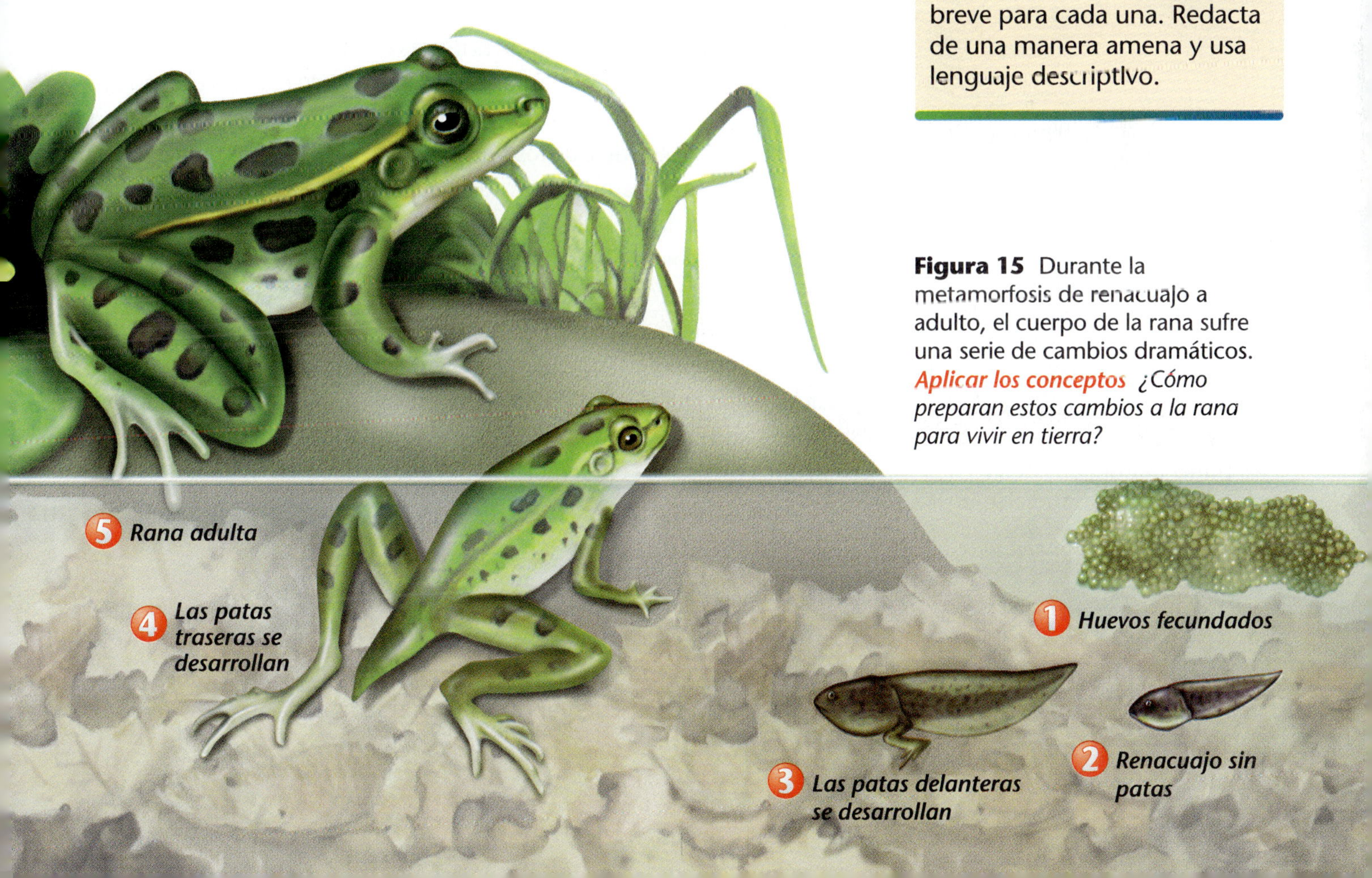

Figura 15 Durante la metamorfosis de renacuajo a adulto, el cuerpo de la rana sufre una serie de cambios dramáticos. ***Aplicar los conceptos*** *¿Cómo preparan estos cambios a la rana para vivir en tierra?*

INTÉNTALO

Membranas para el agua

ACTIVIDAD

¿Cómo tener patas palmeadas facilita la natación?

1. Llena el lavabo o una cubeta de agua.
2. Estira los dedos y mete la mano en el agua, hasta que sólo tus dedos queden sumergidos. Mueve los dedos en el agua hacia adelante y hacia atrás.
3. Saca la mano del agua y sécala. Coloca una pequeña bolsa de plástico sobre la mano. Asegúrala en la muñeca con una liga de hule.

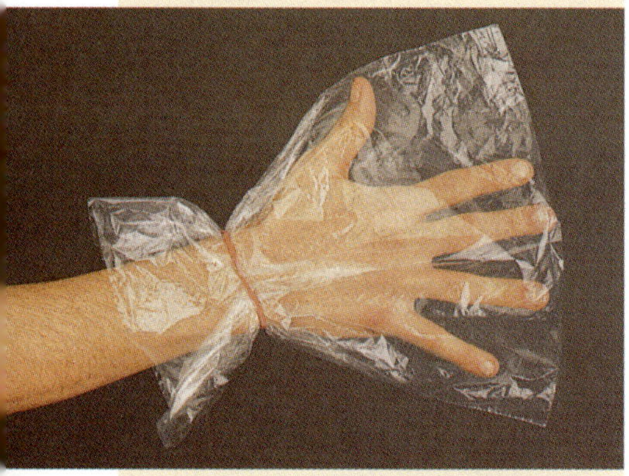

4. Repite el Paso 2. Nota cualquier diferencia en la manera en que tus dedos empujan el agua.

Hacer modelos Usa tu modelo para explicar cómo las patas palmeadas de la rana la ayudan a moverse en el agua.

Locomoción en tierra

Como no está sostenido por la flotación del agua, un animal de tierra necesita un esqueleto fuerte para sostener su cuerpo contra la gravedad. Además, un animal de tierra necesita una manera de moverse. Las aletas funcionan en el agua, pero no en tierra. **La mayoría de los anfibios adultos tienen esqueletos fuertes y miembros musculares adaptados para moverse en la tierra.** Los anfibios fueron los primeros vertebrados en tener patas.

Los ojos de los anfibios están adaptados para la vida en tierra. Una membrana transparente evita que se sequen. Los anfibios también tienen párpados. A diferencia de los peces y los renacuajos, cuyos ojos siempre están bañados por agua, los anfibios adultos pueden cerrar los ojos.

Ranas y sapos

Cuando la mayoría de la gente escucha la palabra *anfibio*, piensan en ranas y sapos, anfibios adaptados para saltar. Este tipo de movimiento requiere músculos fuertes de las patas traseras y un esqueleto que pueda absorber el impacto al aterrizar. Las patas de ranas y sapos tienen también otras adaptaciones. Las patas palmeadas y los dedos largos de las ranas toro forman aletas para nadar que les ayudan a moverse con agilidad en el agua. Las ranas arbóreas tienen ventosas adhesivas en los dedos que les ayudan a sostenerse cuando saltan de rama en rama.

Por lo general es fácil distinguir una rana de un sapo. La piel de la rana es lisa y muy húmeda, y la del sapo es más seca y áspera. Muchos sapos tienen protuberancias grandes detrás de los ojos. En realidad son glándulas de la piel que secretan un líquido venenoso cuando el sapo es atacado por un depredador, por ejemplo un mapache.

Aunque la mayor parte de los renacuajos son herbívoros, la mayoría de las ranas y sapos adultos son depredadores que se alimentan de insectos y otros animales pequeños. Generalmente, los insectos no ven a las ranas y los sapos que los capturan porque éstos tienen una coloración que los confunde con el ambiente. Las ranas verdes, como la que se muestra en *Explorar una rana* son de color café verdoso y son difíciles de ver en los estanques y las praderas. Si realizaste la actividad Descubre, aprendiste que es difícil ver algo verde en un fondo verde. Además de esconder a las ranas y sapos de su presa, su coloración también ayuda a protegerlos contra sus enemigos.

☑ *Punto clave* *¿Cómo se diferencia una rana de un sapo?*

Salamandras

Las salamandras son anfibios que conservan la cola cuando son adultos. Su cuerpo es largo y normalmente delgado. A diferencia de las ranas y los sapos, las patas de las salamandras no están adaptadas para saltar. En

EXPLORAR *una rana*

Las ranas verdes son comunes en el este de Estados Unidos y el sureste de Canadá.

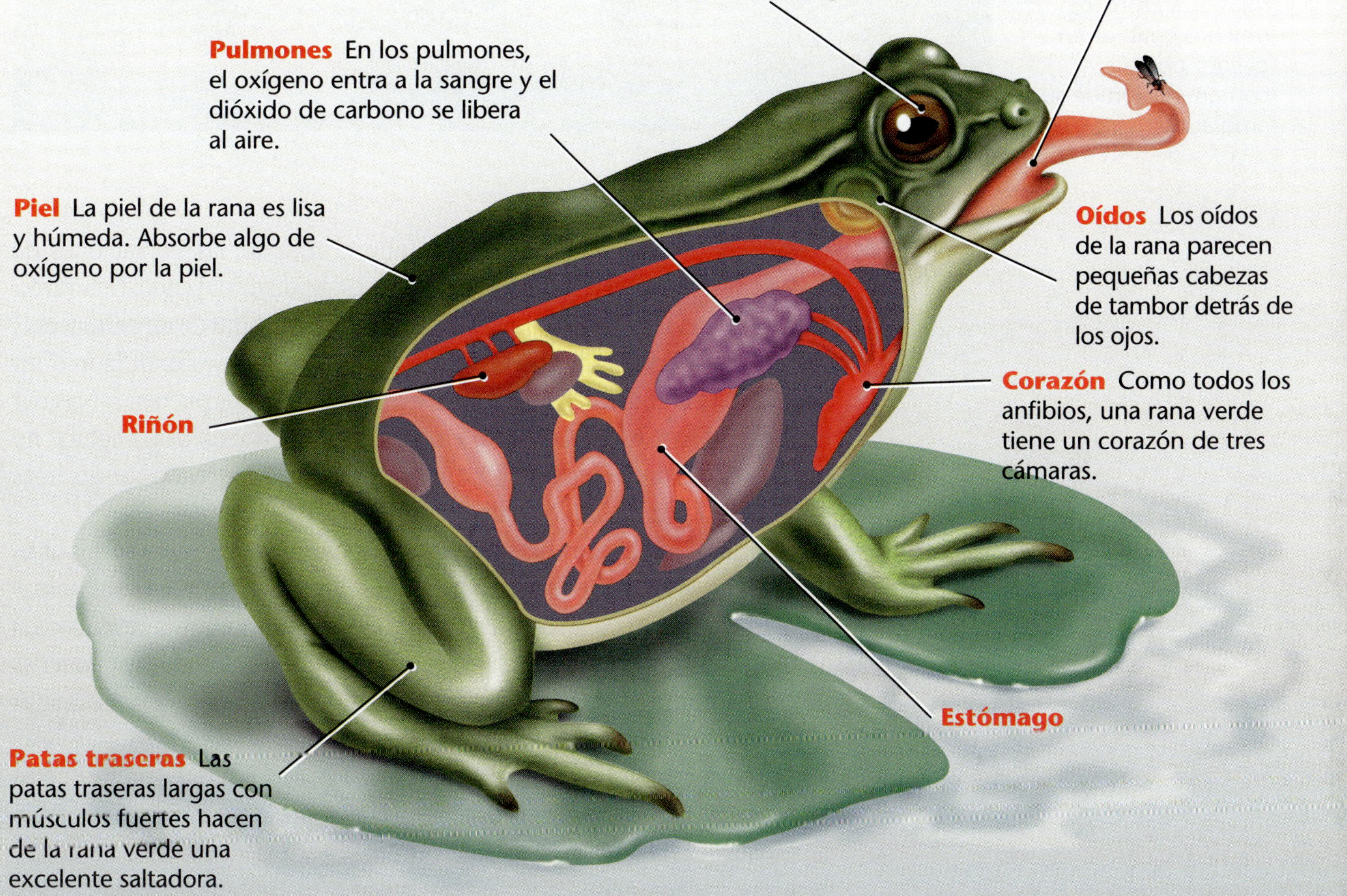

cambio, las salamandras cazan y sorprenden a los invertebrados pequeños que comen. La mayoría de las salamandras vuelven al agua cada año para aparearse y depositar sus huevos. Las larvas que salen de los huevos nadan, se alimentan y pronto se convierten en adultos.

Algunos tipos de salamandras viven en agua toda la vida, muchas otras viven casi por completo en tierra. Algunas salamandras que sólo viven en tierra no tienen pulmones. Dependen de su piel delgada y húmeda para obtener oxígeno del aire y deshacerse del dióxido de carbono de la sangre. Estas salamandras sin pulmones no regresan al agua para reproducirse. Depositan los huevos en lugares húmedos de la tierra, parecen adultos en miniatura al salir del huevo y no larvas con branquias.

Figura 16 Este joven tritón de manchas rojas está entre los muchos anfibios en peligro por la contaminación de su ambiente.

Anfibios en peligro

INTEGRAR LAS CIENCIAS DEL AMBIENTE

En todo el mundo, las poblaciones de anfibios están disminuyendo. Una razón es la destrucción de los hábitats de los anfibios. El **hábitat** de un animal es el ambiente específico en que vive. Cuando un pantano es inundado o un bosque es talado, un área húmeda se seca. Pocos anfibios pueden sobrevivir en lugares secos y asoleados. Sin embargo, la destrucción de su hábitat no explica todo el problema pues los anfibios están disminuyendo aun en áreas donde su hábitat no ha sido dañado.

Como su piel es muy delgada y sus huevos no tienen cascarón, los anfibios son especialmente sensibles a cambios en el ambiente. La contaminación del ambiente con insecticidas y otras sustancias químicas envenena las aguas que son esenciales para la vida del anfibio. Aun cantidades pequeñas de estas sustancias químicas pueden debilitar a los anfibios adultos, matar sus huevos o causar deformidades en los renacuajos.

La disminución en los anfibios puede ser una advertencia que otros animales también están en peligro. Con el tiempo, los cambios en el medio ambiente que dañan a los anfibios podrían llegar a afectar a otros animales, incluso a los humanos. Para tratar de salvar a los anfibios y prevenir daños a otros animales, los científicos trabajan para entender qué está causando esta disminución en el número de anfibios.

Repaso de la sección 3

1. ¿Por qué se dice que los anfibios tienen doble vida?
2. Compara el esqueleto de un anfibio adulto y su sistema locomotor con los de un pez.
3. ¿Cómo ha afectado la destrucción de los bosques a los anfibios? ¿Por qué ha tenido este efecto?
4. **Razonamiento crítico** **Relacionar causa y efecto** Una salamandra sin pulmones no puede sobrevivir si su piel se seca. Explica por qué.

PROYECTO DEL CAPÍTULO 3

Comprueba tu aprendizaje

Ya debiste haber escogido qué anfibio modelar. Asegúrate de mostrar en tu modelo el mismo tipo de adaptación que modelaste con el pez. (*Sugerencia*: Antes de empezar a construir tu modelo, haz un bosquejo de cómo se verá.)

SECCIÓN 4 Reptiles

DESCUBRE — ACTIVIDAD

¿Cómo se alimentan las serpientes?

1. Para modelar cómo se alimenta una serpiente, estira la boca de un calcetín alrededor de una toronja; jala de un lado y después del otro hasta que la toronja pase al "estómago". Las mandíbulas de una serpiente se pueden abrir como la boca de un calcetín.
2. Saca la toronja y pon una liga de hule en el calcetín como a 8 cm de la abertura. La liga representa las mandíbulas unidas de la lagartija. Ahora trata de repetir el Paso 1.

Reflexiona sobre

Inferir ¿Cuál es la ventaja de tener mandíbulas como las de la serpiente?

GUÍA DE LECTURA

- ¿Qué adaptaciones permiten a los reptiles vivir en tierra seca?
- ¿Qué diferencia hay entre el huevo de un reptil y el de un anfibio?

Sugerencia de lectura **Al leer, escribe un breve resumen de la información debajo de cada título.**

La cobra real del sureste de Asia, que puede llegar a medir más de 4 metros, es la serpiente venenosa más larga del mundo. Cuando encuentra un depredador, la cobra real aplana su cuello y yergue su cuerpo. Éste parece una cuerda que ondula de un lado a otro y saca y mete la lengua.

Este comportamiento amenazador de la cobra real contra un depredador contrasta con el trato tan delicado que da a sus huevos. La cobra real es una de las pocas serpientes que construyen un nido. La hembra construye un nido de pasto y hojas en el suelo del bosque. Deposita los huevos en el nido y los vigila hasta que nacen sus crías.

Protección para que no se sequen

Como otros reptiles, las cobras reales depositan los huevos en tierra y no en agua. Los **reptiles** son vertebrados ectotermos con pulmones y piel escamosa. Además de las serpientes, las lagartijas, tortugas y caimanes también son

◀ Cobra real

reptiles. A diferencia de los anfibios, los reptiles pueden pasar su vida entera en tierra seca. Los reptiles fueron los primeros vertebrados bien adaptados para vivir en tierra; fueron los animales de tierra dominantes durante aproximadamente 160 millones de años. Existen alrededor de 7,000 tipos de reptiles hoy en día, una diminuta fracción de un grupo que alguna vez dominaba la Tierra.

Puedes pensar en un animal terrestre como una bolsa de agua dentro de una bolsa de piel. Para sobrevivir en tierra, un animal necesita adaptaciones para que el agua dentro de la "bolsa" no se evapore en el aire seco. **Los huevos, la piel y los riñones de los reptiles están adaptados para retener agua.**

Un huevo con cascarón Los huevos de los reptiles son fecundados internamente. Cuando todavía están dentro del cuerpo de la hembra, los huevos fecundados son cubiertos con membranas y un cascarón. **A diferencia del huevo de anfibio, el huevo de reptil tiene cascarón y membranas que protegen al embrión en desarrollo y ayudan a evitar que se seque.** Los huevos de reptil se parecen a los huevos de ave, pero los cascarones son blandos y correosos, no rígidos. Hoyos diminutos o poros en el cascarón permiten la entrada de oxígeno y la salida de dióxido de carbono. Como los huevos conservan agua, los reptiles pueden depositar sus huevos en tierra seca, a diferencia de los anfibios.

Observa con atención en la Figura 17 cómo están dispuestas las membranas del huevo de reptil. Una membrana contiene el líquido que rodea el embrión. Como el plástico con burbujas de aire que se usa para proteger objetos frágiles, el líquido evita que el embrión sea aplastado. El líquido también mantiene húmedo al embrión. Una segunda membrana contiene la yema, que proporciona al embrión el alimento que sus células necesitan para crecer. Una tercera membrana contiene los desechos del embrión.

Figura 17 El huevo en que se incubó esta tortuga le proporcionaba alimento, humedad y protección cuando era embrión. *Relacionar causa y efecto Haz una lista de las partes del huevo que evitan que el embrión se seque.*

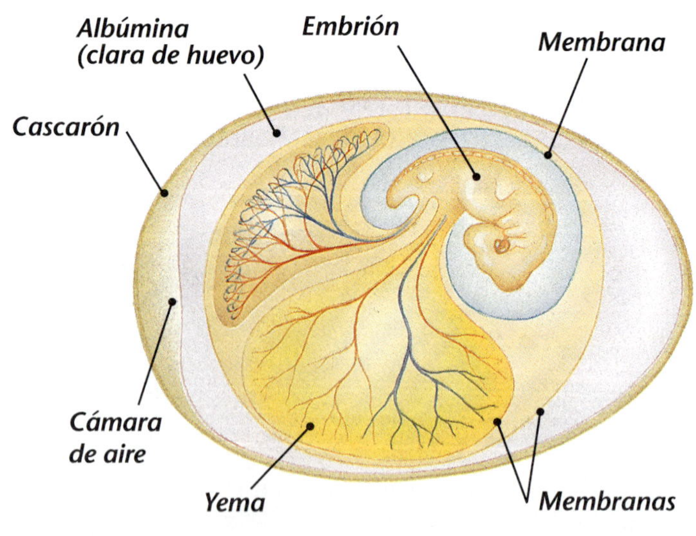

Piel y riñones A diferencia de los anfibios, que tienen la piel delgada y húmeda, los reptiles tienen la piel seca y resistente, cubierta con escamas. Esta piel escamosa los protege y ayuda a retener agua dentro de su cuerpo. Otra adaptación que ayuda a retener agua son los riñones, órganos que filtran los desechos de la sangre. Los desechos después se excretan en forma de un líquido acuoso llamado **orina**. Los riñones del reptil concentran la orina para que pierda muy poca agua.

Punto clave *¿Nombra dos funciones de la piel del reptil?*

Obtener oxígeno del aire

Los reptiles obtienen oxígeno del aire. Como nosotros, los reptiles respiran totalmente con pulmones. Como anfibios adultos, tienen dos circuitos en los cuales la sangre circula por el cuerpo. En el primer circuito, la sangre circula del corazón a los pulmones y de regreso al corazón. En las superficies delgadas y húmedas del tejido pulmonar, el oxígeno entra en la sangre y el dióxido de carbono sale. En el segundo circuito, la sangre pasa del corazón a los tejidos del cuerpo. En los tejidos, el oxígeno sale de la sangre y entra el dióxido de carbono. Después la sangre vuelve al corazón. Como los anfibios, el corazón de la mayoría de los reptiles tiene tres cámaras (dos aurículas y un ventrículo), donde se mezcla la sangre rica en oxígeno con la sangre pobre en oxígeno.

Lagartos

La mayoría de los reptiles que hoy viven son lagartos o serpientes. Estos dos grupos de reptiles tienen una relación cercana y comparten características importantes. Ambos tienen la piel cubierta con escamas sobrepuestas. Al crecer, los lagartos y serpientes mudan de piel, reemplazando las escamas gastadas con nuevas. La mayoría de los lagartos y las serpientes viven en áreas cálidas.

Figura 18 El color de la piel de este camaleón puede cambiar como respuesta a factores del ambiente, como cambios de temperatura.

EXPLORAR *un lagarto*

Las iguanas verdes son lagartos que viven en los árboles de los bosques de México y Sudamérica. Son corredoras y trepadoras excelentes.

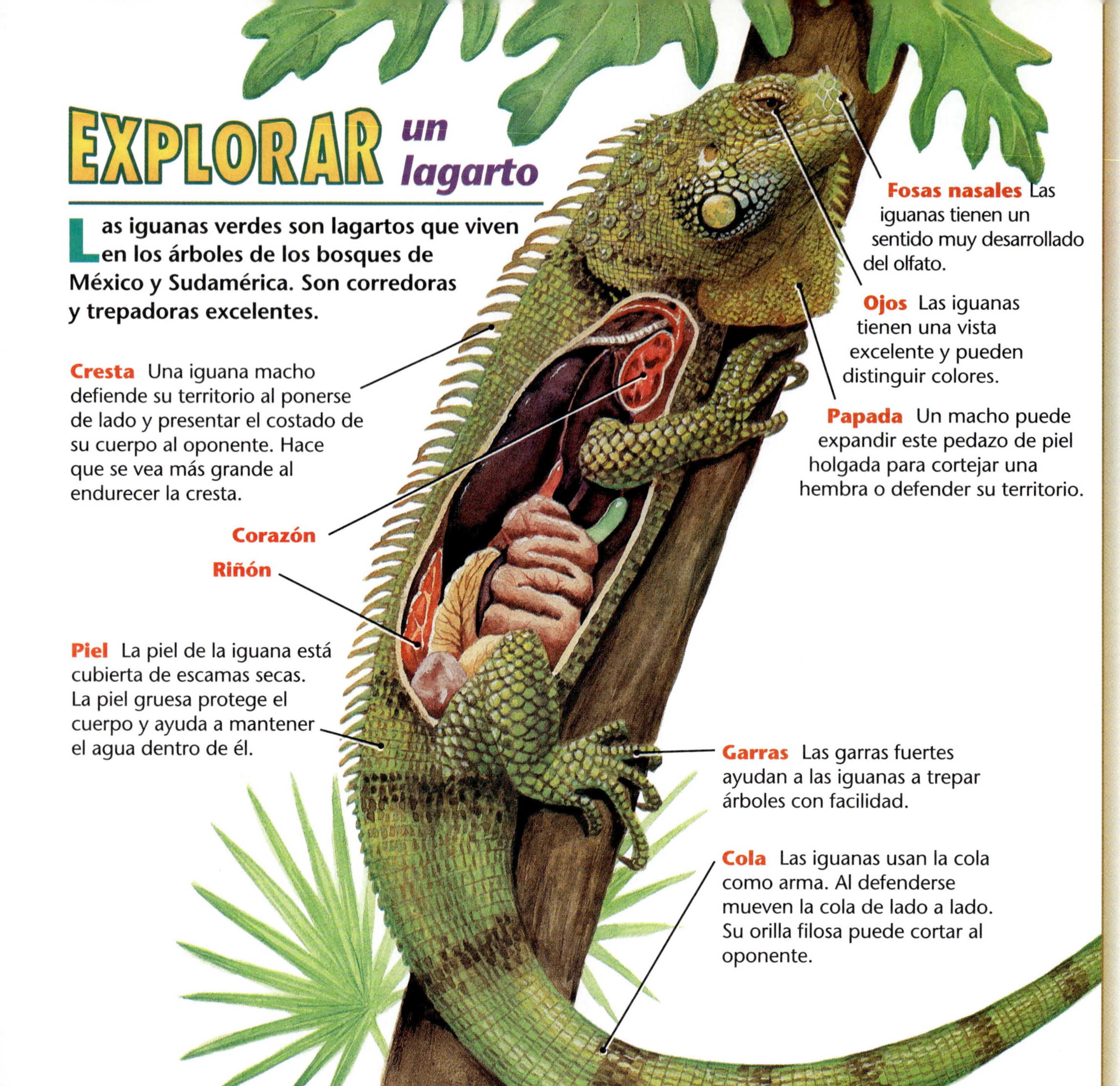

Hay una diferencia obvia entre lagartos y serpientes. Los lagartos tienen cuatro patas, normalmente con garras en los dedos. Muchos lagartos tienen cola larga, cuerpo delgado, párpados movibles y oídos externos.

Algunos lagartos, incluyendo la iguana mostrada en *Explorar un lagarto* son herbívoros. Sin embargo, la mayoría son carnívoros que capturan su alimento al brincar sobre su presa. Los lagartos grandes comen presas grandes como ranas y aves de tierra; la mayoría de los lagartos pequeños son cazadores de insectos. Los camaleones, que se encuentran en África y la India, tienen una lengua pegajosa adaptada para atrapar insectos. La lengua pegajosa sale disparada velozmente ¡su extensión es tanta como la cabeza y el cuerpo del camaleón juntos!

Serpientes

Las serpientes pueden vivir en casi cualquier tipo de hábitat, desde desiertos hasta pantanos. Son similares a los lagartos pero más delgadas por dentro y por fuera. Las serpientes no tienen patas, párpados u oídos externos, y la mayoría sólo tienen un pulmón.

Serpientes en movimiento Si alguna vez has visto una serpiente escurrirse por el suelo, sabes que cuando se mueve, su cuerpo largo y delgado se dobla en curvas. Las serpientes se mueven al contraer o acortar bandas de músculos unidos a las costillas y columna vertebral. Contracciones alternadas de los músculos de los costados derecho e izquierdo producen un movimiento deslizante de lado a lado.

Cómo se alimentan las serpientes Todas las serpientes son carnívoras, y algunas comen presas grandes. Si realizaste la actividad Descubre, aprendiste que las mandíbulas de la serpiente se pueden abrir mucho. Además, los huesos del cráneo se pueden mover para permitir que la serpiente trague un animal mucho más grande que su propio diámetro. Sin embargo, la mayoría se alimentan de pequeños roedores, como ratones.

Las serpientes capturan su presa de diferentes maneras. Las serpientes de cola filosa de América del Norte, que sólo comen babosas, tienen los dientes delanteros largos y curvos para enganchar su presa resbalosa. Algunas boas antillanas cazadoras de murciélagos esperan en la entrada de las cuevas. Al atardecer, cuando los murciélagos salen de la cueva para alimentarse, las serpientes los atrapan en el aire.

Algunas serpientes, como la cascabel y la víbora americana, tienen glándulas de veneno conectadas a dientes huecos llamados colmillos. Cuando estas serpientes muerden a su presa, el veneno fluye por los colmillos. El veneno entra en el animal y lo mata rápidamente.

☑ ***Punto clave*** *¿Cómo se mueven las serpientes?*

Figura 19 En la Tierra vive una gran variedad de serpientes, algunas adaptadas para casi cualquier hábitat. **A.** La víbora sagrada de Tailandia tiene uno de los venenos más poderosos de todas las serpientes. **B.** Aunque la cobra rey no es venenosa, es muy agresiva; una cobra rey puede atacar y comerse una serpiente cascabel. ***Hacer generalizaciones*** *¿En qué se diferencian las serpientes de los lagartos?*

A

B

Interpretar datos

Tomando los rayos del Sol

En este experimento, examinarás e interpretarás datos asociados con un ectotermo.

Problema

¿Cómo controlan algunos lagartos la temperatura de su cuerpo en el calor extremo del desierto?

Materiales

hojas lápiz

Procedimiento

1. Los datos en el diagrama siguiente fueron recolectados por científicos que estudiaban cómo los lagartos controlan la temperatura de su cuerpo. Examina los datos.
2. Copia la tabla de datos de la página siguiente en tu cuaderno.
3. Organiza los datos del diagrama al completar la tabla, coloca la información apropiada en cada columna. Empieza por escribir una descripción breve de cada tipo de comportamiento de los lagartos.
4. Usa la información del diagrama para completar la tabla de datos.

Analizar y concluir

1. ¿Cómo varió la temperatura del lagarto de las 6 a.m. a 8 p.m.?
2. ¿Cuáles son las tres fuentes de calor que causó el aumento en la temperatura del cuerpo del lagarto durante el día?
3. Durante la parte más caliente del día, ¿cuáles eran las temperaturas del aire y del suelo? ¿Por qué crees que la temperatura del lagarto se mantuvo a menos de 40°C?
4. Predice cuál hubiera sido la temperatura del lagarto de 8 p.m. a 6 a.m. Explica tu predicción.

6 a.m.–7 a.m.
Saliendo de la guarida
Temperatura del aire **20° C**
Temperatura del suelo **28° C**
Temperatura del cuerpo **25° C**

7 a.m.–9 a.m.
Tomando el sol (acostada)
Temperatura del aire **27° C**
Temperatura del suelo **29° C**
Temperatura del cuerpo **32.6° C**

9 a.m.–12 (mediodía)
Activa (en movimiento)
Temperatura del aire **27° C**
Temperatura del suelo **30.8° C**
Temperatura del cuerpo **36.6° C**

TABLA DE DATOS

Actividad	Descripción de la actividad	Hora	Temperatura del aire del suelo (°C)	Temperatura del cuerpo (°C)	Temperatura (°C)
1. Salir					
2. Asolearse					
3. Activa					
4. Regreso					
5. Arquearse					
6. Regreso					

5. Con base en lo que aprendiste de los datos, explica por qué es engañoso decir que un ectotermo es un animal "de sangre fría".

6. Predice qué ocurriría a tu propia temperatura si pasaras un periodo corto expuesto al sol del desierto al mediodía. Predice cuál sería tu temperatura si pasaras un periodo en una guarida a las 7 p.m. Explica tus predicciones.

7. **Piensa en esto** ¿Por qué es útil organizar los datos en una tabla de datos antes de tratar de interpretarlos?

Explorar más

Haz una o más gráficas de barras de los datos de temperatura. Explica qué muestran las gráficas. ¿Cómo te ayudan estas gráficas a interpretar los datos?

12 (mediodía)–2:30 p.m.
Regreso a la guarida
Temperatura del aire **40.3° C**
Temperatura del suelo **53.8° C**
Temperatura del cuerpo **39.5° C**

2:30 p.m.–6 p.m.
Arquearse (el vientre arriba del suelo)
Temperatura del aire **34.2° C**
Temperatura del suelo **47.4° C**
Temperatura del cuerpo **39.5° C**

6 p.m.–9 p.m.
Regreso a la guarida
Temperatura del aire **25° C**
Temperatura del suelo **26° C**
Temperatura del cuerpo **25° C**

Figura 20 Los hábitos alimenticios de las tortugas varían mucho.
A. La tortuga verde marina vive totalmente en el mar y es carnívora.
B. La tortuga galápago vive en tierra, donde se alimenta principalmente de cactos.

Tortugas

Las tortugas son reptiles cuyo cuerpo está cubierto por un caparazón protector que nace en las costillas y la columna vertebral de la tortuga. Como puedes ver en la Figura 20, las placas óseas de la concha están cubiertas de escamas grandes de la misma materia que las escamas de la piel. Algunos caparazones pueden cubrir el cuerpo entero, una tortuga cofre puede retraer la cabeza, patas y cola al caparazón para protegerse. Tortugas como la tortuga mordedora tienen el caparazón más pequeño. Las tortugas de caparazón blando, como su nombre indica, tienen el caparazón tan blando como un pan. Éstas blando se acuestan en el lecho del río, dejando fuera de la arena sólo los ojos y las fosas nasales.

Los hábitos alimenticios de las tortugas son muy variados. Las más grandes, las tortugas laúd, son carnívoras. Las tortugas laúd, que pueden pesar más de 500 kilogramos, son tortugas marinas que se alimentan principalmente de medusas venenosas. Las células urticantes de las medusas pueden matar a los demás animales, pero la piel gruesa de la tortuga laúd parece no ser afectada. En cambio, las gigantes tortugas galápago son herbívoras que se alimentan principalmente de cactos. Con mucho cuidado raspan y quitan las espinas antes de comer el cacto. Las tortugas tienen picos filosos en vez de dientes. Los picos de las tortugas son tan filosos como una navaja y fácilmente cortan un pez en dos.

Figura 21 Los caimanes, izquierda, y los cocodrilos, derecha, son los reptiles más grandes que viven en la Tierra. Se parecen en muchos aspectos, incluida la apariencia. **Comparar y contrastar** *¿Cómo puedes diferenciar entre un caimán y un cocodrilo?*

Caimanes y cocodrilos

Si caminaras alrededor de un lago en la Florida, tal vez verías un caimán nadando silenciosamente en el agua. Casi todo su cuerpo yace bajo el agua, aunque podrías ver sus grandes ojos saltones en la superficie. Los caimanes, cocodrilos y sus parientes son los reptiles más grandes que viven en la actualidad. El caimán americano puede llegar a medir más de 5 metros de largo.

¿Cómo puedes distinguir entre un caimán y un cocodrilo? Observa sus dientes, ¡pero con binoculares y desde muy lejos! Los caimanes tienen el hocico ancho y redondo, con sólo unos cuantos dientes visibles. En cambio, los cocodrilos tienen el hocico en punta y puedes ver casi todos sus dientes. Ambos, caimanes y cocodrilos, pasan gran parte de sus días descansando bajo los rayos del sol o acostados en el agua.

Los caimanes y los cocodrilos son carnívoros que cazan principalmente de noche. Poseen varias adaptaciones que los ayudan a capturar su presa. Usan su cola fuerte y musculosa para nadar rápidamente en el agua. Sus mandíbulas tienen muchos dientes grandes, filosos y puntiagudos. Los músculos de las mandíbulas son extremadamente fuertes cuando muerden hacia abajo. Aunque los caimanes comen perros, mapaches y venados, normalmente no atacan a los humanos.

A diferencia de la mayoría de los reptiles, los cocodrilos y los caimanes cuidan sus huevos y sus crías recién salidas del huevo. Después de poner los huevos en un nido de plantas en descomposición, la hembra se queda cerca del nido. De vez en cuando sale del agua y se para encima del nido para mantenerlo húmedo. Después de que los diminutos caimanes o cocodrilos salen del huevo, la hembra los levanta en su enorme hocico. Los transporta del nido a un área en el agua donde estarán más seguros. Casi durante todo un año, ella se quedará cerca de sus crías, que emiten ruidos como graznidos cuando están alarmados. Cuando la mamá oye los graznidos de sus crías, va corriendo hacia ellas.

☑ **Punto clave** *¿Cómo están adaptados los caimanes y cocodrilos para capturar su presa?*

Mejora tus destrezas

Sacar conclusiones

ACTIVIDAD

Unos científicos incubaron o criaron huevos de una especie de caimán a cuatro temperaturas distintas. Cuando las crías salieron del huevo, los científicos contaron el número de machos y hembras. La tabla siguiente muestra los resultados.

Temperatura de incubación	Número de hembras	Número de machos
29.4°C	80	0
30.6°C	19	13
31.7°C	13	38
32.8°C	0	106

Usa los datos para contestar las siguientes preguntas.

1. ¿Qué efecto tiene la temperatura de incubación en el sexo de los caimanes?
2. Imagina que un científico incubó 50 huevos a 31° C. ¿Cuántas de las crías serían machos? Explica tu respuesta.

Reptiles extintos (los dinosaurios)

Figura 22 El *Braquiosaurio,* el mayor de los dinosaurios, llegó a medir más de 22.5 metros, más que dos autobuses juntos. **Observar** *¿Qué forma de adaptación presentan las patas de los* braquiosaurios *y muchos otros dinosaurios?*

Hace millones de años, enormes tortugas y reptiles nadaban en el océano alimentándose de peces. Reptiles voladores se movían por el aire. Y desde hace 225 millones de años hasta hace 65 millones de años, los reptiles eran el grupo principal de vertebrados en la tierra. Las serpientes y lagartijas tomaban el sol en piedras cálidas. Y había muchísimos tipos de dinosaurios. A diferencia de los reptiles de hoy, los dinosaurios podrían haber sido endotermos. Algunos dinosaurios, como el *Braquiosaurio* en la Figura 22, eran los animales de tierra más grandes que hayan vivido.

Los dinosaurios fueron los primeros vertebrados en tener patas colocadas directamente bajo su cuerpo. Esta adaptación les permitió moverse con más facilidad que los demás animales, como las salamandras, por ejemplo, cuyas patas salen de los costados del cuerpo. La mayoría de los dinosaurios herbívoros, como el *Braquiosaurio* caminaban en cuatro patas; la mayoría de los carnívoros, como el enorme *Tiranosaurio*, corrían en dos patas.

Los dinosaurios se extinguieron hace alrededor de 65 millones de años, mucho antes que el hombre apareciera en la Tierra. Varias teorías tratan de explicar la desaparición de los dinosaurios, pero nadie sabe realmente por qué se extinguieron. Un cambio en el clima de cálido a frío probablemente tuvo algo que ver. Una teoría bastante convincente sugiere que un meteorito enorme, un gran pedazo de roca viajando por el espacio, chocó con la Tierra. El impacto levantó densas nubes de polvo que obstruyeron el paso de la luz solar. Esta disminución en la luz solar no sólo enfrió la Tierra, sino que también provocó una disminución en el crecimiento de las plantas, limitando el abastecimiento de alimentos. El polvo de erupciones volcánicas masivas también pudo haber obstruido la luz solar. Los dinosaurios no pudieron sobrevivir en estas condiciones nuevas y murieron.

Hoy en día, sólo en las películas es donde los dinosaurios hacen temblar el suelo con sus pasos. Aunque, de alguna forma, los dinosaurios todavía existen. Las aves podrían ser descendientes de ciertos dinosaurios pequeños. Algunos biólogos piensan que las aves son dinosaurios con plumas.

Repaso de la sección 4

1. Describe tres adaptaciones de los reptiles para vivir en tierra.
2. Explica cómo la estructura del huevo de reptil protege al embrión en desarrollo.
3. Explica cómo las serpientes pueden comer presas grandes.
4. **Razonamiento crítico Hacer generalizaciones** Si algunos dinosaurios hubieran sido endotermos, ¿qué ventaja podrían haber tenido sobre otros reptiles?

PROYECTO DEL CAPÍTULO 3

Comprueba tu aprendizaje

Reúne los materiales que necesitas para construir tu modelo de un reptil. Asegúrate de que tu modelo muestre con claridad la manera en que el animal está adaptado para la misma función que el pez y el anfibio. Empieza a preparar una explicación escrita de las adaptaciones que tus tres modelos muestran. Tu explicación escrita debe incluir diagramas rotulados.

SECCIÓN 5 Vertebrados en las rocas

DESCUBRE

ACTIVIDAD

¿Qué puedes aprender de una huella?

1. Extiende y aplana una barra de plastilina sobre una hoja de papel hasta formar una capa delgada.
2. Con cuidado, presiona dos o tres objetos pequeños en distintas partes de la plastilina. Los objetos pueden ser una llave, una hoja, una pluma, un lápiz, una estampilla, una flor o una uva pasa. No dejes que tus compañeros vean los objetos que usas.
3. Con cuidado, quita los objetos de la plastilina, dejando sólo las huellas.
4. Intercambia tu hoja con un compañero. Traten de identificar los objetos que hicieron las huellas.

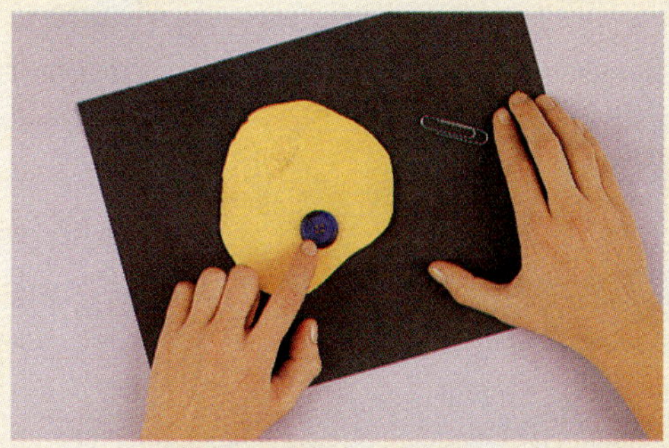

Reflexiona sobre

Observar En general, ¿qué tipo de objetos dejaron las huellas más claras? Si esas huellas fueran fósiles, ¿qué podrías aprender acerca de los objetos al ver sus "fósiles"? ¿Qué no podrías aprender?

Hace millones de años, en un estanque, algunos peces murieron y sus cuerpos se hundieron en el lodo en el fondo. Poco después, llovió fuerte y los peces se cubrieron con más lodo. Los tejidos blandos de los peces se descompusieron pero sus huesos permanecieron. Después de muchos miles de años, el lodo se endureció y paso a ser roca, y los huesos de los peces se convirtieron en los fósiles que vemos aquí.

GUÍA DE LECTURA

- **¿Qué pueden aprender los científicos al estudiar los fósiles?**

Sugerencia de lectura **Predice qué aprenderás en esta sección. Lee para confirmar tu predicción.**

◀ **Peces fosilizados**

Fósiles en roca sedimentaria

Los **fósiles** son restos petrificados o huella de un ser vivo que existió hace mucho tiempo. A veces un fósil es una huella en roca, como la pisada de un animal o el contorno de una hoja. Otros fósiles son restos de huesos u otras partes de algún ser vivo (después de pasar por un proceso químico en el que los tejidos del organismo han sido reemplazados por minerales duros). Como la mayoría de los tejidos vivos se descomponen rápidamente, muy pocos organismos llegan a preservarse como fósiles.

Los fósiles se forman con más frecuencia en el tipo de roca conocido como roca sedimentaria. La **roca sedimentaria** se compone de capas endurecidas de sedimento: partículas de arcilla, arena, lodo o cieno. ¿Alguna vez has lavado un balón de fútbol soccer sucio y visto cómo la

CIENCIAS e Historia

Descubrir fósiles de vertebrados

La gente ha hallado fósiles desde la antigüedad. Sin embargo, es en los últimos siglos que hemos entendido que los fósiles son restos de organismos extintos. Aquí hay unos hallazgos de fósiles de particular importancia.

1822

Diente de dinosaurio

En una cantera en Lewes, Inglaterra, Mary Ann Mantell encontró un diente de apariencia extraña inserto en piedra. Su esposo Gideon dibujó el diente que pertenecía al *Iguanodonte*.

1675 **1725** **1775** **1825**

1677

Ilustración de un hueso de dinosaurio

Robert Plot, el director de un museo en Inglaterra, publicó un libro con la ilustración de un fémur enorme fosilizado. Plot pensó que el hueso pertenecía a un humano gigante, pero quizás era el hueso de un dinosaurio.

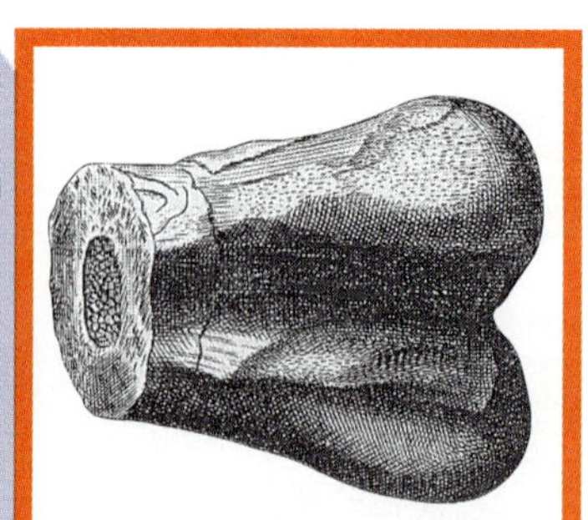

1811

Reptil marino

Entre los acantilados cerca de Lyme Regis, Inglaterra, Mary Anning, de 12 años, encontró los restos fosilizados del gigante reptil marino ahora llamado *Ictiosaurio*. Mary fue uno de los primeros coleccionistas de fósiles en Inglaterra.

arena y el lodo se acumulan en el fondo del lavabo? Si lavaras una docena de balones, el fondo del lavabo quedaría cubierto por una capa de sedimento. Los sedimentos se acumulan de muchas formas. Por ejemplo, el viento puede depositar una capa gruesa de arena en las dunas. Los sedimentos también se pueden formar cuando agua fangosa se estanca en un lugar durante mucho tiempo. A la larga, el sedimento lodoso se asienta en el fondo y se acumula.

A través de un periodo muy largo, las capas de sedimento se pueden comprimir y unir para formar roca. Al formarse la roca sedimentaria, los restos de seres vivos atrapados en los sedimentos se preservan a veces como fósiles.

☑ **Punto clave** *¿Cuáles son las dos maneras en que se forman los fósiles?*

En tu diario

Si pudieras entrevistar a uno de estos descubridores de fósiles, ¿qué le preguntarías acerca del fósil y de cómo lo descubrió? Escribe una lista de preguntas en tu diario. Después, consulta fuentes de referencia para responder algunas preguntas.

1902

Tiranosaurio

Un comentario de un ranchero local llevó a Barnum Brown, un buscador de fósiles, a un lugar árido y rocoso cerca de Jordan, Montana. Allí, encontró el primer esqueleto relativamente completo de un *Tiranosaurio rex*

1991

Huevos de dinosaurio en China

Cavando en la tierra, un campesino en la montaña Dragón Verde en China descubrió lo que podría ser el nido más grande de fósiles de huevos de dinosaurio. Un paleontólogo escarba para remover uno de los huevos.

1875 1925 1975 2025

1861

Huesos de ave

Un trabajador en una cantera en Alemania descubrió el *arqueóptorix*, un animal con plumas como ave y características de reptil.

1964

Deinonico

En Montana, el paleontólogo John Ostrom descubrió restos de un dinosaurio pequeño, *Deinonico*. Este dinosaurio probablemente era un depredador que se podía mover con rapidez. Este fósil llevó a los científicos a pensar que los dinosaurios podrían haber sido endotermos.

Figura 23 El diagrama muestra fósiles en capas de rocas sedimentarias. ***Interpretar diagramas*** *¿Qué capa de roca probablemente contiene los fósiles más aniguos? Explica tu respuesta.*

Interpretación de fósiles

¿Qué información pueden obtener los científicos de los fósiles? Los **paleontólogos** (científicos que estudian los organismos extintos) examinan la estructura de los fósiles y los comparan con organismos contemporáneos. **Al estudiar los fósiles, los paleontólogos pueden inferir cómo ha cambiado con el tiempo una especie**. Un dato importante que los paleontólogos pueden obtener de un fósil es su edad aproximada.

Un método para estimar la edad de un fósil aprovecha el proceso por el cual se formaron los sedimentos. Piensa en cómo se asientan los sedimentos del agua: primero se asientan las capas inferiores, y los nuevos sedimentos se asientan encima de las capas más viejas. Por eso, un fósil en la capa superior de una roca muchas veces es más joven que los fósiles de capas inferiores.

Sin embargo, las capas de roca pueden inclinarse y hasta voltearse. Sucesos naturales como los temblores de tierra, y humanos como la construcción pueden cambiar la posición de las capas de roca. Por eso, la ubicación del fósil en la roca no siempre es un indicador confiable de su edad. Los científicos normalmente tienen que usar otros métodos para determinar la edad de un fósil. Por ejemplo, los fósiles —y las rocas donde se encuentran— contienen algunos elementos químicos radiactivos. Estos elementos radiactivos se descomponen o se convierten en otros elementos químicos después de un periodo conocido. Cuánto más degradada sea la forma del elemento, más viejo será el fósil.

Los paleontólogos han usado fósiles como evidencia para hilar la historia de los principales grupos de vertebrados. Al encontrar nuevos fósiles, los paleontólogos reinterpretarán la evidencia de los fósiles y probablemente revisarán sus ideas acerca de cuándo aparecieron los distintos grupos de animales y cómo podrían estar relacionados entre sí.

Repaso de la sección 5

1. ¿Cómo pueden usar los paleontólogos los fósiles para determinar la manera en que una especie ha cambiado con el tiempo?
2. Describe cómo se forma una roca sedimentaria.
3. Describe el proceso por el cual una hoja se fosiliza.
4. **Razonamiento crítico** **Inferir** El fósil A se encontró en una capa de roca a 200 metros bajo la superficie del suelo. El fósil B se encontró en la misma formación rocosa pero a 150 metros de profundidad. ¿Cuál fósil será más antiguo? ¿Qué evidencia adicional ayudaría a verificar las edades de los fósiles?

Las ciencias en casa

¿Tú familia guarda los periódicos o revistas en una pila? Con un familiar, revisa las fechas de los periódicos de la pila. Revisando la pila de arriba abajo, ¿están los periódicos en algún orden? Si los más antiguos están abajo y los más nuevos arriba, puedes relacionar este orden con la forma en que los sedimentos se asientan. Pide a los miembros de tu familia que imaginen que dos fósiles están atrapados en periódicos distintos. Explica qué fósil sería el más antiguo y por qué.

GUÍA DE ESTUDIO

CAPÍTULO 3 REPASO

SECCIÓN 1 ¿Qué es un vertebrado?

Ideas clave

- Los vertebrados tienen una columna vertebral que forma parte del endoesqueleto. El endoesqueleto sostiene, protege y le da forma al cuerpo.
- La mayoría de los peces, anfibios y reptiles son ectotermos. Los mamíferos y las aves son endotermos.

Términos clave

cordados, notocordio, cartílago, vértebras, ectotermos, endotermo

SECCIÓN 2 Peces

Ideas clave

- Un pez es un vertebrado ectotermo que vive en el agua y tiene aletas. Normalmente tienen escamas y obtienen oxígeno a través de branquias.
- Los grupos principales de peces son peces agnatos o sin mandíbula, peces cartilaginosos y peces óseos.

Términos clave

pez
vejiga natatoria
fuerza de flotación

SECCIÓN 3 Anfibios

Ideas clave

- Un anfibio es un vertebrado ectotermo de piel húmeda. La mayoría de los anfibios pasan la primera etapa de su vida en agua y su etapa adulta en tierra, regresan al agua para reproducirse.
- Los grupos principales de anfibios incluyen ranas, sapos y salamandras.
- Los anfibios adultos tienen un esqueleto fuerte y miembros musculosos adaptados para la locomoción en la tierra.

Términos clave

anfibio, aurícula, hábitat, ventrículo

SECCIÓN 4 Reptiles

Ideas clave

- Un reptil es un vertebrado ectotermo que tiene pulmones y piel escamosa. Los reptiles pueden pasar la vida entera en tierra seca.
- Los huevos correosos la piel escamosa y los riñones de los reptiles están adaptados para retener agua.
- Los grupos principales de reptiles incluyen lagartos, serpientes, tortugas, caimanes y cocodrilos.

Términos clave

reptil
orina

SECCIÓN 5 Vertebrados en las rocas

INTEGRAR LAS CIENCIAS DE LA TIERRA

Ideas clave

- La roca sedimentaria se forma de capas endurecidas de sedimentos como arcilla, lodo o arena.
- Los fósiles se encuentran principalmente en roca sedimentaria.
- Los paleontólogos estudian los fósiles para inferir cómo los organismos, incluyendo los vertebrados, han cambiado con el paso del tiempo. Los científicos constantemente vuelven a interpretar la evidencia de los fósiles.

Términos clave

fósil, roca sedimentaria, paleontólogo

ACTIVIDAD
USAR LA INTERNET
www.science-explorer.phschool.com

CAPÍTULO 3 REPASO

Repaso del contenido

Para repasar los conceptos clave, consulta el Interactive Student Tutorial CD-ROM.

Opción múltiple

Elige la letra de la respuesta correcta.

1. ¿Qué peces no tienen mandíbulas, escamas o pares de aletas?
- **a.** tiburones
- **b.** lampreas y lampreas glutinosas
- **c.** esturiones
- **d.** peces luna del océano

2. Un pez óseo usa la vejiga natatoria para
- **a.** propulsarse en el agua.
- **b.** regular su flotabilidad.
- **c.** extraer los desechos.
- **d.** bombear agua por las branquias.

3. Las ranas adultas regresan al agua para
- **a.** capturar moscas.
- **b.** obtener alimento.
- **c.** reproducirse.
- **d.** humedecer las branquias.

4. ¿Cuál de los siguientes animales respira con pulmones?
- **a.** el tiburón
- **b.** la lamprea
- **c.** la salamandra larval
- **d.** el lagarto

5. Los fósiles son poco comunes porque
- **a.** había muy pocos seres vivos en la antigüedad.
- **b.** los científicos sólo han buscado fósiles en África y Estados Unidos.
- **c.** la mayoría de los fósiles se han hundido al fondo oceánico.
- **d.** los cuerpos de los organismos muertos se descomponen rápidamente.

Falso o verdadero

Si el enunciado es verdadero, escribe verdadero. Si es falso, cambia la palabra o palabras subrayadas para hacer verdadero el enunciado.

6. Las aves y los mamíferos son endotermos.

7. Si un tiburón pierde una aleta, otra se mueve para tomar su lugar.

8. La flotación es la fuerza que empuja un objeto bajo el agua hacia arriba.

9. Los anfibios normalmente empiezan la vida en tierra.

10. Los paleontólogos son científicos que estudian los peces.

Revisar los conceptos

11. Describe las características principales de los cordados.

12. ¿Cómo se reproducen los peces?

13. Describe el ciclo vital de la rana.

14. ¿En qué difieren los sistemas circulatorios del anfibio y del pez?

15. Explica cómo la estructura del huevo de reptil protege al embrión?

16. Compara y contrasta las lagartijas y serpientes.

17. ¿Por qué el movimiento de la serpiente es ondulado y no en línea recta?

18. ¿Cuál pudo haber sido la causa de la extinción de los dinosaurios?

19. Describe dos métodos que los científicos usen para determinar la edad de un fósil.

20. Escribir para aprender Escribe la descripción de una hora de vida de un tiburón. Antes de escribir, haz una lista de los sucesos que quieres incluir y ordénalos en la secuencia deseada. Al escribir, usa palabras como *entonces* y *un momento más tarde* para que los lectores sepan que el tiburón pasa de una actividad a otra.

Razonamiento gráfico

21. Tabla para comparar y contrastar En una hoja de papel, copia la tabla para comparar los grupos de peces. Después completa la tabla y agrega un título. (Para más información acerca de las tablas para comparar y contrastar, consulta el Manual de destrezas.)

Tipo de pez	Tipo de esqueleto	¿Mandíbulas?	Escamas	Ejemplo
Peces sin mandíbula	**a.** ?	no	**b.** ?	**c.** ?
d. ?	**e.** ?	**f.** ?	escamas como dientes	tiburón
Peces óseos	óseo	**g.** ?	**h.** ?	**i.** ?

CAPÍTULO 3 REPASO

Aplicar las destrezas

Un científico realizó un experimento con cinco peces dorados para probar el efecto de la temperatura del agua sobre el "ritmo de la respiración" (el ritmo a que los peces abren y cierran sus opérculos). La gráfica muestra los datos que el científico obtuvo con cuatro temperaturas distintas. Úsala para contestar las preguntas 22–24.

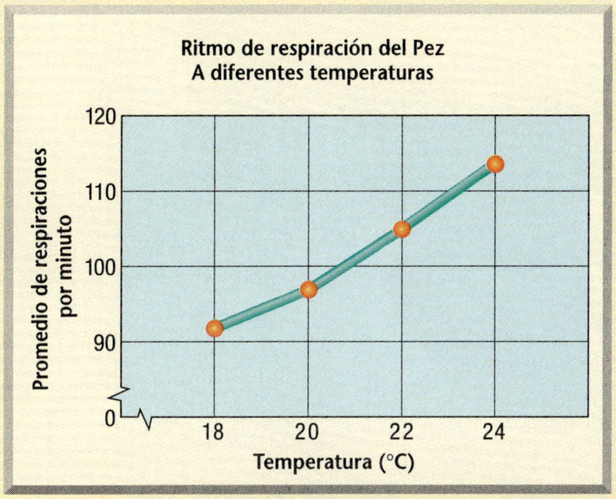

22. Controlar variables Identifica la variable manipulada y la variable de respuesta en este experimento.

23. Interpretar datos ¿Cómo se compara el ritmo de respiración a 18° C con el ritmo de respiración a 22° C?

24. Sacar conclusiones Imagínate mostrados en la gráfica, ¿qué relación hay entre la temperatura del agua y el ritmo de respiración de los peces dorados?

Razonamiento crítico

25. Comparar y contrastar Compara las formas en que un renacuajo y una rana adulto obtienen oxígeno.

26. Aplicar los conceptos Imagínate que estás bajo el sol caliente del desierto con una toalla de papel mojada. Tienes que evitar que la toalla se seque. ¿Qué estrategia puedes copiar de los reptiles para mantener la toalla húmeda?

Evaluación del rendimiento

PROYECTO DEL CAPÍTULO 3

Para terminar

Presenta tu proyecto Presenta tus maquetas de las adaptaciones de animales. Exhíbelas de manera creativa e interesante; por ejemplo, muestra los modelos en acción y detalles de los hábitats de los animales. Exhibe el cartel que describa la adaptación que escogiste.

Reflexiona y anota Anota en tu diario lo que aprendiste con este proyecto. Enumera las adaptaciones que aprendiste por las exposiciones de tus compañeros. ¿Cómo te ayudó a entender las características de estos tres grupos de vertebrados el construir una maqueta?

Participa

En tu comunidad Investiga qué peces pesca la gente en tu comunidad, como deporte o para obtener alimento. Después investiga las leyes y los reglamentos de la pesca deportiva en tu estado o comunidad. Además, averigua si la pesca está prohibida en alguna zona acuática de tu localidad y por qué. Prepara una hoja de datos para resumir la información que encuentres. Saca copias de la hoja de datos para colocarlas en las tiendas que venden equipo para pescar.

CAPÍTULO 4

Aves y mamíferos

Lo que encontrarás

Sección 1 Las aves

Descubre ¿Cómo son las plumas?
Laboratorio de destrezas Observa las sobras de un búho
Inténtalo Examinar huevos

Sección 2 La física del vuelo de las aves

Integrar la física

Descubre ¿Qué sostiene a aviones y aves en el aire?
Inténtalo Aviones de papel

Sección 3 ¿Qué es un mamífero?

Descubre ¿Cómo son los dientes de los mamíferos?
Inténtalo Mamíferos aislados
Mejora tus destrezas Clasificar
Laboratorio real Mantener el calor

PROYECTO 4

Observación de aves

Una de las mejores maneras de aprender acerca de los animales es observarlos en acción. En este proyecto, observarás a las aves y otros animales que visitan el comedero para pájaros. Te sorprenderás de todo lo que descubrirás. ¿Cómo comen las aves? ¿Cuáles comen primero? ¿Cómo interactúan distintas aves? ¿Qué sucede cuando una ardilla entra en escena? Observar y anotar datos revelará las respuestas a estas preguntas. También puede plantear nuevas preguntas para contestar.

Tu objetivo: Hacer observaciones detalladas de las aves que visitan en el comedero para pájaros.

Para completar este proyecto con éxito, tendrás que:

- observar el alimentador con regularidad durante por lo menos dos semanas e identificar los tipos de aves que visitan el alimentador
- hacer observaciones detalladas de cómo las aves comen en el alimentador
- describir los tipos de comportamiento comunes en las aves
- seguir los lineamientos de seguridad del Apéndice A

Para empezar Reúnete con algunos compañeros de clase para compartir sus conocimientos acerca de las aves de tu área. ¿Qué tipo de aves esperas ver? ¿Qué tipo de alimento comen? Piensen cómo podrían investigar más sobre las aves que viven en tu área.

Comprueba tu aprendizaje Trabajarás en este proyecto mientras estudias el capítulo. Para mantener tu proyecto en marcha, revisa los cuadros de Comprueba tu aprendizaje en los puntos siguientes:

Repaso de la Sección 1, página 129: Identifica las aves (y mamíferos) que vienen al alimentador. Observa cómo interactúan los animales.

Repaso de la Sección 2, página 132: Observa cómo se alimentan las aves.

Repaso de la Sección 4, página 146: Interpreta tus datos de la alimentación de las aves y prepara tus gráficas.

Para terminar Al final del capítulo (página 149), compartirás lo que aprendiste acerca de las aves y su comportamiento.

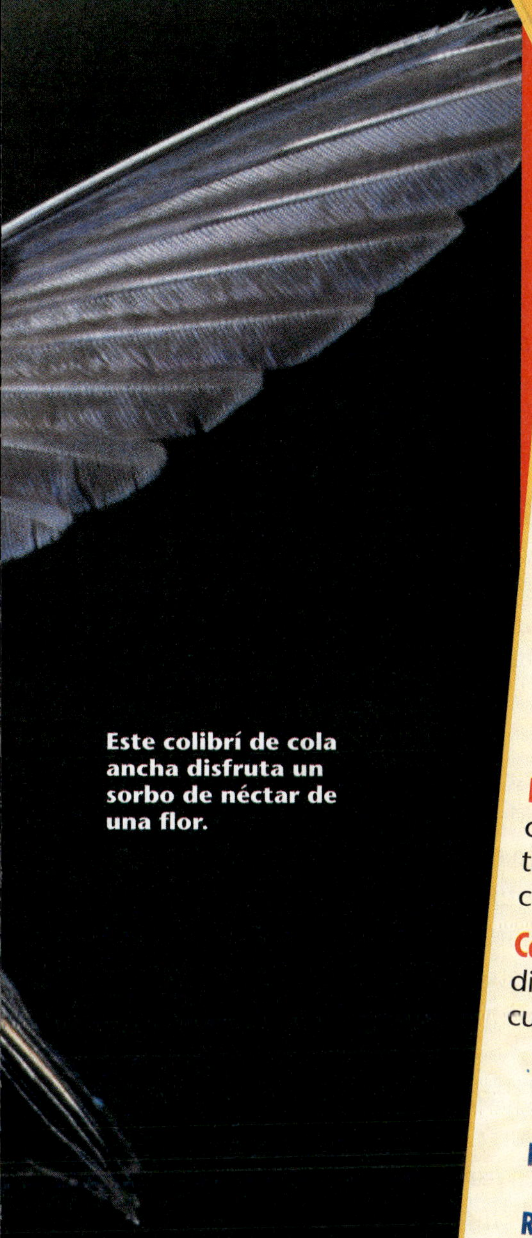

Este colibrí de cola ancha disfruta un sorbo de néctar de una flor.

SECCIÓN 4 **Diversidad de mamíferos**

Descubre ¿Por qué es útil el pulgar?

SECCIÓN 1

Las aves

DESCUBRE ACTIVIDAD

¿Cómo son las plumas?

1. Examina una pluma. Observa su forma y estructura. Examina con una lupa las barbas que salen del cañón central de la pluma.
2. Con las yemas de los dedos, frota suavemente la pluma de abajo a arriba. Observa si las barbas se separan o no.
3. Con cuidado, separa dos barbas en medio de la pluma. Frota las orillas separadas con la yema del dedo.

4. Examina la pluma con una lupa, incluyendo las orillas de las dos barbas separadas. Haz un dibujo de lo que observes.
5. Ahora junta las dos barbas separadas, jálalas con suavidad hacia afuera del tubo. Después lávate las manos.

Reflexiona sobre

Observar Una vez que las barbas han sido separadas, ¿es fácil juntarlas? ¿Cómo podría resultar esto una ventaja para las aves?

GUÍA DE LECTURA

- **¿Qué características tienen en común las aves?**
- **¿Cómo están adaptadas las aves a sus ambientes?**

Sugerencia de lectura **Antes de leer, ve *Explorar una ave* en la página 123 y haz una lista de los términos desconocidos. Al leer, escribe una definición para los términos.**

Un día en 1861, en una cantera de piedra caliza en lo que ahora es Alemania, Hermann von Meyer inspeccionaba rocas. Meyer, un cazador de fósiles, vio algo oscuro en una de las piedras. Era la huella fosilizada ennegrecida de una pluma. Emocionado, Meyer empezó a buscar el fósil del ave entera. Aunque se tardó un mes, encontró lo que buscaba: un esqueleto rodeado de la huella clara de muchas plumas. Al fósil se le dio el nombre científico de *archaeopterix*, que significa "antiguo ser alado".

Los paleontólogos estiman que el *archaeopterix* vivía hace alrededor de 145 millones de años. El *archaeopterix* no se parecía mucho a las aves que conocemos. Más bien parecía un reptil con alas. Ninguna ave del presente tiene dientes, pero el *archaeopterix* tenía muchos. Ninguna ave del presente tiene una cola con hueso, pero el *archaeopterix* sí. Sin embargo, a diferencia de cualquier reptil, extinto o moderno, el *archaeopterix* tenía plumas: sus alas y su cola estaba cubiertas de ellas. Los paleontólogos piensan que el *archaeopterix* y las aves del presente son descendientes de algún tipo de reptil, posiblemente de un dinosaurio.

Figura 1 Tal vez el extinto *archaeopterix* se veía así.

Figura 2 John James Audubon pintó esta garza azul en 1832. (© Colección de la New York Historical Society)

¿Qué es una ave?

Las **aves** actuales comparten varias características. **Las aves son vertebrados endotérmicos que tienen plumas, un corazón de cuatro cámaras y ponen huevos.** Las aves tienen escamas en las patas, evidencia de su descendencia de los reptiles. Además, la mayoría de las aves pueden volar.

El vuelo de las aves es un logro que las personas vemos con gozo y envidia. Todas las aves del presente: incluyendo avestruces, pingüinos, y otras que no pueden volar, evolucionaron de antepasados que podían volar.

El cuerpo de las aves está adaptado para el vuelo. Por ejemplo, los huesos de los miembros delanteros del ave forman alas. Además, como muchos de sus huesos son casi huecos, el cuerpo de las aves es bastante liviano. Las aves que vuelan tienen músculos grandes en el pecho que mueven las alas. Finalmente, las plumas son una adaptación importante que les ayudan a volar.

☑ *Punto clave* *Enumera cuatro adaptaciones de las aves para el vuelo.*

Plumas

La regla es esta: Si tiene plumas, es una ave. Las plumas probablemente evolucionaron de las escamas de los reptiles. Las plumas y las escamas de los reptiles están hechas del mismo material resistente que tus uñas.

Las aves tienen distintos tipos de plumas. Si alguna vez has recogido una del suelo, es probable que haya sido una pluma remera. Una **pluma remera** es una de las plumas grandes que dan forma al cuerpo del ave. Las plumas remeras largas que se extienden más allá del cuerpo en las alas y la cola se llaman plumas timoneras. Cuando una ave vuela, estas plumas le ayudan a mantener el equilibrio y seguir el rumbo.

Artes visuales CONEXIÓN

John James Audubon (1785-1851) era un artista americano que pintaba aves y otros tipos de animales. Audubon se crió en Francia. De niño le encantaba dibujar las aves que observaba cuando caminaba por el bosque. Más tarde, de adulto en América, empezó a estudiar y dibujar aves con seriedad, viajando a distintas partes del país en busca de distintas variedades de aves. Los cuatro volúmenes de la obra de Audubon, *Las aves de América*, publicados entre 1827 y 1838, contienen 435 ilustraciones de 489 especies distintas de aves. Las pinturas de Audubon, como la de la pequeña garza azul, son famosas por su precisión y detalles extraordinarios tanto como por su belleza.

En tu diario

Haz una lista de cinco observaciones que puedes hacer acerca de la pequeña garza azul en la pintura de Audubon, como la forma del pico y los colores del cuerpo. Después describe el ambiente de la garza.

En la Figura 3 se puede ver que una pluma remera está formada por un cañón central con muchas salientes parecidas a cabellos, llamadas barbas, dispuestas de manera paralela. Si examinaste una pluma remera en la actividad Descubre, sabes que puedes "abrir" la superficie plana separando las barbas. Cuando las aves vuelan, a veces sus plumas se "abren". Para mantener las plumas de vuelo en buenas condiciones, las aves muchas veces jalan las plumas con sus picos en una acción llamada acicalamiento. El acicalamiento vuelve a juntar las barbas, alisando las plumas desordenadas.

Figura 3 Las aves son los únicos animales con plumas. **A.** El plumón actúa como aislamiento para atrapar el calor junto al cuerpo del ave. **B.** Las plumas remeras, como esta de un grajo de Steller, le dan forma a la ave y la ayudan a volar. **Observar** *¿Dónde ves el plumón y las plumas de contorno en la familia de gansos emperador en la ilustración de arriba?*

INTEGRAR LA FÍSICA Aparte de las plumas remeras, las aves tienen **plumones**, que son plumas cortas y mullidas que atrapan el calor y mantienen al ave abrigada. Los plumones se encuentran junto a la piel, en la base de las plumas remeras. Los plumones son suaves y flexibles, a diferencia de las plumas remeras. Los plumones se entrelazan y se sobreponen, atrapando aire. El aire es un buen **aislante** (un material que no es un buen conductor de calor y ayuda a evitar que se escape). Al atrapar una capa de aire caliente junto a la piel del ave, los plumones hacen que la piel pierda calor con menor rapidez. En efecto, los plumones cubren al ave como si fueran ropa interior térmica y ligera.

☑ *Punto clave* ***¿Por qué crees que los edredones y las chamarras muchas veces se rellenan de plumón?***

Alimento y temperatura corporal

Las aves no tienen dientes. Para capturar, agarrar y manejar el alimento, usan el pico. Cada especie de ave tiene una forma de pico que la ayudar a alimentarse rápida y eficientemente. Por ejemplo, el pico puntiagudo y curvo del halcón actúa como un gancho de carne. Un halcón toma a su presa con las garras y usa su pico filoso para morder pedazos de carne. En contraste, el pico recto y puntiagudo del pájaro carpintero es un instrumento para picar la madera. Cuando este pájaro cincela un agujero en el árbol y encuentra un insecto apetecible, lo atraviesa con su lengua afilada.

Después de comer el alimento empieza la digestión. Cada órgano del sistema digestivo del ave está adaptado para procesar el alimento. Muchas aves tienen un depósito de almacenamiento interno, o **buche**, que les permite guardar alimento dentro del cuerpo después de tragarlo. Busca el buche en *Explorar una ave* y observa que está conectado al estómago.

La primera parte del estómago es estrecha con paredes delgadas. Aquí el alimento se humedece con sustancias químicas que lo empiezan a descomponer. El alimento parcialmente digerido pasa a la parte muscular del estómago de paredes gruesas, llamada **molleja**, que exprime y muele el alimento parcialmente digerido. Recuerda que las aves no tienen dientes: la molleja desempeña la función de moler que tienen los dientes. La molleja puede contener piedras pequeñas que el ave haya tragado. Las piedras ayudan a moler al frotarse con el alimento y triturarlo.

EXPLORAR *una ave*

Si caminas por un pastizal o una pradera en primavera, tal vez podrás escuchar el hermoso canto del pájaro triguero. Observa cómo su cuerpo está adaptado para el vuelo y para un alto nivel de actividad.

Como todos los animales, las aves usan el alimento que comen para obtener energía. Como las aves son endotermos, necesitan mucha energía para mantener la temperatura de su cuerpo. También necesitan una cantidad enorme de energía para los músculos que usan al volar. Todos los días un pájaro promedio consume alimento igual a aproximadamente un cuarto de su peso corporal. Cuando la gente dice "comes como pájaro", quieren decir que comes muy poco. Pero si realmente comieras como pájaro, comerías en grandes cantidades. ¡Tendrías que comer hasta 100 hamburguesas en un día!

Laboratorio de destrezas

Sacar conclusiones

OBSERVAR LAS SOBRAS DE UN BÚHO

En este experimento reunirás evidencias y sacarás conclusiones acerca de la dieta de un búho.

Problema

¿Qué puedes aprender de la dieta de los búhos al estudiar las pellas que regurgitan?

Materiales

pella de búho, lupa, aguja de disección, regla métrica, pinzas

Procedimiento

1. Una pella de búho es una colección de materiales sin digerir que un búho regurgita después de comer. Escribe una hipótesis de lo que piensas que contiene una pella de búho. Haz una lista con las razones de tu hipótesis.
2. Observa con una lupa el exterior de la pella de búho. Anota tus observaciones.
3. Con una mano, toma la pella con las pinzas y con la otra usa la aguja de disección con cuidado para separar la pella en pedazos. **PRECAUCIÓN:** *Las agujas de disección son filosas. Nunca cortes el material hacia ti; siempre corta en dirección opuesta a tu cuerpo.*
4. Usa las pinzas y la aguja de disección con cuidado para separar los huesos del resto de la pella. Quita cualquier pelaje de los huesos.

Transferir oxígeno a las células

Las células necesitan mucho oxígeno para liberar la energía contenida en los alimentos. Se necesita mucha energía para volar. Por eso, las aves necesitan una manera altamente eficiente de transferir oxígeno al cuerpo y a las células. Las aves tienen un sistema de sacos de aire en su cuerpo que está conectado a los pulmones. Con ellos, las aves pueden obtener mucho más oxígeno de cada respiración que los otros animales.

El sistema circulatorio de las aves también es eficiente para transferir oxígeno a las células. A diferencia de los anfibios y de la mayoría de los

Musaraña	Ratón casero	Ratón de campo	Topo	Rata
		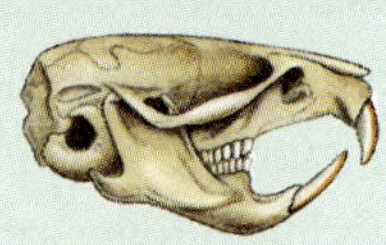		
Mandíbula superior con por lo menos 18 dientes; éstos son cafés. El cráneo mide 23 mm o menos.	Mandíbula superior con 2 dientes para morder y se extiende más allá de la quijada. El cráneo mide 22 mm o menos.	Mandíbula superior con 2 dientes para morder que son lisos, no acanalados. El cráneo mide más de 23 mm.	Mandíbula superior con por lo menos 18 dientes. El cráneo mide 23 mm o más.	Mandíbula superior con 2 dientes para morder. Mandíbula superior se extiende más allá de la quijada. El cráneo mide 22 mm o más.

5. Agrupa los huesos similares en montones distintos. Observa los cráneos y dibújalos. Anota el número de cráneos, su longitud, y el número, la forma y el color de los dientes.
6. Usa la tabla de esta página para determinar qué tipo de cráneos encontraste. Si no coinciden exactamente con la tabla, anota el animal al que el cráneo se parece más.
7. Trata de armar los huesos restantes para formar esqueletos completos o parciales. Dibuja tus resultados.
8. Lávate las manos perfectamente con jabón al terminar.

Analizar y concluir

1. ¿De cuántos animales eran los restos que encontraste en la pella? ¿Qué datos te llevaron a esa conclusión?
2. Combina tus resultados con los de tus compañeros. ¿Cuáles fueron los animales hallados con mayor frecuencia? ¿Cómo se comparan estos resultados con tu hipótesis?
3. Los búhos regurgitan alrededor de dos pellas por día. En base a los datos de la clase, ¿qué puedes concluir acerca del número de animales que un búho podría comer en un mes?
4. **Piensa en esto** En este experimento pudiste examinar sólo la parte de la dieta del búho que no digirió. ¿Cómo podría afectar este hecho las conclusiones que sacaste?

Explorar más

Diseña un estudio para investigar cómo la dieta del búho varía en distintas épocas del año. Da un ejemplo de una conclusión que obtendrías de un estudio de ese tipo.

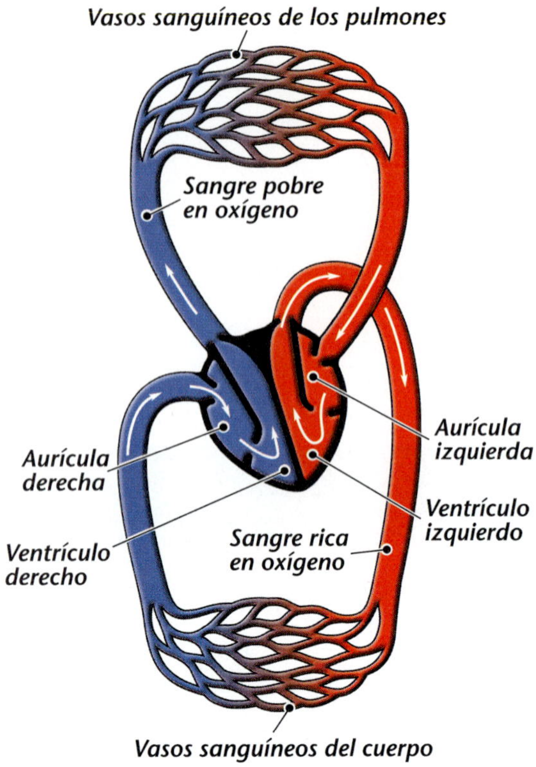

Figura 4 El corazón de las aves tiene cuatro cámaras. Observa que el lado izquierdo del corazón está completamente separado del lado derecho. Esta separación evita que la sangre rica en oxígeno se mezcle con sangre pobre en oxígeno. ***Comparar y contrastar*** *Contrasta el sistema circulatorio del ave con el del anfibio, pobre en muestra en la página 96, Figura 13. ¿En qué se diferencian los sistemas circulatorios?*

reptiles, cuyo corazón tiene tres cámaras, las aves tienen un corazón de cuatro cámaras: dos aurículas y dos ventrículos. Traza la trayectoria de la sangre por el sistema circulatorio de dos circuitos del ave en la Figura 4. El lado derecho del corazón del ave bombea sangre a los pulmones, donde la sangre toma oxígeno. Esta sangre rica en oxígeno regresa al lado izquierdo del corazón, que la bombea al resto del cuerpo. La ventaja de un corazón de cuatro cámaras es que la sangre rica en oxígeno no se mezcla con la sangre con poco oxígeno. Por eso, la sangre que llega a los tejidos del cuerpo tiene mucho oxígeno.

Sistema nervioso y sentidos

Para volar, las aves necesitan tener reacciones muy rápidas. Para apreciarlo, imagina con qué rapidez tendrías que reaccionar si fueras un gorrión tratando de posarte en la rama de un árbol. Te acercas al árbol con la cabeza por delante y entras en la enramada. Al acercarte, tienes sólo un instante para encontrar un lugar donde puedas pararte sin peligro y sin chocar con las otras ramas. Si las aves tuvieran reacciones lentas, no vivirían por mucho tiempo.

Una ave puede reaccionar con tanta rapidez debido a su cerebro bien desarrollado y a sus muy afinados sentidos de la vista y el oído. El cerebro del ave controla actividades tan complejas como volar, cantar y buscar alimento. La mayoría de las aves tienen mejor vista que los humanos. Por ejemplo, un buitre volando puede ver alimento en el suelo desde una distancia de un kilómetro y medio. Algunas aves tienen además un oído excelente. ¿Cómo tener una percepción del oído tan fina ayuda a un búho a buscar presa en un bosque oscuro?

Reproducirse y cuidar a las crías

Como los reptiles, las aves tienen fecundación interna y ponen huevos. Los huevos de las aves son parecidos a los huevos de los reptiles, pero el cascarón es más duro. En la mayoría de las especies de aves, la hembra pone los huevos en un nido que ha sido preparado por uno o por ambos padres.

Los huevos de ave sólo se desarrollarán a una temperatura similar a la temperatura del cuerpo de la madre o el padre. La madre o el padre por lo general se sienta encima de los huevos para mantenerlos calientes. En algunas especies, la incubación de los huevos es el trabajo de uno de los padres. Por ejemplo, el petirrojo hembra incuba sus delicados huevos azules. En otras especies, como las palomas, las padres se turnan para incubar los huevos.

El tiempo que tardan los polluelos en desarrollarse para salir del huevo varía. Los huevos del gorrión tardan alrededor de 12 días. Los huevos de gallina tardan aproximadamente 21 días, y los huevos del albatros alrededor de 80 días. En general, cuanto más grande sea la especie de ave, más largo es su periodo de incubación.

Figura 5 Este pájaro tejedor norteño de antifaz literalmente teje un nido de pasto. El nido terminado será como una bolsa con un solo hueco pequeño del tamaño del pájaro. La entrada pequeña ayuda a proteger los huevos y crías contra los depredadores.

Cuando está listo para salir, el polluelo picotea el cascarón. Algunos polluelos recién salidos del cascarón, como el azulejo americano y el petirrojo, no tienen plumas, son ciegos y tan débiles que apenas pueden levantar la cabeza para pedir alimento. Otros polluelos, como el pato, el pollo y el faisán, están cubiertos plumón y pueden correr poco después de salir del huevo. La mayoría de las aves padres alimentan y protegen a sus crías por lo menos hasta que puedan volar.

☑ *Punto clave* *¿En qué se diferencian los huevos de ave de los huevos de reptil?*

Diversidad de aves

Con casi 10,000 especies, las aves son los vertebrados terrestres más diversos. **Además de las adaptaciones para volar, las aves tienen adaptaciones (como la forma de pata, garras y pico) para vivir en ambientes muy diversos.** Por ejemplo, las patas y los dedos largos de las aves zancudas, como la garza y la grulla, facilitan el vadeo, y los dedos de las aves trepadoras, como los jilgueros y los cenzontles, pueden agarrarse de una rama u otra percha automáticamente. Los picos de los patos les permiten filtrar plantas y animales diminutos del agua. Las aves también tienen adaptaciones para volar, encontrar pareja y cuidar a las crías. En la siguiente página puedes ver una variedad de adaptaciones de las aves en *Explorar las aves.*

INTÉNTALO

Examinar huevos

ACTIVIDAD

Como los huevos de los reptiles, los huevos de las aves protegen al embrión en desarrollo, le proporcionan alimento y evitan que se deshidrate.

1. Observa la superficie del huevo de gallina con una lupa. Con cuidado, abre el huevo en un tazón. No rompas la yema.
2. Nota la membrana que se pega a la parte interior del cascarón. Después observa el extremo puntiagudo del cascarón. ¿Qué ves?
3. Llena de agua una parte del cascarón. ¿Qué observas?
4. Encuentra la yema. ¿Cuál es su función?
5. Busca la pequeña mancha blanca en la yema. Esta marca el lugar donde se hubiera desarrollado el embrión si el huevo hubiera sido fecundado.
6. Lávate las manos con jabón.

Observar Haz un dibujo rotulado del huevo que identifica cada estructura y describe su función.

EXPLORAR las aves

Cada ave tiene adaptaciones que la ayudan a vivir en su medio ambiente. Observa cómo el pico y las patas de estas aves les ayudan a sobrevivir.

▲ ***Comeabejas***
Este comeabejas arco iris se alimenta de abejas y de otros insectos que captura al volar. Los comeabejas, que se encuentran en África, Europa, Australia y Asia, ayudan a controlar las plagas de insectos como la langosta.

▲ ***Aves zancudas***
La espátula rosa se encuentra en el sur de Estados Unidos y en una gran parte de América del Sur. La espátula rosa atrapa animales pequeños al arrastrar en el agua su pico aplanado hacia adelante y hacia atrás.

▲ ***Pájaros carpintero***
El pájaro carpintero con cresta es el pájaro carpintero más grande de América del Norte (un adulto miden en promedio 44 cm de longitud). Este pájaro carpintero se alimenta de insectos que encuentra en los agujeros que cincela en los árboles.

Avestruces
El avestruz, que habita en África, es el ave viviente más grande. No puede volar pero puede correr a una velocidad mayor que 60 kilómetros por hora. Su rapidez le ayuda a escapar de los depredadores. ▼

Aves carroñeras
El cernícalo americano, un halcón pequeño, busca alimento al quedarse suspendido en el aire, observando el suelo. Cuando ve una presa, como un insecto, desciende y atrapa la presa al vuelo. Los cernícalos se encuentran en todo el mundo. ◄

◀ ***Búhos***
Los búhos son depredadores nocturnos. La agudeza de su vista y su oído los ayuda a localizar a su presa en la oscuridad. Algunos búhos, como este búho águila, cazan incluso animales grandes como venados.

▲ ***Aves trepadoras***
Hay más de 5,000 especies de aves trepadoras. Representan más de la mitad de todas las especies de aves en el mundo. El pinzón, un pájaro que come semillas, vive en el sur de Estados Unidos y en el norte de México.

Por qué las aves son importantes

Caminar en el bosque o en el parque sería aburrido sin las aves. No escucharías sus cantos melodiosos y no las verías volar con gracia de un árbol a otro. También nos beneficiamos de las aves en forma práctica. Las aves y sus huevos nos proporcionan alimento, y las plumas se usan para rellenar almohadas y ropa.

INTEGRAR LAS CIENCIAS DEL SMBIENTE Las aves también desempeñan un papel importante en el medio ambiente. Los pájaros que se alimentan de néctar, como los colibríes, llevan polen de una flor a otra, facilitando la reproducción de algunas flores. Los pájaros que comen semillas, como el pinzón, llevan las semillas de las plantas a lugares nuevos. Esto ocurre cuando el pájaro come las frutas o semillas de una planta, vuela a otro lugar y desecha algunas semillas en los restos digestivos. Además, las aves son los depredadores principales de animales nocivos. Los halcones y búhos comen muchos ratones y ratas, y muchas aves trepadoras se alimentan de insectos nocivos.

Repaso de la sección 1

1. ¿Qué características tienen en común las aves actuales y los reptiles? ¿En qué se diferencian las aves de los reptiles?
2. Escoge dos especies de ave y describe cómo están adaptadas para obtener alimento en su medio ambiente.
3. Predice de qué manera el tamaño de las cosechas de cultivos se podría afectar si las aves desaparecieran de la Tierra.
4. **Razonamiento crítico** **Comparar y contrastar** Compara las plumas remeras con los plumones; observa las similitudes y diferencias.

PROYECTO DEL CAPÍTULO 4

Comprueba tu aprendizaje

Ya debiste haber colocado tu comedero para pájaros. Al empezar a hacer las observaciones, usa una guía del campo para identificar las especies de aves. Cuenta y anota el número de cada especie que aparece. También observa su comportamiento. ¿Durante cuánto tiempo permanecen en el comedero? ¿Cómo responden las aves a otras de su especie y a los mamíferos? Busca indicios de que algunas aves tratan de dominar a otras.

SECCIÓN 2 La física del vuelo de las aves

DESCUBRE

ACTIVIDAD

¿Qué sostiene a aviones y aves en el aire?

1. Corta de tu cuaderno una tira de papel de 5 cm de ancho y 28 cm de largo. Mete 5 cm de la tira en medio de un libro. El resto de la tira debe quedar colgando en la orilla.
2. Levanta el libro para que la tira esté más abajo que tu boca.
3. Sopla suavemente por encima de la tira y observa qué ocurre. Después sopla con más fuerza.

Reflexiona sobre

Predecir Si una fuerte corriente de aire pasara por encima del ala extendida de una ave, ¿qué le sucedería?

GUÍA DE LECTURA

- **¿Por qué las aves pueden volar?**

Sugerencia de lectura **Antes de leer, observa la Figura 6 en la página 131. Después haz una predicción acerca de cómo el ala de una ave se parece a la de un avión.**

Desde la antigüedad, las personas han soñado volar como las aves. En los primeros experimentos con máquinas voladoras, las personas se pegaban plumas a los brazos o se sujetaban alas con plumas. Después de muchos fracasos, aterrizajes violentos y huesos fracturados, la gente aprendió que el secreto de volar no estaba en las plumas. Para que un objeto vuele, éste tiene que ser liviano. Otra clave del vuelo, tanto para aves e insectos como para aviones, es la forma de las alas y la manera en que el aire se mueve por ellas.

Cómo se mueve el aire por las alas

Todos los objetos en tierra están rodeados por un océano invisible de aire. El aire es una mezcla de moléculas de gas que ejercen presión sobre los objetos que rodean. Puedes ver los resultados de la presión barométrica

▼ Búho en vuelo

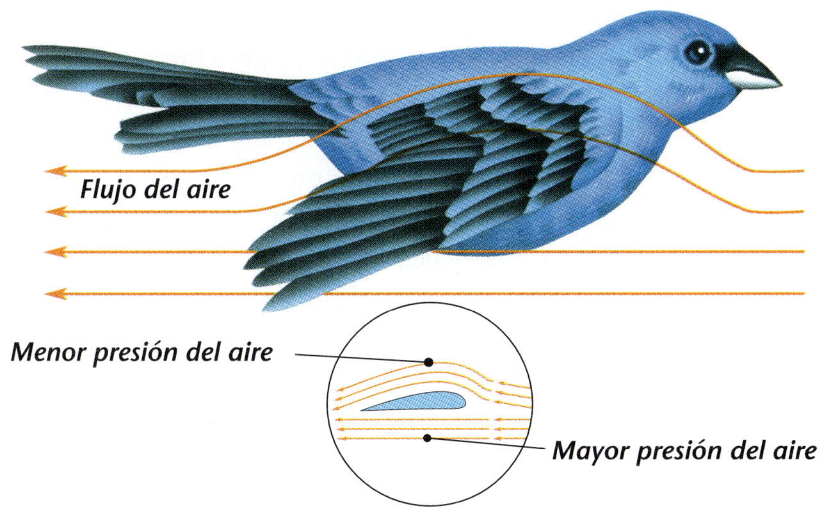

Figura 6 El aire se mueve más rápido por la superficie superior del ala que por la superficie inferior. El aire en movimiento rápido ejerce menos presión que el aire en movimiento lento. ***Relacionar causa y efecto*** *¿Cómo esta diferencia de presión ayuda a las aves a volar?*

cuando inflas un globo. La presión de las moléculas de aire que empujan los lados del globo hacen que el globo se expanda.

El aire en movimiento ejerce menor presión que el aire que no está en movimiento. Cuanto más rápido se mueve el aire, menor presión ejerce. En la actividad Descubre, el aire soplado por la parte superior de la tira de papel estaba en movimiento. El aire en movimiento encima de la tira hizo menos presión que el aire baja del papel, por lo que el aire elevó la tira.

Como la tira de papel, el ala está rodeada por moléculas de aire que ejercen presión en la superficie del ala. La superficie inferior del ala, ya sea de una ave, un insecto o un avión, es más plana que la superficie superior. Esta diferencia de las formas de las superficies superior e inferior del ala ayuda a las aves, insectos y aviones a volar. En la Figura 6 se puede ver que la superficie superior curva del ala es un poco más larga que la superficie plana inferior. Cuando el ala se mueve hacia delante, el aire pasa por la distancia más larga de arriba del ala en el mismo tiempo que toma para pasar por la distancia más corta bajo el ala. Por consiguiente, el aire se mueve más rápido por la superficie superior.

Como el aire que se mueve rápido ejerce menos presión que el aire que se mueve lentamente, el aire encima del ala ejerce menos presión que el aire bajo el ala. **La diferencia en presión arriba y abajo del ala del ave produce una fuerza ascendente que causa que el ala se eleve.** Esa fuerza ascendente se llama **fuerza ascensional**.

☑ ***Punto clave*** *¿En qué se diferencia la presión del aire encima del ala en movimiento de la presión del aire bajo el ala?*

Aves en vuelo

La forma del ala no es suficiente para que el ave pueda volar: necesita una forma de elevarse del suelo. Para lograrlo, el ave empuja con las patas. También tiene que moverse hacia adelante, porque la fuerza ascensional depende del movimiento del aire por sus alas. Al mismo tiempo que el

INTÉNTALO

Aviones de papel

ACTIVIDAD

Aquí descubrirás cómo la forma del ala es importante para el vuelo.

1. Con un compañero, diseña un avión de papel con alas como las de un ave. Puedes usar cualquiera de estos materiales: papel, cinta adhesiva, pegamento, sujetapapeles, cordel, ligas de hule y grapas. Haz un bosquejo de tu diseño.
2. Construye tu "avión-pájaro" y efectúa uno o dos vuelos de prueba. Si es necesario, modifica tu diseño y vuelve a probarlo.
3. Comparen su diseño con los de otros grupos. ¿Qué diseños tuvieron mayor éxito?

Hacer modelos ¿En qué se parece el vuelo de tu avión al vuelo de un pájaro? ¿En qué se diferencia?

Figura 7 Al planear cerca de la superficie del océano, este alcatraz busca un banco de escombros o arenques. Cuando su búsqueda tiene éxito, se clavará en el agua para reclamar su presa.

ave se empuja, jala fuertemente sus alas hacia abajo. Este movimiento hacia abajo proporciona la fuerza que empuja al ave hacia adelante y hacia arriba.

Una vez en el aire, las aves vuelan de muchas maneras. Todas las aves aletean por lo menos parte del tiempo. El aleteo requiere mucha energía. La mayoría de las aves pequeñas, como los gorriones, dependen mucho del aleteo. Los gansos canadienses y muchas otras aves que viajan largas distancias también usan el aleteo.

A diferencia del aleteo, al deslizarse y planear implica poco movimiento de las alas. Las aves se deslizan y planean con las alas extendidas, como se ve en la Figura 7. Al deslizarse, las aves se elevan gracias a las corrientes de aire cálido. En contraste, al planear, las aves se mueven hacia abajo en el aire. Como se requiere menos movimiento de alas, el deslizarse y planear se usa menos energía que en el aleteo.

A veces las aves vuelan con una combinación de deslizamiento y planeación. Suben "por el ascensor" al entrar volando en una corriente de aire caliente que sube. Las aves despliegan las alas y se mueven en círculos dentro de la columna de aire. Muy alto en la atmósfera, la columna de aire cálido se enfría y deja de ascender. En este punto, el ave "se baja por el ascensor" y entonces empieza a deslizarse hacia abajo hasta llegar al siguiente ascensor de aire "que sube". Las aves depredadoras que ven a su presa desde el aire, como los halcones, muchas veces se deslizan y planean.

El halcón peregrino, una ave depredadora, es una de las más rápidas para volar. Captura su presa (muchas veces otras aves como las palomas) al vuelo. Cuando persigue a su presa, la velocidad del halcón peregrino puede llegar hasta 300 kilómetros por hora. Pero no siempre es útil para las aves volar rápido. Las aves migratorias que viajan grandes distancias vuelan lento pero seguro, normalmente de 30 a 70 kilómetros por hora. Aprenderás más sobre la migración de las aves en el Capítulo 5.

Repaso de la sección 2

1. ¿Cómo se relacionan la fuerza ascensional y la presión del aire?
2. Explica cómo se eleva una ave del suelo y empieza a volar.
3. Compara y contrasta el aleteo, el deslizamiento y la planeación.
4. **Razonamiento crítico** **Relacionar causa y efecto** Si una ave pierde demasiadas plumas remeras, ya no puede volar. Relaciona esto con la función de las plumas de darle forma al ala.

PROYECTO DEL CAPÍTULO 4

Comprueba tu aprendizaje

Mientras continúas tus observaciones del comedero para pájaros, presta atención a la forma en que se alimentan dos o tres tipos de aves. Fíjate en la forma del pico y cómo lo usan para tomar y abrir las semillas. Observa cómo mueven las cabezas al alimentarse. También fíjate si algunas aves prefieren ciertos tipos de semilla. Escribe tus observaciones detalladas en tu cuaderno.

SECCIÓN 3

¿Qué es un mamífero?

DESCUBRE

ACTIVIDAD

¿Cómo son los dientes de los mamíferos?

1. Antes de empezar, lávate las manos. Con un espejo pequeño, examina las formas de tus dientes. Observa los dientes incisivos (los de adelante); los dientes caninos puntiagudos; los premolares que siguen de los caninos, y los molares, que son los dientes grandes de la parte posterior de tu mandíbula.
2. Compara y contrasta la estructura de los tipos de dientes.

3. Usa tu lengua para sentir las superficies cortantes de los diferentes tipos de dientes de tu boca.
4. Muerde un pedazo de galleta y mastícalo. Observa qué dientes usas para morder y masticar. Lávate las manos cuando hayas terminado.

Reflexiona sobre

Inferir ¿Cuál es la ventaja de tener dientes de diferentes formas?

En lo alto de las montañas Himalaya del Tíbet, varios yaks avanzan poco a poco en fila india, por un estrecho desfiladero. El despeñadero se hunde vertiginosamente miles de metros valle abajo y un paso en falso significaría un desastre. Pero los yaks van muy seguros con sus pesadas cargas de cereales; lentos pero seguros, atraviesan y cruzan las montañas.

Los yaks, que son parientes de las vacas, tienen pulmones grandes y un sistema complejo de músculos pectorales que les permite respirar profunda y rápidamente. Estas estructuras permiten a los yaks obtener el oxígeno necesario para sobrevivir en grandes alturas. Las personas que viven en las montañas de Asia central han dependido de los yaks durante miles de años. Los yaks no sólo cargan materiales para el comercio, sino también jalan arados y proporcionan leche. Los aldeanos de las montañas tejen mantas del pelo de los yaks y usan la piel para hacer zapatos y cuerdas.

El yak es un miembro del grupo de vertebrados llamado **mamíferos**, un grupo diverso que comparte muchas características. **Los mamíferos son vertebrados endotérmicos que tienen corazón de cuatro cámaras y piel cubierta de pelaje o pelo. Las crías de la mayoría de los mamíferos nacen y se alimentan con leche producida en el cuerpo de la madre.** Además, los mamíferos tienen dientes de distintas formas que están adaptados a su dieta.

GUÍA DE LECTURA

- **¿Qué características tienen en común los mamíferos?**

Sugerencia de lectura **Al leer esta sección, escribe uno o dos enunciados para resumir la información de cada encabezado.**

▼ **Yak himalaya**

Hoy en día existen alrededor de 6,000 especies de mamíferos. Hay mamíferos que tal vez nunca hayas visto, como canguros y ñus y otros que conoces, como perros, gatos, murciélagos y ratones.

Los mamíferos hacen su aparición

Hace doscientos setenta millones de años, antes de la aparición de los dinosaurios, y mucho antes de la aparición de las aves, había un grupo de animales con una mezcla de características de reptiles y mamíferos. Parecían más reptiles que mamíferos, pero eran como mamíferos en ciertos aspectos, como la forma de los dientes. Estos reptiles como mamíferos, que se extinguieron hace 160 millones de años, eran los antepasados de los mamíferos actuales.

Los primeros mamíferos eran animales pequeños, del tamaño de un ratón, que vivían en hábitats dominados por dinosaurios. Estos primeros mamíferos podrían haber sido nocturnos, activos de noche, presumiblemente cuando los dinosaurios estaban inactivos o dormidos. Fue sólo después de la desaparición de los dinosaurios, hace alrededor de 65 millones de años, que evolucionaron los primeros mamíferos.

La mayoría de los mamíferos, como el canguro y la jirafa, se especializó para vivir en tierra. Otros, como el delfín, se adaptaron a la vida en las aguas, y otros, como los murciélagos, para volar.

Pelaje y pelo

Todos los mamíferos tienen pelaje o pelo en alguna etapa de su vida. Como los plumones de una ave, el pelaje grueso proporciona un aislante liviano que conserva el calor del cuerpo. El pelaje y el pelo ayudan a los mamíferos a mantener una temperatura estable en climas fríos. Cada

Figura 8 La cantidad de pelaje o pelo que cubre el cuerpo de los mamíferos varía mucho. **A.** Los hipopótamos viven en lugares cálidos como África y tienen poco pelo. **B.** El lobo gris vive al norte de Norteamérica, tiene pelaje grueso durante los meses fríos de invierno. Sin embargo, en el verano, su pelaje es más delgado. ***Comparar y contrastar*** *Compara la función del pelaje o pelo de un mamífero con la de los plumones.*

hebra de pelo o pelaje está compuesta de células muertas fortalecidas con el mismo material resistente que las plumas. El pelo crece de células vivas ubicadas bajo la superficie de la piel.

La cantidad de pelo que cubre la piel del mamífero varía mucho de un grupo a otro. Algunos mamíferos, como la ballena y el manatí, sólo tienen unas cuantas cerdas. Otros, como el perro y la comadreja, tienen pelaje corto y grueso. El pelaje de la nutria marina es el más grueso de todos en algunas partes del cuerpo, una nutria marina puede tener 150,000 pelos por centímetro cuadrado. El cuerpo humano está cubierto de pelo, pero en algunas partes los pelos están muy esparcidos.

En general, los animales que viven en climas fríos tienen el pelaje más grueso que animales de ambientes más cálidos, como puedes ver al contrastar el hipopótamo y el lobo en la Figura 8. Los mamíferos como los lobos y los conejos, que viven en lugares donde las estaciones frías y cálidas alternan normalmente, tienen el pelaje más grueso en invierno que en verano.

El pelaje no es la única adaptación que permite a los mamíferos vivir en climas fríos. Los mamíferos también tienen una capa de grasa bajo la piel. La grasa, como el pelaje y las plumas, es un material aislante que mantiene el calor dentro del cuerpo. Recuerda que los mamíferos son endotermos, que significa que su cuerpo produce suficiente calor para mantener una temperatura estable no obstante la temperatura ambiente.

☑ **Punto clave** *¿Cuál es la función principal del pelaje o pelo?*

INTÉNTALO

Mamíferos aislados

ACTIVIDAD

En esta actividad, descubrirás si la grasa es un aislante efectivo.

1. Ponte un par de guantes de hule.
2. Unta una capa gruesa de manteca vegetal en la parte exterior de uno de los guantes y deja el otro sin manteca.
3. Mete ambas manos en una cubeta o lavamanos con agua fría.

Inferir ¿Qué mano se enfrió más rápido? Explica cómo se relaciona esta actividad con las adaptaciones de los mamíferos.

Dientes

Los endotermos necesitan una gran cantidad de energía para mantener su temperatura, y esa energía viene del alimento. Los dientes de los mamíferos están adaptados para masticar el alimento, triturándolo en pedazos pequeños fáciles de digerir. A diferencia de los reptiles y los peces, cuyos dientes son uniformes, la mayoría de los mamíferos tienen dientes con cuatro formas. Los dientes **incisivos** son de borde plano y se usan para morder y cortar el alimento. Los **caninos** son dientes puntiagudos que atraviesan el alimento y lo desgarran. Los **premolares** y **molares** muelen y desmenuzan el alimento.

El tamaño, la forma y la dureza de los dientes de los mamíferos reflejan su dieta. Por ejemplo, los caninos de los carnívoros son grandes y filosos. Los carnívoros grandes, como el león y el tigre, usan los caninos como ganchos para detener su presa mientras la matan. Los molares de los herbívoros, como el venado y la marmota, tienen superficies anchas y planas ideales para moler y machacar plantas.

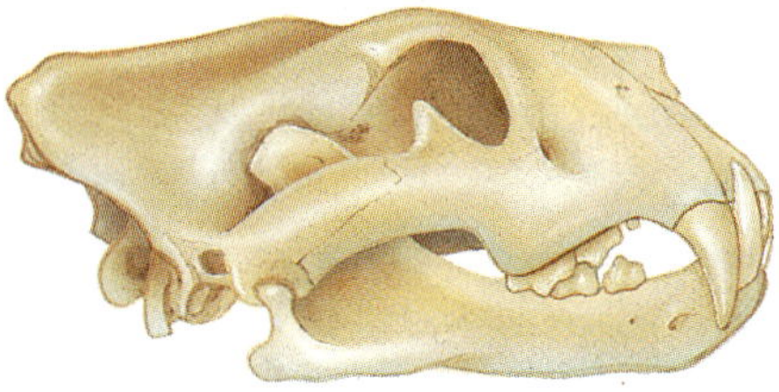

Figura 9 Los leones tienen dientes puntiagudos y filosos. Observa los dientes caninos muy largos. ***Inferir*** *¿Qué tipo de dieta tienen los leones?*

Llevar oxígeno a las células

Para liberar energía, las moléculas del alimento se tienen que combinar con oxígeno en el interior de las células. Por eso, el mamífero necesita una manera eficiente de llevar oxígeno al cuerpo y a las células que lo necesitan.

Como los reptiles y las aves, todos los mamíferos tienen pulmones para respirar. Los mamíferos inhalan y exhalan por la acción combinada de los músculos de las costillas y un músculo grande, **el diafragma**, ubicado en la parte inferior del pecho. Los pulmones tienen una superficie húmeda donde el oxígeno se disuelve y pasa a la corriente sanguínea.

Como las aves, los mamíferos tienen un corazón de 4 cámaras y una circulación de 2 circuitos. Uno bombea sangre pobre en oxígeno del corazón a los pulmones y de regreso. El otro bombea sangre rica en oxígeno del corazón a los tejidos del cuerpo del mamífero y de regreso al corazón.

☑ *Punto clave* *¿Cómo introducen aire en su cuerpo los mamíferos?*

Sistema nervioso y sentidos

El sistema nervioso y los sentidos del animal reciben información del ambiente y coordinan sus movimientos. El cerebro de los mamíferos les permite aprender, recordar y comportarse de manera compleja. Por ejemplo, las ardillas se alimentan de nueces. Para comerlas, tienen que romper la cáscara y sacar el fruto. Las ardillas aprenden distintos métodos para abrir

diferentes tipos de nueces, dependiendo de la ubicación del punto débil de cada cáscara.

Los sentidos de los mamíferos están altamente desarrollados y adaptados a las maneras de vivir de las especies individuales. El tarsero, que es activo de noche, tiene ojos enormes que le permiten ver en la oscuridad. Los humanos, monos, gorilas y chimpancés pueden ver a colores. Esta cualidad es muy útil porque son mamíferos más activos durante el día, cuando los colores son visibles.

La mayoría de los mamíferos oye bien. El murciélago incluso usa su sentido del oído para orientarse. Los murciélagos emiten chillidos de tono alto que rebotan en los objetos. El eco le da al murciélago la información acerca de la forma y la distancia de los objetos que lo rodean. Los murciélagos usan el oído para volar de noche y capturar insectos al vuelo.

Casi todos los mamíferos tienen el sentido del olfato altamente desarrollado. Muchos mamíferos, como el perro y el gato, rastrean a su presa con el olfato. Al detectar el olor de un depredador que se acerca, el antílope usa su sentido del olfato para protegerse.

Movimiento

Una de las funciones del sistema nervioso de los mamíferos consiste en dirigir y coordinar movimientos complejos. Ningún otro grupo de vertebrados se puede mover de tantas maneras como los mamíferos. Como la mayoría de los mamíferos, el camello y el leopardo tienen cuatro miembros y pueden caminar y correr. Otros mamíferos de cuatro miembros tienen maneras propias de moverse. Por ejemplo, el canguro salta, el gibón usa los brazos para columpiarse de rama en rama, y la ardilla voladora planea desde perchas altas. El topo usa sus fuertes miembros delanteros para cavar en el suelo; en cambio, el murciélago está adaptado para volar: sus miembros delanteros son alas. La ballena, el delfín y otros mamíferos marinos no tienen miembros traseros: sus miembros delanteros son aletas adaptadas para nadar en el agua.

Mejora tus destrezas

Clasificar

A diferencia de los humanos, las aves y los murciélagos vuelan. ¿Esto significa que los murciélagos están más estrechamente relacionados con las aves que con los humanos? Usa los diagramas de abajo para hallar la respuesta. Los diagramas muestran los huesos de los miembros delanteros del ave, el murciélago y el humano. Observa con atención las similitudes y diferencias. Después decide cuáles son los dos animales que están relacionados más estrechamente. Proporciona evidencias que apoyen tu clasificación.

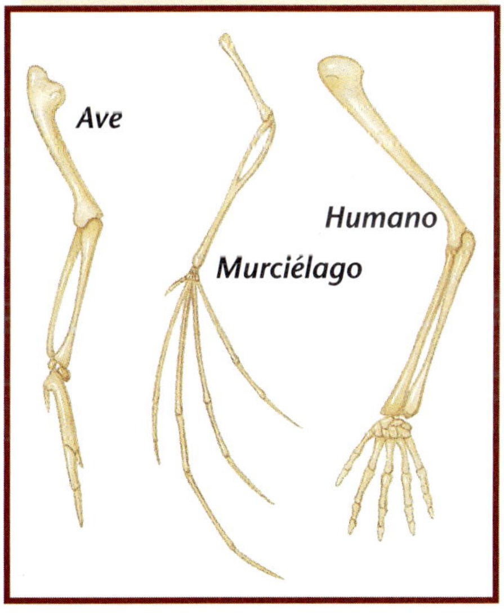

Figura 10 Los mamíferos, como esta gacela sudafricana, tienen el cerebro grande. El cerebro de la gacela sudafricana procesa información compleja acerca de su ambiente y rápidamente se decide por una acción apropiada.

Figura 11 Esta joven jirafa se alimenta de leche producida por la madre, como todos los jóvenes mamíferos.

Reproducción y cuidado de las crías

Como los reptiles y las aves, los mamíferos tienen fecundación interna. Aunque unos cuantos tipos de mamíferos ponen huevos con cascarón, las crías de la mayoría de los mamíferos se desarrollan dentro del cuerpo de la madre y nunca están dentro de un cascarón. Todos los mamíferos, aun los que ponen huevos, alimentan a sus crías con leche producida en las **glándulas mamarias**. De hecho, la palabra *mamífero* viene del término *mamaria*.

Los mamíferos jóvenes normalmente son indefensos durante un largo periodo después de nacer. Muchos nacen sin un abrigo de pelaje aislante. Sus ojos están sellados y pueden permanecer así durante semanas. Por ejemplo, los cachorros de oso negro sorprenden por lo diminutos que son al nacer. Los cachorros ciegos y casi sin pelo tienen una masa de entre 240 a 330 gramos (son del tamaño de una toronja pequeña). La masa de un oso negro adulto, en cambio, varía de 120 a 150 kilogramos, aproximadamente 500 veces la masa de un cachorro recién nacido.

Los mamíferos jóvenes normalmente permanecen con la madre o con ambos padres durante un periodo prolongado. Después de aprender a caminar, los cachorros del oso negro siguen a la madre por un año, aprendiendo cómo ser un oso. Aprenden cosas que son importantes para su supervivencia, como qué hongos y bayas son buenos para comer y cómo romper un tronco podrido para hallar adentro larvas deliciosas. Durante el invierno, cuando los osos negros pasan por un periodo de inactividad, los osos jóvenes permanecen con su madre. En la mayoría de los casos, ésta los obliga a independizarse en primavera.

Repaso de la sección 3

1. Menciona cinco características que todos los mamíferos tienen en común.
2. Menciona tres características que los mamíferos comparten con las aves. Menciona tres diferencias entre ambos.
3. Relaciona la forma de los dientes de cualquier mamífero con su dieta.
4. Explica cómo un sentido del oído agudo es una ventaja para el murciélago.
5. **Razonamiento crítico Hacer generalizaciones** ¿Qué características permiten a los mamíferos vivir en ambientes más fríos que los reptiles?

Las ciencias en casa

Con un miembro de tu familia, examina los datos de nutrición de un envase de leche entera. ¿Qué nutrientes contiene la leche entera? Comenta por qué la leche es la fuente ideal de alimento para los jóvenes mamíferos en crecimiento.

Laboratorio real

Tú, el consumidor

MANTENER EL CALOR

Cuando te pones un suéter o calcetines de lana, usas la adaptación de un mamífero para mantenerse caliente. Imagina que un fabricante afirma que sus calcetines de lana mantienen los pies igual de calientes sin importar si los calcetines están mojados o secos. Experimenta y pruébalo.

Problema

¿Los productos de lana son aislantes para el frío? ¿La lana es un buen aislante cuando está mojada?

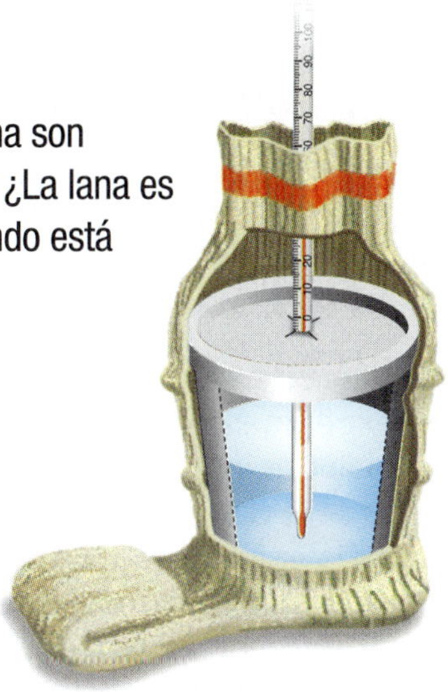

Enfoque en las destrezas

controlar variables, interpretar datos

Materiales

agua caliente del grifo
vaso de precipitado, 1 L
reloj
tijeras
3 termómetros
papel cuadriculado
un par de calcetines de lana
agua del grifo a temperatura ambiente
3 recipientes, 250 mL, con tapa

Procedimiento

1. Pon un recipiente dentro de un calcetín de lana seco. Moja el segundo calcetín con agua a temperatura ambiente y exprímelo. Mete el segundo recipiente en el calcetín mojado. Deja el tercer recipiente sin tapar.
2. Crea una tabla de datos, con los recipientes en la primera columna. Agrega 4 columnas para las temperaturas del agua.
3. Corta una "X" pequeña en el centro de cada tapa. La X debe ser suficientemente grande para que entre el termómetro.
4. Llena el vaso de precipitados con 800 mL de agua caliente del grifo. Vierte suficiente agua para casi llenar cada recipiente. **PRECAUCIÓN:** *Evita derramar el agua caliente sobre ti o sobre los demás.*
5. Coloca la tapa en cada uno de los recipientes e inserta un termómetro al agua por el hueco en la tapa. Cierra los calcetines alrededor de los termómetros de los dos primeros recipientes para que éstos queden totalmente cubiertos.
6. Inmediatamente mide la temperatura del agua de cada recipiente y anótala en la tabla de datos. Toma la lectura de la temperatura cada 5 minutos durante por lo menos 15 minutos.

Analizar y concluir

1. Haz una gráfica con tus resultados. Usa un color distinto para representar cada recipiente. Grafica el tiempo en minutos en el eje horizontal y la temperatura en el eje vertical.
2. Compara los cambios de temperatura de los tres recipientes. Relaciona tus resultados con las características del aislante de lo que cubre la piel de los mamíferos.
3. **Aplicar** Imagina que un anuncio para guantes de lana dice que los guantes mantienen las manos calientes aunque se mojen. ¿Tus resultados apoyan esta declaración? ¿Por qué?

Crear un experimento

Crea un experimento para comparar las propiedades aislantes de la lana con las de otros materiales naturales (como el algodón) o materiales sintéticos (como el acrílico). Pide la aprobación de tu maestro para realizar el experimento.

CIENCIAS Y SOCIEDAD

Los animales y la investigación médica

En laboratorios de todo el mundo, los científicos buscan la cura del cáncer, el SIDA y otras enfermedades. Cada año, usan millones de animales en sus investigaciones, principalmente para probar medicamentos y procedimientos quirúrgicos. Esto podría salvar millones de vidas humanas, pero pueden lastimar y hasta matar a los animales.

Temas de debate

¿Por qué usan animales para las investigaciones? Si alguna vez has usado un antibiótico u otro medicamento, los experimentos con animales te han ayudado. La Oficina de Alimentos y Drogas de Estados Unidos requiere que las medicinas nuevas se apliquen en animales de prueba antes que en humanos. Mediante pruebas los investigadores saben si el medicamento funciona y qué dosis es la adecuada. Gracias a la investigación con animales muchas enfermedades se pueden tratar o prevenir. Nuevos tratamientos para el SIDA, el cáncer y el mal de Alzheimer también dependerán de estas pruebas.

¿Con qué animales se prueba? Los animales más comunes son ratones, ratas y otros mamíferos pequeños. Éstos se reproducen rápidamente y los científicos pueden estudiar muchas generaciones en un año. Como los simios y los monos se parecen a los humanos en muchos aspectos, se usan para probar tratamientos. Los investigadores usan animales que sufren de enfermedades comunes en los humanos. Por ejemplo, los perros cócker español que padecen glaucoma (enfermedad de los ojos que puede causar ceguera). Los cirujanos pueden probar nuevos tratamientos quirúrgicos en los perros cócker español.

¿Qué sucede con los animales de prueba? En un experimento típico de laboratorio, un grupo de animales es infectado un una enfermedad. Después se le da un medicamento para ver si combate la enfermedad. En muchos casos, los animales sufren y algunos mueren. Algunas personas se preocupan de que los animales de laboratorio no reciban los cuidados necesarios.

¿Cuáles son las alternativas? Existen otros métodos de prueba. Por ejemplo, se pueden usar modelos computarizados para probar los medicamentos o tratamientos quirúrgicos. Otro método es mezclar medicamentos con células de animales cultivadas en cajas de Petri. Desafortunadamente, ni un modelo computarizado ni un experimento con células son tan útiles como realizar pruebas en animales vivos.

Tú decide

1. Identifica el problema

Escribe un enunciado para describir la controversia acerca de usar animales en la investigación médica.

2. Analiza las opciones

Repasa las distintas posiciones. ¿Es aceptable usar animales para pruebas? ¿Es aceptable para unos animales pero no para otros? ¿Usar animales para la investigación es aceptable? Haz una lista de las ventajas y desventajas de cada opción.

3. Encuentra una solución

Imagina que eres un científico que ha encontrado una posible cura para un tipo de cáncer. El medicamento se tiene que probar en animales pero sabes que podrían dañarlos. ¿Qué harías? Apoya tu opinión con razones sólidas.

SECCIÓN 4 Diversidad de mamíferos

DESCUBRE — ACTIVIDAD

¿Por qué es útil el pulgar?

1. Con cinta adhesiva, pega tu pulgar a la palma de la mano que usas para escribir de manera que no puedas moverlo. La cinta debe mantener inmóvil tu pulgar, pero no los otros dedos.
2. Toma un lápiz con la mano de la cinta y trata de escribir tu nombre.
3. Deja la cinta durante 5 minutos. Durante ese tiempo, trata de usar la mano para hacer actividades cotidianas como levantar un libro, doblar las hojas, y desatar y atar las agujetas.

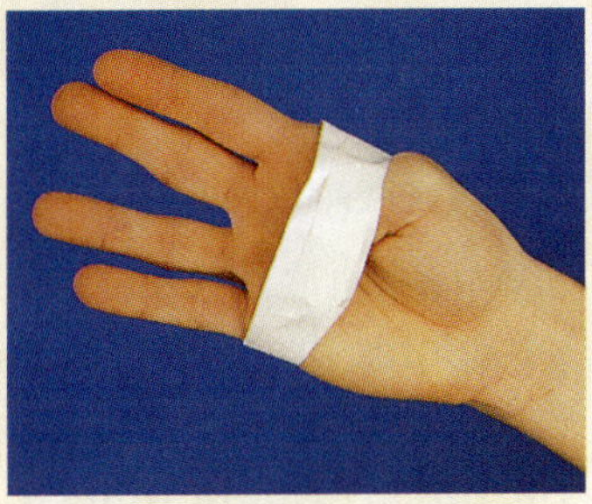

4. Quita la cinta y repite todas las actividades que intentaste realizar con el pulgar pegado. Observa la posición y la acción del pulgar y los otros dedos al realizar cada actividad.

Reflexiona sobre

Inferir Los humanos, los chimpancés y los gorilas tienen pulgares que pueden tocar los otros cuatro dedos. ¿Qué ventaja representa ese tipo de pulgar para el animal?

¿En qué se parece un koala a un panda? Los dos son animales peludos que lucen amables y comen hojas. ¿Qué diferencia hay entre un koala y un panda? Sorprendentemente, el koala y el panda pertenecen a grupos de animales muy distintos: el koala es un marsupial y el panda es un mamífero placentario. **Los miembros de los tres grupos de mamíferos (monotremas, marsupiales y mamíferos placentarios) se clasifican según la manera en que se desarrollan sus crías.**

GUÍA DE LECTURA

- **¿Qué característica se usa para clasificar a los mamíferos en tres grupos?**

Sugerencia de lectura **Al leer esta sección, escribe una definición con tus propias palabras para cada término científico nuevo.**

Panda gigante (izquierda) y koala (derecha)

Figura 12 El equidna, izquierda, y el ornitorrinco, derecha, podrían compartir el premio de "El mamífero más extraño". Ambos son monotremas, los únicos mamíferos cuyas crías nacen de huevos.

Monotremas

Si organizaras un concurso de "El mamífero más extraño del mundo", los ganadores probablemente serían el equidna y el ornitorrinco. Hay dos especies de equidna y sólo una especie de ornitorrinco; todas viven en Australia y Nueva Guinea. Son las únicas especies de monotremas que viven hoy en día. Los **monotremas** son mamíferos que ponen huevos.

Equidnas Estos monotremas parecen alfileteros con nariz larga. Tienen espinas filosas por todo el pelaje café. Los equidnas comen hormigas que desentierran con sus fuertes garras.

El equidna hembra pone de uno a tres huevos de cascarón coriáceo directamente en la bolsa del vientre. Las crías salen de los huevos, pero se quedan en la bolsa y beben la leche que brota de los poros de la piel de la madre. Permanecen en la bolsa hasta la edad de seis u ocho semanas, cuando sus espinas empiezan a molestar a la madre, y las saca de su bolsa.

Ornitorrincos El ornitorrinco tiene patas palmeadas y pico, pero también tiene pelaje y alimenta a sus crías con leche. El ornitorrinco, que vive en el agua, construye un laberinto de túneles en el lodo de la orilla. La hembra pone los huevos en un nido subterráneo. Aproximadamente dos semanas más tarde salen las crías. Después de salir, las crías diminutas se alimentan bebiendo la leche que brota del pelaje del vientre de la madre.

Marsupiales

Koalas, canguros, demonio de Tasmania, walabi y zarigüeyas son de los marsupiales más conocidos. Los **marsupiales** son mamíferos cuyas crías nacen vivas, pero en una etapa temprana del desarrollo, y normalmente continúan su desarrollo dentro de una bolsa en el cuerpo de la madre. Alguna vez los marsupiales eran muy comunes, pero hoy en día se encuentran principalmente en Sudamérica, Australia y Nueva Guinea. Las zarigüeyas son los únicos marsupiales que se encuentran en América del Norte.

Los marsupiales tienen un **periodo de gestación** muy corto, es decir, el tiempo entre la fecundación y el nacimiento. Por ejemplo, el periodo de gestación de la zarigüeya es sólo de aproximadamente 13 días. Los marsupiales recién nacidos son diminutos (los recién nacidos de una especie de zarigüeya miden sólo 10 milímetros). Al nacer, los marsupiales son ciegos, sin pelo y de color rosa. Se arrastran en el pelaje húmedo del vientre de la madre hasta llegar a la bolsa. Una vez en la bolsa, encuentran uno de los pezones y se pegan a él. Permanecen en la bolsa por lo menos hasta que tengan el tamaño suficiente para asomarse por la abertura.

Figura 13 Los canguros grises, arriba, y las zarigüeyas, abajo, son marsupiales, mamíferos cuyas crías viven por un tiempo en la bolsa de la madre. *Clasificar ¿En que se diferencian los marsupiales de los monotremas?*

Canguros El marsupial más grande es el canguro. Habita en Australia e islas cercanas. Algunos canguros macho miden más de 2 metros, más que la mayoría de los humanos. El canguro tiene patas traseras muy fuertes para saltar y una cola larga que lo ayuda a mantener el equilibrio. Un canguro hembra sólo pare una cría a la vez, ésta recibe el nombre de joey. Los canguros son herbívoros y se alimentan de hojas y pastos.

Zarigüeyas La zarigüeya es un omnívoro común que sale de su nido al atardecer en busca de frutas, plantas, insectos u otros animales pequeños para comer. Las zarigüeyas son buenas trepadoras. Pueden agarrarse de las ramas con su cola larga. Si un depredador la ataca, muchas veces la zarigüeya "juega al muerto": su cuerpo se relaja, su boca se abre y hasta saca la lengua. Las zarigüeyas hembras pueden parir hasta 21 crías a la vez, pero la mayoría sólo tienen 13 pezones. Las primeras 13 crías de la zarigüeya en llegar a la bolsa son las que sobreviven.

☑ *Punto clave* ***¿Qué hacen las crías de los marsupiales inmediatamente después de nacer?***

Mamíferos placentarios

A diferencia de un monotrema o un marsupial, un **mamífero placentario** se desarrolla dentro del cuerpo de la madre hasta que sus sistemas corporales funcionan independientemente. En *Explorar mamíferos placentarios* en la página siguiente, verás algunos miembros de este grupo.

EXPLORAR *mamíferos placentarios*

Desde los diminutos topos hasta los enormes elefantes, los mamíferos placentarios tienen una gran variedad de tamaños y formas de cuerpo. Observa cómo cada grupo está adaptado para obtener alimento o para sobrevivir en un ambiente específico.

▲ Comedores de insectos
El topo de hocico estrellado y sus parientes tienen dientes de superficies filosas para cortar. Los topos de hocico estrellado pasan gran parte del tiempo en el agua, buscando presas con sus hocicos sensibles como tentáculos.

Mamíferos voladores ▲
Los murciélagos vuelan pero son mamíferos y no aves. Las alas de los murciélagos están cubiertas de piel delgada que se estira de la muñeca a las puntas de los huesos largos de los dedos.

▲ Conejos y liebres
Los mamíferos que saltan, como esta liebre de cola negra, tienen patas traseras largas adaptadas para saltos espectaculares. El conejo y la liebre tienen dientes incisivos largos y curvos para roer.

Roedores ▲
Los roedores son mamíferos que roen, tal es el caso de ratas, castores, ardillas, ratones y el puerco espín norteamericano que se muestra aquí. Sus dientes están adaptados para moler el alimento. Los cuatro dientes incisivos de la mayoría de los roedores siguen creciendo durante toda la vida, pero constantemente se desgastan al roer.

▲ Primates
Este grupo de mamíferos con cerebro grande incluye humanos, monos y simios como este chimpancé. Muchos primates tienen pulgar oponible (que puede tocar los otros cuatro dedos). El pulgar oponible hace que la mano sea capaz de realizar movimientos complejos, como apretar y lanzar.

▲ **Mamíferos edentados**
Los perezosos, como el que se muestra aquí, son mamíferos sin dientes, igual que el armadillo. Aunque unos cuantos miembros de este grupo poseen dientes pequeños, la mayoría carece de ellos.

▲ **Mamíferos con pezuñas**
Los mamíferos con pezuñas se dividen en dos grupos: los que tienen un número par de dedos y los que tienen un número non de dedos. Las vacas, los venados y los puercos tienen un número par de dedos; los caballos y cebras tienen un número non.

Carnívoros ►
Esta nutria de río pertenece al grupo conocido como carnívoros, o comedores de carne. Otros mamíferos de este grupo incluyen perros, gatos, mapaches, osos, comadrejas y focas. Sus grandes dientes caninos y dedos con garras ayudan a los carnívoros a capturar y comerse a su presa.

Mamíferos con trompa ▲
La nariz del elefante es un trompa larga que usa para recolectar alimento y agua.

Mamíferos marinos
Las ballenas, los manatíes y estos delfines manchados del Atlántico son mamíferos que viven en el océano y que evolucionaron de antepasados parecidos a las vacas que vivían en tierra. El cuerpo de los mamíferos marinos no muestra rastro externo de miembros traseros, aunque sí se han encontrado en sus antepasados fosilizados. ▼

Figura 14 Los mamíferos jóvenes normalmente requieren muchos cuidados de sus padres. En una cuesta rocosa de Alaska, esta oveja de Dall, un mamífero placentario, vigila cuidadosamente a su cordero.

El nombre de este grupo viene de **placenta**, un órgano en mamíferos hembras embarazadas que pasa materiales entre la madre y el embrión en desarrollo. Alimento y oxígeno pasan de la madre a su cría por medio de la placenta. Los desechos pasan de la cría por la placenta a la madre, cuyo cuerpo los elimina. El cordón umbilical une el feto con la placenta. La mayoría de los mamíferos, incluidos los humanos, son mamíferos placentarios.

Los mamíferos placentarios se clasifican en grupos con base en características como de qué manera se alimentan y cómo están adaptados sus cuerpos para moverse. Por ejemplo, ballenas, delfines y marsopas forman un grupo de mamíferos con adaptaciones para nadar. Los mamíferos del grupo de los carnívoros, como gatos, perros, nutrias y focas son depredadores con dientes caninos agrandados. Los primates (monos, simios y humanos) tienen el cerebro grande y ojos en el frente. Además, los miembros delanteros de muchos primates tienen adaptaciones para apresar. Por ejemplo, el pulgar humano puede tocar los otros cuatro dedos. Como aprendiste en la actividad Descubre, es difícil asir objetos si no usas el pulgar.

Los mamíferos placentarios varían en la duración del periodo de gestación. En general, cuanto más grande es el mamífero placentario, más largo es el periodo de gestación. Por ejemplo, el elefante africano es el mamífero placentario terrestre más grande. El periodo de gestación de un elefante es en promedio de 21 meses. Un ratón casero, en cambio, pare después de un periodo de gestación sólo de aproximadamente 20 días.

Repaso de la sección 4

1. Explica la diferencia en el desarrollo de las crías de monotremas, marsupiales y mamíferos placentarios.
2. ¿Qué función tiene la placenta?
3. Describe las adaptaciones para alimentarse de tres grupos de mamíferos placentarios.
4. **Razonamiento crítico** **Inferir** Muchos animales con pezuñas se alimentan en grupos grandes o manadas. ¿Qué ventaja podría tener esta conducta?

PROYECTO DEL CAPÍTULO 4

Comprueba tu aprendizaje

Continua observando el comportamiento de las aves en tu comedero para pájaros y anota las observaciones en tu cuaderno. Ya llegó la hora de planear tu presentación. Quizás quieras incluir la siguiente información en tu presentación: dibujos de las distintas aves que observaste, descripciones detalladas del comportamiento de las aves y otras observaciones interesantes que hiciste. (*Sugerencia:* Prepara gráficas de barras para presentar los datos numéricos, como el número de veces que las diferentes especies visitaron el alimentador.)

GUÍA DE ESTUDIO

SECCIÓN 1 Aves

Ideas clave

- Las aves son vertebrados endotérmicos que tienen plumas, un corazón de cuatro cámaras y ponen huevos. La mayoría de las aves puede volar.
- Las plumas de contorno le dan forma al cuerpo del ave y la ayudan a volar. El plumón proporciona aislante.
- Las aves cuidan a sus crías al mantener calientes los huevos y al proteger a las crías por lo menos hasta que puedan volar.
- Las aves tienen adaptaciones, como la forma de los dedos y picos, para vivir y obtener alimento en distintos medios ambientes.

Términos clave

ave
pluma remera
plumón
aislante
buche
molleja

SECCIÓN 2 La física del vuelo de las aves

INTEGRAR LA FÍSICA

Ideas clave

- El aire que corre por la superficie curva superior de una ala en movimiento ejerce menos presión hacia abajo que la presión hacia arriba del aire que corre debajo del ala. La diferencia en la presión produce fuerza ascensional que causa que el ala suba.
- Las aves vuelan de tres maneras distintas: vuelo por aleteo, deslizamiento y planeación. El vuelo por aleteo requiere más energía que deslizarse o planear.

Término clave

fuerza ascensional

SECCIÓN 3 ¿Qué es un mamífero?

Ideas clave

- Los mamíferos son vertebrados endotérmicos, con piel cubierta de pelaje o pelo, que alimentan a sus crías con leche de las glándulas mamarias de la madre, y tienen dientes de distintas formas adaptados para su dieta.
- El pelaje o pelo del mamífero proporciona aislante que ayuda a reducir la pérdida del calor corporal.
- Los mamíferos usan un músculo grande llamado diafragma para inhalar y exhalar. Los mamíferos tienen un corazón de cuatro cámaras y circulación de dos circuitos.

Términos clave

mamífero
dientes incisivos
caninos
premolares
molares
diafragma
glándula mamaria

SECCIÓN 4 La diversidad de los mamíferos

Ideas clave

- Los mamíferos se clasifican en tres grupos con base en cómo se desarrollan las crías. Los monotremas ponen huevos. Los marsupiales paren crías que continúan desarrollándose en una bolsa de la madre. Las crías de los mamíferos placentarios se desarrollan a un mayor grado antes de nacer que las crías de los marsupiales.
- Los mamíferos placentarios se dividen en grupos con base en las adaptaciones, como aquellas para alimentarse y moverse.

Términos clave

monotrema
marsupial
periodo de gestación
mamífero placentario
placenta

ACTIVIDAD USAR LA INTERNET
www.science-explorer.phschool.com

CAPÍTULO 4 REPASO

Repaso del contenido

Para repasar los conceptos clave, consulta el Interactive Student Tutorial CD-ROM.

Opción múltiple

Elige la letra de la respuesta correcta.

1. ¿Cuál de estas características se encuentra sólo en las aves?
   a. escamas
   b. alas
   c. plumas
   d. corazón de cuatro cámaras
2. Un corazón de cuatro cámaras es una ventaja porque
   a. mantiene separadas la sangre rica en oxígeno y la sangre con poco oxígeno.
   b. permite la mezcla de la sangre rica en oxígeno y la sangre con poco oxígeno.
   c. la sangre puede circular rápidamente.
   d. retarda el flujo de la sangre.
3. ¿Qué causa la fuerza ascensional que permite que se levante el ala del ave?
   a. presión del aire reducida bajo el ala
   b. presión del aire reducida arriba del ala
   c. aire que no está en movimiento
   d. la propulsión
4. ¿Qué músculo ayuda a los mamíferos a mover aire dentro y fuera de los pulmones?
   a. el músculo del aire b. el diafragma
   c. la placenta d. la gestación
5. El canguro, el koala y la zarigüeya son
   a. monotremas.
   b. primates.
   c. marsupiales.
   d. mamíferos placentarios.

Falso o verdadero

Si el enunciado es verdadero, escribe verdadero. Si es falso, cambia la palabra o palabras subrayadas para hacer verdadero el enunciado.

6. El archaeopterix muestra el nexo entre aves y reptiles.
7. La molleja del ave muele el alimento.
8. Cuanto más lento se mueva el aire, menos presión ejerce.
9. El pelaje y los plumones tienen una función parecida.
10. Los marsupiales son mamíferos que ponen huevos.

Revisar los conceptos

11. Explica cómo el esqueleto del ave está adaptado para el vuelo.
12. ¿Cómo se relaciona la habilidad de volar del ave con la forma de las alas?
13. Explica cómo se deslizan aves como los buitres que usan las corrientes del aire al volar.
14. Contrasta la estructura y la función de los dientes incisivos y molares.
15. Identifica y nombra dos maneras en que los mamíferos están adaptados para vivir en climas fríos.
16. ¿Qué habilidad tiene un mamífero para ejercitar una función de su sistema nerviosos?
17. ¿En qué difiere el cuerpo del delfín del cuerpo de un animal de tierra?
18. **Escribir para aprender** Eres un cineasta que se prepara para realizar un documental acerca del equidna. Primero piensa en un título para la película. Después planea dos escenas que incluirías en el documental y escribe el guión del narrador. Tus escenas deben mostrar cómo es el animal y qué hace.

Razonamiento gráfico

19. **Tabla para comparar y contrastar** La siguiente tabla compara tres grupos de mamíferos. Cópiala en una hoja de papel. Después completa la tabla y agrega un título. (Para más información acerca de las tablas para comparar y contrastar consulta el Manual de destrezas.)

Característica	Monotremas	Marsupiales	Mamíferos placentarios
Cómo empiezan las crías su vida	a. ?	b. ?	c. ?
Cómo se alimentan las crías	leche de los poros o aberturas en la piel de la madre	d. ?	e. ?
Ejemplo	f. ?	g. ?	h. ?

Aplicar las destrezas

La siguiente tabla de datos muestra el periodo aproximado de gestación de varios mamíferos y el tiempo aproximado que esos mamíferos cuidan a sus crías después de nacer. Usa la información en la tabla para contestar las preguntas 20–22.

Mamífero	Periodo de gestación	Tiempo que cuidan a las crías después de nacer
Musaraña	0.75 meses	1 mes
Chimpancé	8 meses	24 meses
León marino	11 meses	0.75 meses
Elefante	21 meses	24 meses
Lince	2 meses	8 meses

20. **Graficar** Decide qué tipo de gráfica sería mejor para mostrar los datos de la tabla. Después construye dos gráficas, una para el periodo de gestación y otra para el tiempo que cuidan a las crías.
21. **Interpretar datos** ¿Qué mamíferos de la tabla cuidan a las crías durante más tiempo? ¿Durante menos tiempo?
22. **Sacar conclusiones** ¿Cuál parece ser la relación entre el tamaño del mamífero y el tiempo que cuida a las crías? ¿Qué animal sería una excepción a esta relación?

Razonamiento crítico

23. **Predecir** Si se alimentara a un roedor con una dieta de alimentos blandos que no tuviera que roer, ¿cómo serían sus dientes de adelante después de varios meses?
24. **Hacer generalizaciones** ¿Qué relación hay entre si un animal es un endotermo y si tiene un corazón de cuatro cámaras? Relaciónalo con la necesidad que el animal tiene de energía.
25. **Comparar y contrastar** ¿Por qué se podría considerar a los monotremas como un nexo entre reptiles y mamíferos?

Evaluación del rendimiento

PROYECTO DEL CAPÍTULO 4

Para terminar

Presenta tu proyecto Al presentar tu proyecto a la clase, muestra las gráficas, tablas y dibujos que hiciste. No olvides incluir una descripción de las maneras en que comen las aves y ejemplos interesantes del comportamiento de las aves que observaste.

Reflexiona y anota En tu diario, analiza el grado del éxito del proyecto. ¿Estaba el comedero ubicado en un buen lugar para atraer a las aves y observarlas? ¿Llegaron muchas aves al comedero? Si no, ¿por qué? ¿Cuáles son las ventajas y limitaciones de usar guías del campo para identificar a las aves? ¿Qué aprendiste al completar el proyecto?

Participa

En tu comunidad Muchas comunidades tienen albergues para animales, donde se busca hogar para animales sin dueño. Encuentra un albergue en o cerca de tu comunidad. Averigua cómo encuentran esos hogares y cómo se cuida a los animales. ¿Qué requisitos hay para que una familia adopte un animal? Crea una hoja de datos acerca del albergue. Con el permiso de tu maestro, fíjala o repártela en tu escuela.

CAPÍTULO 5

Comportamiento animal

Lo que encontrarás

Sección 1 ¿Por qué se comportan así los animales?

Descubre ¿Qué puedes observar del comportamiento de los vertebrados?
Mejora tus destrezas Predecir
Inténtalo Fórmalas en línea
Laboratorio de destrezas Sé un detective del aprendizaje

Sección 2 Patrones de comportamiento

Descubre ¿Cómo puedes expresarte sin palabras?
Inténtalo Abejas obreras
Laboratorio real Una para todas

Integrar la química

Sección 3 La química de la comunicación

Descubre ¿Puedes relacionar los olores?

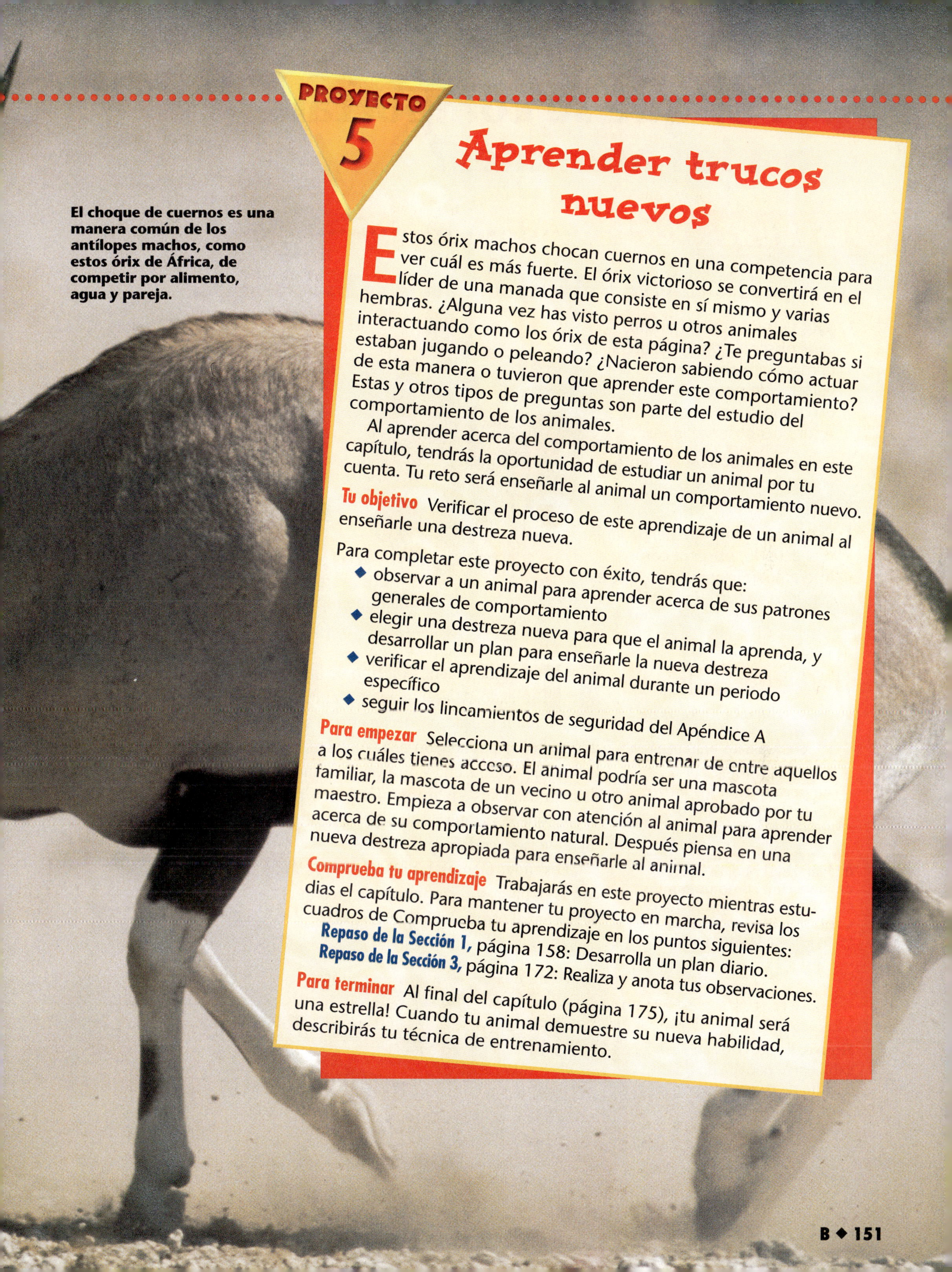

El choque de cuernos es una manera común de los antílopes machos, como estos órix de África, de competir por alimento, agua y pareja.

PROYECTO 5

Aprender trucos nuevos

Estos órix machos chocan cuernos en una competencia para ver cuál es más fuerte. El órix victorioso se convertirá en el líder de una manada que consiste en sí mismo y varias hembras. ¿Alguna vez has visto perros u otros animales interactuando como los órix de esta página? ¿Te preguntabas si estaban jugando o peleando? ¿Nacieron sabiendo cómo actuar de esta manera o tuvieron que aprender este comportamiento? Estas y otros tipos de preguntas son parte del estudio del comportamiento de los animales.

Al aprender acerca del comportamiento de los animales en este capítulo, tendrás la oportunidad de estudiar un animal por tu cuenta. Tu reto será enseñarle al animal un comportamiento nuevo.

Tu objetivo Verificar el proceso de este aprendizaje de un animal al enseñarle una destreza nueva.

Para completar este proyecto con éxito, tendrás que:

- observar a un animal para aprender acerca de sus patrones generales de comportamiento
- elegir una destreza nueva para que el animal la aprenda, y desarrollar un plan para enseñarle la nueva destreza
- verificar el aprendizaje del animal durante un periodo específico
- seguir los lineamientos de seguridad del Apéndice A

Para empezar Selecciona un animal para entrenar de entre aquellos a los cuáles tienes acceso. El animal podría ser una mascota familiar, la mascota de un vecino u otro animal aprobado por tu maestro. Empieza a observar con atención al animal para aprender acerca de su comportamiento natural. Después piensa en una nueva destreza apropiada para enseñarle al animal.

Comprueba tu aprendizaje Trabajarás en este proyecto mientras estudias el capítulo. Para mantener tu proyecto en marcha, revisa los cuadros de Comprueba tu aprendizaje en los puntos siguientes:

Repaso de la Sección 1, página 158: Desarrolla un plan diario.
Repaso de la Sección 3, página 172: Realiza y anota tus observaciones.

Para terminar Al final del capítulo (página 175), ¡tu animal será una estrella! Cuando tu animal demuestre su nueva habilidad, describirás tu técnica de entrenamiento.

SECCIÓN 1

¿Por qué se comportan así los animales?

DESCUBRE

ACTIVIDAD

¿Qué puedes observar del comportamiento de los vertebrados?

1. Durante unos minutos, observa con atención el comportamiento de un vertebrado pequeño, como un gerbo o pez dorado. Anota tus observaciones.
2. Coloca un poco de alimento cerca del animal y observa qué hace.
3. Si hay otros animales en la jaula o el acuario, observa cómo interactúan los animales, ¿pelean?, ¿se limpian?, ¿se ignoran?

4. Golpea suavemente en la jaula o en el acuario y observa cómo reacciona el animal. Toma nota de otros eventos que parecen hacer que el animal cambie su comportamiento (de descansar a moverse, por ejemplo).

Reflexiona sobre

Predecir ¿En qué circunstancias podrías esperar que el comportamiento de un animal cambiara de repente?

GUÍA DE LECTURA

- **¿Cuáles son las funciones de la mayoría de los comportamientos de los animales?**
- **¿Cómo se compara el comportamiento instintivo con el comportamiento aprendido?**

Sugerencia de lectura **Antes de leer, reescribe las cabezas de la sección como preguntas con *¿cómo?, ¿por qué?* o *¿qué?* Conforme leas, escribe las respuestas a las preguntas.**

Un anolis macho (un tipo de lagartija) está parado en un lugar soleado. Al acercarse otro anolis, el primero empieza a bajar y subir la cabeza y pecho en una serie de lagartijas rápidas. Debajo del cuello, la papada, un pedazo holgado de piel color rojo brillante, se infla y se desinfla, una y otra vez. Los anolis se miran con fijeza, parecen dos dinosaurios en miniatura listos para la batalla. Parece que el primer anoli dice: "Este lugar es mío. ¡Si no te vas, tendrás que pelear!"

Los movimientos, las miradas y el alarde con la papada son comportamientos que advierten al otro macho que se vaya.

Figura 1 Estos dos anolis exhiben su papada en una disputa de territorio.

El **comportamiento** de un animal consta de todas las acciones que realiza: lo que hace para obtener alimento, evitar depredadores y encontrar pareja. Para comprender a los animales es importante no sólo conocer su estructura corporal sino también cómo y por qué se comportan así. Como las estructuras corporales, los comportamientos de los animales son adaptaciones que han evolucionado durante mucho tiempo.

La mayoría de los comportamientos son un proceso complicado en que distintas partes del cuerpo del animal trabajan en conjunto. El primer anoli vio al segundo anoli con los ojos e interpretó lo que vio con el cerebro. Su cerebro y sistema nervioso dirigieron los músculos para desempeñar el movimiento hacia arriba y de exhibir la papada roja brillante.

Figura 2 Cuando una estrella de mar hambrienta halla una almeja, la almeja actúa por estímulo. La respuesta de la estrella de mar es acercarse a la almeja, tomar la concha de la almeja con sus pies tubulares y abrirla. Después, la estrella de mar coloca su estómago dentro de la concha y consume la almeja. ***Aplicar los conceptos*** *¿Por qué es importante este comportamiento para la supervivencia de la estrella de mar?*

Por qué el comportamiento es importante

Cuando un animal busca alimento o se esconde para evitar a un depredador, obviamente está haciendo algo que lo ayuda a mantenerse vivo. Cuando los animales buscan pareja y construyen nidos para las crías, se están comportando de una manera que los ayuda a reproducirse. **La mayoría de los comportamientos ayudan al animal a sobrevivir o reproducirse.**

Como un ejemplo de un comportamiento de supervivencia, considera qué sucede cuando una corriente de agua lleva un crustáceo pequeño a los tentáculos de una hidra. Después de que las células urticantes paralizan la presa, los tentáculos se doblan y jalan al crustáceo capturado a la boca de la hidra. Al mismo tiempo, la boca de la hidra se abre para recibir el bocado. Si los tentáculos no jalaran el bocado hacia la boca de la hidra, o si la boca no se abriera, la hidra no podría llevar alimento a su cuerpo. Si la hidra no se alimentara se moriría.

El crustáceo pequeño actuaba como un estímulo para la hidra. Un **estímulo** es una señal que provoca una reacción en el organismo. La reacción del organismo al estímulo se llama **respuesta**. La hidra respondió al crustáceo al paralizarlo y comerlo. Todo comportamiento animal es provocado por estímulos. Algunos estímulos provienen del ambiente externo del animal y otros, como el hambre, pueden provenir del cuerpo del animal. La respuesta de un animal puede incluir acciones externas, cambios internos (como un ritmo cardíaco acelerado) o ambos.

☑ ***Punto clave*** *Da un ejemplo de un estímulo al cual respondería una hidra.*

Mejora tus destrezas

Predecir

ACTIVIDAD

Los halcones, que tienen el cuello corto, devoran polluelos de gaviota. Los gansos, de cuello largo, no devoran polluelos. Cuando los polluelos de gaviota recién salidos del cascarón ven la sombra de un ave, se agazapan por instinto. Cuando los polluelos crecen, siguen agazapándose al ver la sombra de un halcón, pero aprenden a no agazaparse al ver la sombra de un ganso. Predice cómo los polluelos de gaviota más grandes se comportarán cuando ven sombras de aves en las formas de A, B y C. ¿Qué tipo de aprendizaje muestra este comportamiento? Explica tu respuesta.

A

B

C

Comportamiento instintivo

Algunos comportamientos animales tienen que aprenderse, otros son innatos, el animal sabe realizar algunas actividades por **instinto**, sin tener que aprenderlas. Un instinto es un patrón de comportamiento innato y que un animal realiza correctamente desde la primera vez. Por ejemplo, un canguro recién nacido se arrastra a la bolsa de su madre y se pega a un pezón por instinto. También por instinto, una ninfa de libélula saca la mandíbula inferior para capturar cualquier animal del tamaño de un bocado que se acerque. La ninfa de libélula no ha sido instruida para capturar alimento. En cambio, sabe por instinto cómo usar el aparato masticatorio para ese fin. El comportamiento de invertebrados como insectos, equinodermos y gusanos es instintivo.

Como los comportamientos aprendidos, los comportamientos instintivos son respuestas a estímulos. Por ejemplo, las lombrices de tierra se alejan de una luz fuerte por instinto. La luz es el estímulo y las lombrices de tierra responden al alejarse de ella.

El comportamiento de las lombrices de tierra en respuesta a la luz fuerte es bastante sencilla. Sin embargo, algunos comportamientos instintivos son complejos. Por instinto, las arañas tejen telarañas complicadas sin equivocarse. La mayoría de las aves construyen sus nidos sin ser instruidas.

✓ *Punto clave* *¿Qué es el comportamiento instintivo?*

Aprendizaje

Piensa en la primera vez que montaste bicicleta. Probablemente no lo lograste la primera vez que lo intentaste, primero tuviste que aprender cómo. El **aprendizaje** es el proceso que conduce a cambios del comportamiento a partir de la práctica o la experiencia. En general, cuánto más grande sea el cerebro de un animal, más puede aprender.

A diferencia de los instintos, los comportamientos aprendidos son el resultado de la experiencia, normalmente no se realizan perfectamente la primera vez. Los cachorros de león tienen que practicar muchas veces antes de matar una presa con éxito. Gradualmente, al participar en la caza e imitar el comportamiento de la madre, los cachorros aprenden a acercarse insensiblemente a una presa, dar una zarpada y matarlo.

Todos los comportamientos aprendidos dependen en parte de caracteres heredados que han pasado de los padres a las crías. Aunque los cachorros de león tienen que aprender métodos específicos para cazar, nacen con las garras que los ayudan a capturar la presa. Además, los cachorros de león de manera instintiva dan una zarpada a cualquier objeto que les llama la atención. Los cachorros han heredado algunas características físicas así como destrezas necesarias para cazar; al igual que un jugador de básquetbol con talento que ha heredado una estatura arriba de la norma y la buena coordinación necesaria para jugar. Pero los leones, igual que los atletas, tienen que practicar bastante para desarrollar sus habilidades.

Los animales aprenden comportamientos nuevos de diferentes maneras. Estas maneras incluyen el condicionamiento, el aprendizaje por ensayo y error y el aprendizaje por discernimiento.

Condicionamiento Cuando un perro ve acercarse a su dueño con la correa, el perro se emociona, está feliz de salir a pasear. El perro ha aprendido a asociar la correa con salir a pasear. Aprender a relacionar algún tipo de estímulo con un evento bueno o malo se llama **condicionamiento**. En el caso del perro y la correa, el estímulo de la correa está asociado con un evento agradable: un paseo. Los animales también se pueden condicionar para evitar un mal resultado. Piensa en lo que sucede cuando un depredador trata de atacar a un zorrillo. El zorrillo rocía al depredador con una sustancia que pica y huele horrible. En el futuro, probablemente el depredador evitará a los zorrillos, porque al depredador asocia al zorrillo con su rocío terrible.

A principios del siglo XX, el científico ruso Ivan Pavlov realizó una serie de experimentos acerca del condicionamiento. En la Figura 3, observa cómo Pavlov condicionó a un perro a responder al estímulo de una campana.

Figura 3 Los Pasos 1, 2 y 3 muestran el procedimiento que usó Pavlov cuando condicionó a un perro a salivar cuando escuchaba la campana. ***Predecir*** *Predice qué haría el perro si escuchara una campana en otra parte de la casa.*

1. Cuando un perro hambriento ve o huele alimento produce saliva. El alimento es el estímulo y la respuesta del perro es la salivación. Los perros normalmente no salivan en respuesta a estímulos como el sonido de una campana.

2. Durante muchos días, cuando Pavlov le dio alimento a un perro, tocó una campana al mismo tiempo. La aparición y el olor del alimento se asociaron con el sonido de la campana. Pavlov hizo lo mismo cada vez que alimentaba al perro. Éste salivaba cada vez que los dos estímulos se introducían.

3. Finalmente, Pavlov tocó la campana pero no alimentó al perro. De todas formas, el perro producía saliva. El estímulo de la campana sola producía la misma respuesta, la salivación, que normalmente sólo produciría el alimento.

Figura 4 Los perros de rescate, como este springer inglés, están especialmente entrenados para rescatar a las personas atrapadas por accidentes o desastres naturales. Los entrenadores usan el condicionamiento para enseñarles estas destrezas a los perros de rescate.

Frecuentemente se usa el condicionamiento para entrenar a los animales. Por ejemplo, imagina que quieres entrenar a un perro para acercarse cuando lo llamas. Cada vez que el perro se te acerque cuando lo llamas, lo premias con una croqueta y una caricia. Pronto, tu perro aprenderá a asociar la experiencia agradable de alimento y una caricia con el comportamiento de acercarse cuando se le llama. Por consiguiente, el perro probablemente repetirá esa conducta.

Aprendizaje por ensayo y error Cuando un polluelo sale del huevo y empieza a buscar alimento, picotea casi cualquier mancha en el suelo. Con el tiempo, el polluelo aprende que sólo algunas de las manchas son semillas o insectos que puede comer. El pollo ha aprendido por ensayo y error qué objetos son alimento. El **aprendizaje por ensayo y error** ocurre cuando un animal aprende a desempeñar un comportamiento con mayor destreza. Cuando aprendiste a andar en bicicleta, lo lograste por ensayo y error. Tal vez al principio tambaleabas y hasta te caías, especialmente al llegar a las esquinas, pero en poco tiempo aprendiste a andar bien. Mejoraste porque aprendiste que algunos movimientos eran mejores que otros para mantenerte en equilibrio.

Aprendizaje por discernimiento La primera vez que usas un nuevo videojuego, tal vez no necesitas que alguien te explique cómo se juega. En cambio, puedes usar lo que sabes de otros videojuegos para saber cómo se juega éste. Cuando resuelves un problema o aprendes cómo hacer algo al aplicar lo que ya sabes, sin un periodo de ensayo y error, estás usando el **aprendizaje por discernimiento**.

El aprendizaje por discernimiento es más común entre primates (gorilas, chimpancés y humanos). La Figura 5 muestra los resultados de un experimento realizado con chimpancés. Los animales usaron el aprendizaje por discernimiento para idear cómo alcanzar unos plátanos: apilaron cajas. En contraste, si un perro accidentalmente enrolla su correa en un poste, no puede idear cómo desenrollarla.

INTEGRAR LA TECNOLOGÍA Antes la gente pensaba que las máquinas eran incapaces de aprender. Sin embargo, ahora algunas computadoras pueden aprender y resolver problemas. La **inteligencia artificial** es la capacidad de una computadora para realizar tareas complejas como aprender de la experiencia y resolver problemas. Las computadoras con inteligencia artificial pueden jugar ajedrez y vencer a sus oponentes humanos. La computadora, igual que un jugador de ajedrez humano, puede planear estrategias y jugadas con anticipación. Al tratar de programar las computadoras para aprender, los científicos

Figura 5 En este experimento, un chimpancé hambriento enfrentó un problema: no podía alcanzar los plátanos. El chimpancé descubrió cómo alcanzar los plátanos: apiló las cajas y subió en ellas. **Aplicar los conceptos** *Explica cómo el comportamiento del chimpancé muestra el aprendizaje por discernimiento.*

que trabajan en el campo de la inteligencia artificial tienen una apreciación creciente para las habilidades asombrosas del cerebro humano.

☑ *Punto clave* *¿En qué animales es más común el aprendizaje por discernimiento?*

Impronta o grabación

Un ganso canadiense hembra atraviesa un arroyo nadando. Uno por uno, sus gansarones la siguen. Los gansarones siguen a la madre adónde vaya porque han pasado por un proceso llamado impronta. En la **impronta**, ciertas aves recién salidas del cascarón y mamíferos recién nacidos aprenden a reconocer y seguir el primer objeto en movimiento que ven, que en la mayoría de los casos es la madre. La impronta ocurre muy poco después de que el joven animal sale del cascarón o nace.

La impronta consta de una combinación de comportamiento instintivo y aprendizaje. El joven animal tiene el instinto de seguir un objeto en movimiento, pero nace sin saber cómo es su madre. El joven animal tiene que aprender por experiencia qué objeto seguir.

La impronta es valiosa por dos razones. Primero, mantiene a los animales jóvenes cerca de su madre, que sabe dónde encontrar alimento y cómo evitar a los depredadores. Segundo, la impronta permite a los animales jóvenes a aprender cómo se ven los otros animales de su especie.

INTÉNTALO

Fórmalas en línea

ACTIVIDAD

Trata de resolver este problema. *Hay cinco niñas: Maureen, Lupita, Jill, PoYee y Tanya. Están formadas en una fila. Ni Maureen ni Lupita están junto a PoYee. Ni Maureen ni Lupita están junto a Tanya. Ni PoYee ni Lupita está junto a Jill. Tanya está a la derecha de Jill. Nombra a las niñas de izquierda a derecha.*

Inferir ¿Qué tipo o tipos de aprendizaje usaste para resolver el problema? Explica tu respuesta.

Figura 6 Estos patos tuvieron la impronta del científico Konrad Lorenz cuando eran patitos. Aun de adultos lo seguían cada vez que iba a nadar.

Esta habilidad protege a los animales cuando están jóvenes. Además, es importante más tarde cuando los animales buscan pareja.

Una vez realizada la impronta, ésta no se puede cambiar, aun cuando la impronta no haya sido la madre y ha sido un juguete en movimiento o un humano. Konrad Lorenz, un científico austriaco que describió la impronta por primera vez en 1935, realizó experimentos en los cuáles él, en vez de la madre, era el primer objeto en movimiento que los polluelos vieron. La Figura 6 muestra el resultado de uno de estos experimentos. Como los polluelos recién salidos del cascarón veían primero a Lorenz, incluso de adultos lo seguían.

Los experimentos de Lorenz a veces causaron resultados sorprendentes. Un pájaro que vio la impronta de Lorenz, una corneja macho, aparentemente pensó que Lorenz era una posible pareja. Como una corneja macho alimenta a la hembra como parte de su comportamiento de cortejo, este pájaro muchas veces trató de alimentar a Lorenz con lombrices, quien se negaba a comerlas pero con mucha educación.

Repaso de la sección 1

1. Explica qué función desempeña el comportamiento para los animales.
2. Contrasta el comportamiento instintivo y el comportamiento aprendido.
3. ¿En qué se diferencia el aprendizaje por ensayo y error del aprendizaje por discernimiento?
4. **Razonamiento crítico** **Predecir** Después de salir del cascarón, antes de ver otra cosa, un patito ve a un niño que pasa en su triciclo. ¿Qué crees que sucederá la próxima vez que el niño pase con el triciclo frente al patito? Explica tu respuesta e identifica el tipo de comportamiento que muestra.

PROYECTO DEL CAPÍTULO 5

Comprueba tu aprendizaje

Ya debes haber escrito un plan diario para enseñar un nuevo comportamiento a tu animal. Puedes encontrar ideas en libros de cómo entrenar mascotas. Verifica que tu plan no dañe al animal. Pide a tu maestro que apruebe tu plan y empieza a entrenar a tu animal. (*Sugerencia:* Decide cómo vas a evaluar el aprendizaje en tu animal. ¿Qué respuestas mostrarán que el animal ha dominado la destreza?

Laboratorio de destrezas

Crear experimentos

SÉ UN DETECTIVE DEL APRENDIZAJE

En este experimento, investigará cómo aprenden las personas.

Problema

¿Cuáles son algunos factores que facilitan que las personas aprendan cosas nuevas?

Materiales sugeridos

papel y lápiz

Diseña un plan

Lista A	Lista B
zop	col
rud	sal
tig	té
wab	gis
hev	cal
paf	púa
mel	sol
kib	día
col	gas
nug	hoz

1. Ve las dos listas de palabras en la tabla. Los investigadores usan grupos de palabras como éstas para investigar cómo aprenden las personas. Nota la diferencia entre los dos grupos. Las palabras en Lista A no tienen significado en español. La lista B contiene palabras conocidas pero sin relación.
2. ¿Qué crees que sucederá cuando las personas traten de aprender las palabras de las listas? Escribe una hipótesis acerca de qué lista será más fácil de aprender. ¿Qué tan fácil sería aprender esa lista?
3. Con un compañero crea un experimento para poner a prueba tu hipótesis. Completa todas las variables que necesitarán controlar para que sus resultados sean confiables. Escribe tu plan y preséntaselo a tu maestro.
4. De ser necesario, revisa tu plan de acuerdo con las indicaciones de tu maestro. Después realiza tu experimento con personas que tu maestro haya aprobado como sujetos. Lleva un registro detallado de tus resultados.

Analizar y concluir

1. Encuentra el número de palabras promedio (término medio) que las personas aprendieron de cada lista. ¿Qué tan parecidos son los resultados con tu hipótesis?
2. ¿Qué factores podrían haber hecho que una lista fuera más fácil de aprender que la otra?
3. Comparte tus resultados con el resto de la clase. ¿Qué tan distintos son los resultados de tus compañeros de clase? ¿Qué podría explicar las similitudes o diferencias?
4. **Piensa en esto** Revisa tu plan para el experimento. Piensa qué tan bien lo seguiste en el experimento actual. ¿Qué dificultades tuvieron? ¿Qué mejoras podrían realizar al plan o al desempeño?

Explorar más

Planea un experimento para investigar durante cuánto tiempo las personas recuerdan lo que aprenden. Escribe una hipótesis y diseña un experimento para poner a prueba tu hipótesis. Pide la aprobación de tu maestro antes de llevar a cabo tu experimento.

SECCIÓN 2

Patrones de comportamiento

DESCUBRE

ACTIVIDAD

¿Cómo puedes expresarte sin palabras?

1. Piensa en un sentimiento o situación que puedas comunicar sin palabras, como asombro, o cómo practicar un deporte. Usa gestos y movimientos del cuerpo, pero no palabras, para comunicarlo a tu compañero.
2. Al observar tu conducta, tu compañero deberá inferir qué estás comunicando. Tu compañero también debe tomar nota de las pistas de tu comportamiento que lo llevaron a esta inferencia.

3. Ahora, tu compañero debe tratar de comunicar un sentimiento o situación sin palabras. Infiere lo que tu compañero está tratando de comunicar, y observa las pistas de su comportamiento que te llevaron a esta inferencia.

Reflexiona sobre

Formular definiciones operativas Escribe tu propia definición de *comunicación*. ¿Cómo cambió esta actividad tu idea de la comunicación?

GUÍA DE LECTURA

- **¿Cuál es la función del comportamiento de cortejo?**
- **¿Cómo se benefician los animales al vivir en grupos?**
- **¿Por qué es importante la migración para la supervivencia de un animal?**

Sugerencia de lectura **Al leer, haz un esquema de esta sección. Usa la cabezas como temas principales.**

En este momento, en alguna parte de los océanos de la Tierra, las ballenas azules se están llamando. Las ballenas se comunican con una variedad de sonidos que los científicos llaman canciones. Estas canciones constan de sonidos como de trompetas, gemidos largos, golpes secos y gruñidos graves. Las ballenas usan estos sonidos para localizar a los demás.

Hay icebergs en las aguas polares frías donde estos mamíferos gigantes pasan el verano. Después de engordar comiendo animales pequeños como camarones llamados krill, las ballenas azules migran a aguas más cálidas cerca del ecuador. En estos mares tropicales las hembras paren, normalmente a un ballenato.

Las ballenas azules se comunican y migran a lugares para aparearse y descansar, características de comportamiento que comparten con muchos otros animales. En esta sección aprenderás acerca de algunos patrones comunes del comportamiento de los animales.

Ballena azul ▼

Figura 7 Estas liebres del Ártico resuelven su conflicto boxeando. *Inferir ¿Qué suceso las pudo haber llevado a este comportamiento?*

Competición y agresión

Los animales compiten entre sí por recursos limitados como alimento, agua, espacio, refugio y pareja. La competición ocurre entre especies distintas de animales, por ejemplo, cuando una manada de leones trata de robar una presa a un grupo de hienas que la acaba de matar. Sin embargo, la competición también ocurre entre miembros de la misma especie, cuando un áfido hembra, un tipo de insecto, patea y empuja otro áfido hembra al competir por la mejor hoja para poner los huevos.

Cuando compiten, los animales pueden exhibir **agresión**, un comportamiento amenazante que un animal usa para tener control sobre otro. Antes de que una manada de leones empiece a comer su presa, cada león muestra agresión al abrir y cerrar la boca, arañar y gruñir. Primero comen, hasta llenarse, los miembros más agresivos de la manada. Después toca el turno de los miembros menos agresivos y más jóvenes.

La agresión entre miembros de la misma especie rara vez resulta en heridas o muerte para cualquiera de los competidores. Normalmente el perdedor comunica "me rindo" con su comportamiento. Por ejemplo, para protegerse contra los ataques agresivos de perros más grandes, los cachorros se ponen patas para arriba y muestran la barriga. Esta señal calma al perro más grande y el cachorro se puede ir.

Establecer un territorio

Una mañana de primavera, un oriol macho llena el aire con una canción que se oye como flauta. Tal vez piensas que está cantando porque es un día tan bello. Pero la verdad es que está avisando a los demás orioles que él es el "dueño" de ese territorio. Un **territorio** es un área que un grupo de animales ocupa y defiende. Si otro animal de la misma especie entra al territorio, el dueño atacará al intruso para tratar de ahuyentarlo.

Mientras los pájaros usan canciones y comportamientos agresivos para resguardar su territorio, otros animales usan llamados, arañazos, heces y olores. Los pumas arañan los árboles y el suelo con sus garras y esparcen su olor para marcar los límites de su territorio.

Al establecer un territorio, un animal gana acceso ilimitado a sus recursos, como alimento y posibles parejas. Un territorio también proporciona un lugar seguro donde los animales pueden cuidar a las crías sin la competencia de otros miembros de su especie. En la mayoría de las especies de aves cantoras, y en muchas otras especies de animales, el macho no puede atraer a la hembra a menos que tenga un territorio.

☑ *Punto clave* *¿Cómo tener un territorio ayuda al animal a sobrevivir?*

Aparearse y cuidar a las crías

Una salamandra macho y una hembra nadan elegantemente en el agua, entrelazándose. Están realizando un **comportamiento de cortejo**, un comportamiento en que machos y hembras de la misma especie se preparan para aparearse. Los machos de algunas especies de arañas cortejan a las hembras al ofrecerles una presa antes de aparearse. Los luciérnagas usan señales de luz para indicar que están listos para el apareamiento. **El comportamiento de cortejo garantiza que los machos y las hembras de la misma especie se reconozcan para que se pueda llevar a cabo el apareamiento y la reproducción.**

Las aves tienen algunos de los comportamientos de cortejo más dramáticos. La Figura 8 muestra el nido muy elaborado que las aves del paraíso machos construyen durante el cortejo. Los halcones peregrinos incluyen una exhibición de acrobacias aéreas como parte de su cortejo. Al deslizarse en el aire a gran velocidad, los halcones machos y hembras descienden en picada, forman figuras de ocho y dan vueltas.

Figura 8 En el bosque tropical de Australia, una ave del paraíso macho, izquierda, crea un tapete colorido para dar la bienvenida. Está decorando la entrada del nido que ha construido en forma de arco para atraer una pareja. Al entrar al nido, derecha, la pájara verde hembra le comunica al macho que está de acuerdo con ser su pareja.

Las especies de animales difieren en la cantidad de cuidados que les dan a las crías. La mayoría de los peces, anfibios y reptiles no proporcionan cuidados o proporcionan muy pocos a sus crías. En contraste, la mayoría de las aves y mamíferos progenitores cuidan a sus crías después de salir del huevo o nacer. No sólo alimentan y protegen a las crías, también les enseñan destrezas para sobrevivir, como cazar.

Vivir en grupos

Aunque muchos animales son solitarios y muy pocas veces topan con uno de su especie, otros animales viven en grupos. Algunos peces forman bancos, algunos insectos viven en grupos grandes, y algunos mamíferos con pezuñas, como los bisontes, muchas veces forman manadas. **Vivir en un grupo normalmente ayuda a los animales a sobrevivir; los miembros del grupo se protegen y trabajan en conjunto para encontrar alimento**. Los miembros del grupo pueden ayudarse. Por ejemplo, si un elefante se atora en un hoyo lodoso, los otros miembros de la manada lo ayudarán a salir. Cuando los animales como leones cazan en grupo, normalmente matan presas más grandes que un solo cazador mataría.

Seguridad en grupos Vivir en grupos muchas veces protege a los animales contra los depredadores. Los peces que nadan en bancos muchas veces están más seguros que los que nadan solos, porque es más difícil que los depredadores vean y seleccionen a un pez individual. En una manada, unos animales pueden vigilar mientras otros se alimentan. Además, los animales en grupo a veces cooperan para luchar contra un depredador. Por ejemplo, los bisontes norteamericanos forman un círculo defensivo contra un depredador, como un lobo. Los jóvenes quedan protegidos en el centro del círculo y los adultos se mantienen parados con los cuernos abajo, listos para atacar. Muchas veces el depredador prefiere darse por vencido que enfrentar a toda una manada de bisontes enfadados.

INTÉNTALO

Abejas obreras

ACTIVIDAD

En esta actividad, determinarás si es más productivo trabajar solo o en grupo, como las abejas obreras.

1. Haz una cadena de papel. Corta tiras de papel y pégalas en forma de círculo. Después de 5 minutos, cuenta los círculos de la cadena.
2. Ahora trabaja en un grupo pequeño para hacer una cadena de papel. Decide cómo repartir el trabajo antes de empezar. Después de 5 minutos, cuenta los círculos de la cadena.

Calcular Encuentra la diferencia entre el número de círculos en las cadenas individual y de grupo. Para el Paso 2, calcula el número de círculos hechos por persona al dividir el número total de círculos entre el número de personas en el grupo. ¿Fue más productivo trabajar en forma individual o en grupo?

Figura 9 Cuando un depredador amenaza, los bisontes forman un círculo con sus cuernos, con los jóvenes protegidos en medio. ***Predecir*** *¿Sería más o menos probable que un depredador ataque a un grupo ordenado así?*

Sociedades de animales Algunos animales, como las hormigas, termitas, abejas, topos y camarones pistola viven en grupos llamados sociedades. Una **sociedad** es un grupo de animales de la misma especie, muy relacionados entre sí, que trabajan en conjunto para el beneficio del grupo entero. Puedes ver un ejemplo en *Explorar una sociedad de abejas*. Distintos miembros desempeñan tareas específicas, como obtener alimento o cuidar a las crías. El comportamiento de los animales es instintivo y rígido, un animal de una sociedad esta "preprogramado" para desempañar una tarea específica.

Comunicación

Si alguna vez has visto un gato sisear a otro, has visto a dos animales comunicándose. Si bien los animales no usan lenguaje oral o escrito, se comunican. Los animales usan sonidos, posiciones del cuerpo, movimientos y olor para comunicar información entre sí. Por ejemplo, cuando los gatos sisean, normalmente están comunicando agresión.

Los animales comunican distintos tipos de información. El cortejo implica mucha comunicación animal. Por ejemplo, el sonido del chirrido del grillo macho atrae a los grillos hembras. Otra comunicación animal tiene que ver con la defensa y la agresión. Al atacar a otros animales o al defenderse, los animales pueden gruñir, sisear o asumir posiciones que los hacen ver más grandes (y más peligrosos) de lo que son. Los animales también pueden comunicar advertencias. Cuando un perrito de la pradera norteamericana ve a un coyote u otro depredador que se acerca, produce un sonido como un ladrido que advierte a los demás perritos de la pradera a refugiarse en sus túneles. Como el sonido que produce el perrito es parecido al sonido de un perro ladrando por eso recibe ese nombre este tipo de marmota.

Figura 10 Este gorila de tierra baja no necesita palabras para decir: ¡Aléjate!

Los animales también comunican información acerca de las fuentes de alimento. Uno de los sistemas más complejos de comunicación animal es el que usan las abejas para comunicar la ubicación de fuentes de alimento: néctar de las flores y polen. Una abeja obrera que ha encontrado una nueva fuente de alimento regresa a la colmena y empieza a "danzar". Los movimientos de la danza comunican la calidad del alimento, la ubicación y la distancia de la colmena.

☑ ***Punto clave*** *¿Cuáles son las cuatro maneras que los animales usan para comunicarse?*

EXPLORAR una sociedad de abejas

Una colmena común consta de una abeja reina, miles de abejas obreras hembras y unos cuantos cientos de zánganos machos.

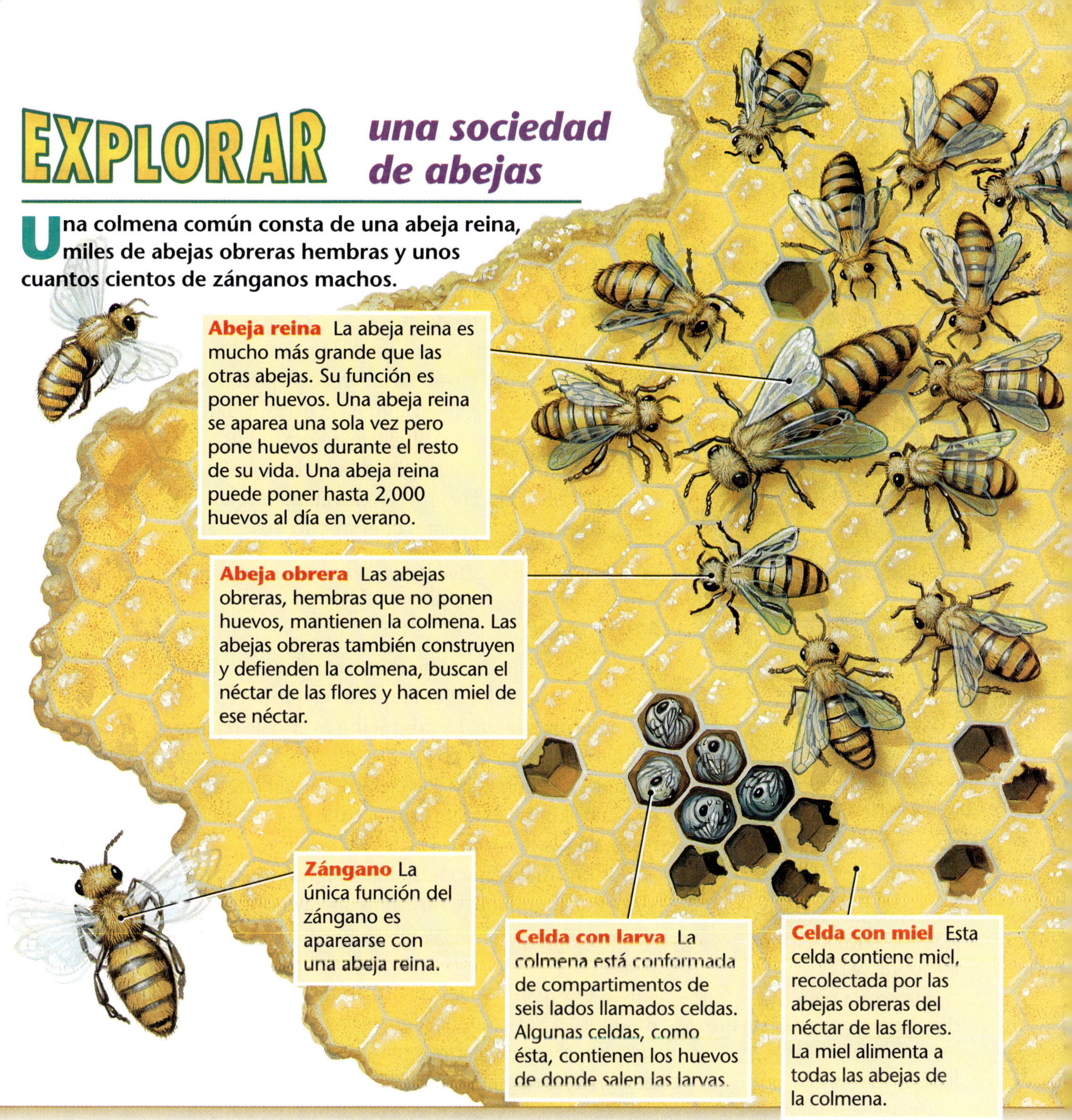

Ciclos de comportamiento

Algunos comportamientos animales ocurren en patrones regulares y predecibles. Por ejemplo, mientras la moscarda busca alimento durante el día, de noche es inactiva. En contraste, el ratón de campo, activo durante la noche, es inactivo de día. Estos ciclos diarios de comportamiento de la moscarda y el ratón son ejemplos de **ritmos circadianos,** que son ciclos de comportamiento que ocurren durante un período de aproximadamente un día.

Estudios sociales CONEXIÓN

Como los geógrafos, los biólogos a veces tienen que interpretar mapas. Examina el mapa de abajo para ver el patrón de migración del frailecillo dorado, un ave costera. Las flechas en el mapa indican las rutas de la migración de esta ave.

En tu diario

Con la información del mapa, responde estas preguntas.

1. ¿En qué continente pasa el frailecillo dorado la temporada de apareamiento? ¿Dónde pasa las otras temporadas?
2. Usa la escala para medir la distancia aproximada entre los dos hogares del frailecillo dorado.
3. Compara la ruta del ave hacia el sur y hacia el norte. ¿En qué se diferencian las rutas?
4. ¿Qué río de Estados Unidos sigue el frailecillo dorado cuando vuela hacia el norte?

Otros ciclos de comportamiento están relacionados con las estaciones. Algunos animales, como la marmota de Norteamérica y la ardilla rayada, son activos durante las estaciones cálidas pero hibernan en el invierno. La **hibernación** es un estado de actividad muy reducida que ocurre en invierno. Durante la hibernación todos los procesos del animal, como la respiración y el ritmo cardiaco, se vuelven más lentos. Los animales en hibernación no comen. Usan la grasa almacenada del cuerpo para satisfacer sus necesidades nutricionales.

Los ciclos de comportamiento normalmente ayudan a los animales a sobrevivir de alguna forma. La hibernación no sólo los ayuda a sobrevivir el intenso frío sino también elimina la necesidad de alimentarse durante una temporada cuando el alimento es escaso. Los animales que están activos durante el día pueden aprovechar la luz solar para encontrar alimento con mayor facilidad. Por otro lado, los animales que están activos de noche no encuentran depredadores que están activos durante el día.

✓ ***Punto clave*** *¿Qué le sucede a un animal durante la hibernación?*

Migración

Otro tipo de ciclo de comportamiento tiene que ver con el movimiento de un lugar a otro. Muchos animales se quedan en un lugar durante toda la vida, otros migran. La **migración** es el viaje regular y periódico de un animal de un lugar a otro y de regreso. Algunos animales que migran viajan miles de kilómetros. Por ejemplo, las golondrinas árticas vuelan más de 17,000 kilómetros entre sus hogares de verano en el círculo ártico a su residencia de invierno cerca del Polo Sur.

Los animales normalmente migran a un área que proporciona alimento abundante o un ambiente favorable para la reproducción o ambos. La mayoría de las migraciones están relacionadas al cambio de estaciones y ocurren dos veces al año, en primavera y otoño. Los colirrojos americanos, pájaros que comen insectos, pasan los largos días de verano en América del Norte, donde se aparean y cuidan a las crías. Pero en otoño, los días se vuelven más cortos y más frescos, y los insectos escasean. Entonces los colirrojos migran hacia al sur a Centroamérica, Sudamérica e Islas del Caribe, donde vuelven a encontrar abundante alimento.

Muchos otros animales, como el salmón, migran a las áreas donde se reproducen. Los salmones adultos viven en el océano. Sin embargo, para aparearse y poner huevos, un salmón adulto tiene que migrar del océano al mismo arroyo dónde salió del huevo, a veces a una distancia de más de 3,000 kilómetros. En el arroyo donde nació, la hembra deposita los huevos y el macho los fecunda. Los jóvenes salmones que salen de esos huevos eventualmente migran al océano y el ciclo se repite.

Aunque todavía hay mucho que aprender acerca de cómo los animales que migran encuentran su camino, los científicos han descubierto que los animales usan los

sentidos de la vista, del gusto y otros que los humanos no tienen. Por ejemplo, algunas aves y tortugas marinas tienen un sentido magnético que funciona como la aguja de una brújula. Las aves en migración también parecen navegar al usar las posiciones del Sol, la Luna y las estrellas, como lo han hecho desde siempre los navegantes humanos. Los salmones usan el olfato y el gusto para encontrar los arroyos donde nacieron.

Figura 11 Esta manada de caribúes, atraviesa Alaska por el mismo camino que sus antepasados han usado durante miles de años. Desde hace poco, las construcciones humanas y los pozos petroleros han empezado a amenazar esta ruta de migración. La gente indígena, que dependen del caribú para alimentarse, y las corporaciones están trabajando en conjunto para hallar la manera de salvar la ruta.

INTEGRAR LA CIENCIAS DEL AMBIENTE A veces las actividades humanas interfieren con la migración de los animales. Por ejemplo, cuando se construyen las tuberías para combustible y agua sobre la superficie del suelo, los animales en migración no las pueden atravesar fácilmente. Las presas en los arroyos y ríos pueden obstruir el camino de la migración de peces. Las luces brillantes de la ciudad pueden confundir a las aves que migran de noche. Cada año, millones de aves chocan con las ventanas de los rascacielos y mueren durante la migración. Pero los humanos están aprendiendo cómo ayudar a los animales migrantes. Durante la migración de primavera de 1998, las luces en más de 80 rascacielos en Toronto, Ontario se apagaron en la noche para proporcionar un camino más seguro para las aves. Las luces del edificio Empire State en la ciudad de Nueva York también se apagan en la noche durante la migración.

Repaso de la sección 2

1. Define el comportamiento de cortejo y describe un ejemplo.
2. Identifica dos maneras en que los animales se benefician de vivir en grupos.
3. ¿Cuáles son las dos ventajas principales que los animales gozan al migrar?
4. **Razonamiento crítico** **Aplicar los conceptos** Un sinsonte canta de un árbol del lado izquierdo del patio de la escuela. Pronto vuela al pino lado derecho y vuelve a cantar. Cuando otro sinsonte llega al patio del la escuela, el primer sinsonte se le acerca y trata de picotearlo. Explica qué podría estar ocurriendo.

Las ciencias en casa

Con un miembro de tu familia, dedica un tiempo a observar detalladamente el comportamiento de un animal, una mascota, un insecto, un pájaro u otro animal. Observa al animal para encontrar muestras de comportamiento agresivo u otro tipo de comunicación. Trata de adivinar por qué el animal se comporta de manera agresiva o qué trata de comunicar.

Tú y tu ambiente

UNA PARA TODAS

¿Alguna vez has observado un grupo de hormigas ocupadas? En este experimento aprenderás qué sucede en una colonia de hormigas.

Problema

¿Cómo muestra una sociedad de hormigas la organización y comportamiento cooperativo?

Enfoque en las destrezas

observar, inferir, formular preguntas

Materiales

frasco grande de vidrio	suelo arenoso	bandeja de poca profundidad
agua	malla de metal	esponja
20–30 hormigas	lupa	pan molido
azúcar	papel negro	cinta adhesiva
lápiz para marcar vidrio	pinzas	
liga de hule gruesa y grande		

Procedimiento

1. Lee todo el experimento para saber qué observaciones harás. Copia la tabla de datos en tu cuaderno. Puedes dejar espacio para dibujos.
2. Marca el exterior del frasco grande con cuatro líneas verticales uniformemente espaciadas, como se muestra en la página siguiente. Rotula las secciones con las letras A, B, C y D. Puedes usar estos rótulos para identificar las secciones de tierra.
3. Llena el frasco a tres cuartos con tierra. Coloca el frasco en la bandeja con agua para que no se escapen las hormigas. Coloca una esponja mojada en la superficie de la tierra como una fuente de agua para las hormigas.
4. Observa y anota la condición de la tierra en la superficie y en los costados.
5. Añade las hormigas al frasco y cúbrelo con la malla de metal, sujétala con la liga de hule.
6. Observa las hormigas 10 minutos. Busca diferencias entre las hormigas adultas; busca huevos, larvas y pupas. Examina el comportamiento individual e interacción entre las hormigas.
7. Quita la malla y agrega pan molido y azúcar sobre la tierra. Coloca la malla. Obsérvalas 10 minutos más.
8. Crea una condición de oscuridad para las hormigas al cubrir el frasco con papel negro arriba de la línea del agua. Quita el papel sólo cuando hagas observaciones.
9. Observa diario la colonia de hormigas por dos semanas. Quita el papel negro y haz y anota tus observaciones. Observa la tierra y examina el alimento. Si éste empieza a enmohecer, usa las pinzas para quitar el moho. Coloca el alimento enmohecido en una bolsa de plástico, cierra la bolsa y tírala. Agrega más alimento cuando sea necesario y mantén la esponja húmeda. Cuando termines de hacer las observaciones, repón el papel oscuro.
10. Al terminar el experimento, sigue las instrucciones de tu maestro para devolver las hormigas.

TABLA DE DATOS				
Fecha	Sección A	Sección B	Sección C	Sección D

Analizar y concluir

1. Describe los tipos de hormigas que observaste. ¿Notaste alguna diferencia en su comportamiento? ¿Qué evidencía que los distintos tipos de hormigas desempeñan tareas distintas?
2. ¿Cómo contribuyen los distintos comportamientos que observaste a la supervivencia de la colonia?
3. ¿Cómo cambió la tierra durante el periodo de tus observaciones? ¿Cuál fue la causa de esos cambios? ¿Cómo lo sabes?
4. **Aplicar** ¿Qué tipos de condiciones ambientales crees que las colonias de hormigas necesiten para sobrevivir afuera del frasco? Usa la evidencia que obtuviste en este experimento para apoyar tu respuesta.

Crear un experimento

Diseña un experimento para investigar cómo responde una colonia de hormigas cuando cambia su ambiente, como la introducción de un nuevo tipo de alimento. Pide la aprobación de tu maestro antes de llevar a cabo tu experimento.

SECCIÓN 3 La química de la comunicación

DESCUBRE — ACTIVIDAD

¿Puedes relacionar los olores?

1. Obtén de tu maestro un recipiente cubierto de papel de aluminio con hoyos.
2. Con cuidado, huele el contenido del recipiente. **PRECAUCIÓN:** *Nunca huelas directamente una substancia desconocida. Al probar un olor, usa un movimiento de la mano para dirigir el vapor hacia la nariz.*
3. Otra persona de tu clase tiene un recipiente con la misma sustancia. Usa tu sentido del olfato para encontrar el recipiente cuyo olor es el mismo que el tuyo.

Reflexiona sobre

Observar ¿Fue fácil para ti y tu compañero de clase relacionar los olores? ¿Qué ventaja podría tener para un animal el hecho de identificar o detectar olores?

GUÍA DE LECTURA

- **¿Cómo usan los animales las feromonas para comunicarse?**

Sugerencia de lectura **Al leer, haz una lista de las ideas principales y los detalles secundarios sobre las feromonas y la bioluminiscencia.**

Oh no, hay hormigas en el azúcar. Mientras observas con consternación, una hilera de hormigas se mueve sobre la cocineta, derecho a la azucarera. Usando su sentido del olfato, las hormigas siguen un rastro químico que dejó la primera hormiga en descubrir el azúcar. Cada hormiga contribuye con el rastro al depositar una gota diminuta de olor sobre la cocineta. Si observas con atención, verás que muchas hormigas lo hacen. Esta gota se evapora rápidamente, creando una nube invisible de olor que queda suspendida en el aire encima del camino de las hormigas.

Todas las hormigas que corren y regresan de la azucarera están envueltas en un túnel de olor del tamaño de una hormiga. Es como una carretera invisible para hormigas. Las hormigas mantienen sus antenas hacia adelante y las usan para oler el camino a la azucarera. Después voltean y siguen la misma señal química de regreso al nido.

Feromonas

El túnel de olor que guía a las hormigas a la azucarera está conformado de feromonas. Una **feromona** es una sustancia química liberada por un animal que afecta el comportamiento de otro de la misma especie. **Los**

Figura 12 Estas hormigas encuentran el rastro a la azucarera al seguir un camino de feromonas. La primera hormiga en encontrar el azúcar empezó el rastro y cada hormiga aumenta su fuerza.

animales se comunican con feromonas para establecer territorios, localizar alimento, atraer parejas y distinguir a los miembros de su propio grupo de los miembros de otros grupos. Los animales liberan estas sustancias químicas sólo en cantidades diminutas.

Figura 13 Las antenas de esta polilla del gusano de seda Atlas le permiten encontrar a las hembras que están listas para aparearse. Los órganos sensoriales de las antenas perciben el olor de la feromona de la hembra. La polilla macho sigue el olor hacia la hembra. **Predecir** *¿Cómo podría afectar una antena lesionada a la habilidad de la polilla macho para encontrar pareja?*

Por qué las feromonas son específicas La mayoría de las feromonas son compuestos químicos conformados de largas cadenas de átomos. Cada feromona tiene una combinación única de átomos. Como los átomos están unidos en formas específicas, cada feromona tiene una forma química distinta. Las distintas formas de las feromonas las hacen altamente específicas: cuando un animal libera una feromona, la respuesta que causa normalmente se limita a otros animales de la misma especie. Como la llave de tu casa no funciona en la casa de tu vecino, las feromonas liberadas por una polilla plateada no causarían una respuesta en una polilla gitana.

Feromonas y comportamiento Las feromonas permiten a los animales a reconocer a otros miembros del grupo y establecer territorios. Por ejemplo, cada colonia de hormigas tiene sus propias feromonas que identifican a los miembros de la colonia. Si una hormiga de otra colonia llega, las feromonas de la hormiga intrusa serán reconocidas por las hormigas como extrañas, y atacarán y matarán a la intrusa. Muchos mamíferos marcan su territorio con las feromonas en la orina o su rocío. Los gatos domésticos machos muchas veces rocían los árboles alrededor de donde viven con un olor almizclero que contiene feromonas. Las feromonas anuncian la presencia del gato macho a los otros gatos del vecindario.

Las feromonas desempeñan un papel importante en el apareamiento y la reproducción. Por ejemplo, una polilla de gusano de seda hembra libera una feromona cuando está lista para aparearse. Cuando los órganos sensoriales de las antenas del macho perciben el olor de la feromona, el macho vuela hacia el olor para aparearse con la hembra.

☑ ***Punto clave*** *¿Cómo permiten las feromonas a las hormigas identificar a los miembros de otra colonia de hormigas?*

Feromonas y control de plagas Algunas feromonas se pueden producir en laboratorios para atraer y eliminar los insectos nocivos. Las feromonas fabricadas tientan a los insectos a las trampas. En algunos casos los insectos se mueren en las trampas. En otros, los insectos machos que quedan en la trampa están expuestos a rayos X que matan las células de sus espermatozoides. Así, aunque estos machos se apareen con hembras después de ser liberados, no hay fecundación y con el tiempo la población de estos insectos disminuirá. Una trampa de feromonas común tienta a los escarabajos japoneses, que dañan los rosales. Entran en una bolsa de la cual no se pueden escapar. Después se mueren o se reubican a otro lugar.

INTEGRAR LAS CIENCIAS DEL AMBIENTE

Figura 14 Este pez linterna ve con un órgano bioluminisciente bajo el ojo. Este órgano también se usa para atraer a las presas, confundir a los depredadores y comunicarse con otros peces linterna.

Comunicación con luz

Las feromonas sólo son una forma de comunicación química que usan los animales. Algunos animales, como las luciérnagas y algunas especies de peces, usan la luz para comunicarse. La **bioluminiscencia** es la producción de luz por un organismo vivo. Es luz que se genera por una reacción química que ocurre en las células del organismo.

En una noche cálida de verano cuando ves una pradera iluminada por luciérnagas, realmente estás viendo a las luciérnagas usar la bioluminiscencia en el cortejo. Una luciérnaga macho manda una señal intermitente a las luciérnagas hembras en el pasto abajo. Cada especie de luciérnaga tiene una señal distintiva. Cuando una hembra interesada ve la señal de un macho de su especie, ella hace brillar su respuesta. Si el macho ve la señal, aterrizará cerca de ella y se podrán aparear.

Repaso de la sección 3

1. ¿Cuáles son las tres cosas que los animales comunican con feromonas? Usa un animal específico para dar un ejemplo de cada tipo de comunicación.
2. ¿Cómo se usan las feromonas para controlar a los insectos nocivos?
3. ¿Qué comunican las luciérnagas con su bioluminiscencia?
4. **Razonamiento crítico** **Predecir** Mientras una hilera de hormigas va y viene de la azucarera, toma una esponja y limpia una sección de seis pulgadas de su camino. Precide cómo responderán.

PROYECTO DEL CAPÍTULO 5

Comprueba tu aprendizaje

Ahora debes seguir con tu plan de entrenamiento y verificar el avance de tu animal. No olvides llevar un registro detallado de los avances diarios de tu animal. Es hora de modificar tu plan si es necesario. También debes empezar a pensar cómo presentarás tus resultados a la clase. (*Sugerencia:* Tal vez quieras hacer dibujos o tomar fotos de tu animal en acción para usarlas en tu presentación.)

GUÍA DE ESTUDIO

SECCIÓN 1 ¿Por qué se comportan así los animales?

Ideas clave

- La mayoría de los comportamientos ayudan al animal a sobrevivir y reproducirse. Por ejemplo obtener alimento, evadir depredadores y encontrar pareja.
- Un instinto es un patrón de comportamiento innato que el animal desempeña correctamente desde la primera vez. La mayoría de los comportamientos de los invertebrados son instintivos.
- El aprendizaje cambia el comportamiento de un animal como el resultado de la experiencia. Los animales aprenden por condicionamiento, por ensayo y error y por discernimiento.
- La impronta, proceso en que los animales aprenden a seguir el primer objeto que ven, en movimiento, tiene que ver con instinto y aprendizaje.

Términos clave

comportamiento
respuesta
aprendizaje
aprendizaje por ensayo y error
inteligencia artificial
impronta
estímulo
instinto
condicionamiento
aprendizaje por discernimiento

SECCIÓN 2 Patrones de comportamiento

Ideas clave

- Los animales usan la agresión para competir por recursos limitados, como alimento o refugio.
- Muchos animales establecen territorios de los cuales excluyen a otros miembros de su especie.
- El comportamiento de cortejo asegura que los machos y las hembras de la misma especie se reconozcan para que se puedan reproducir.
- Normalmente hay una ventaja de supervivencia de vivir en grupos, como la cooperación para obtener alimento y protección contra peligros.
- Los animales usan sonidos, olores, posiciones corporales y movimientos para comunicarse.
- Algunos comportamientos animales siguen un patrón. Los ritmos circadianos son ciclos de comportamiento de un día. La hibernación es un periodo de inactividad durante el invierno.
- Algunos animales migran a lugares donde es más fácil encontrar alimento y reproducirse.

Términos clave

agresión
comportamiento de cortejo
ritmo circadiano
migración
territorio
sociedad
hibernación

SECCIÓN 3 La química de la comunicación

INTEGRAR LA QUÍMICA

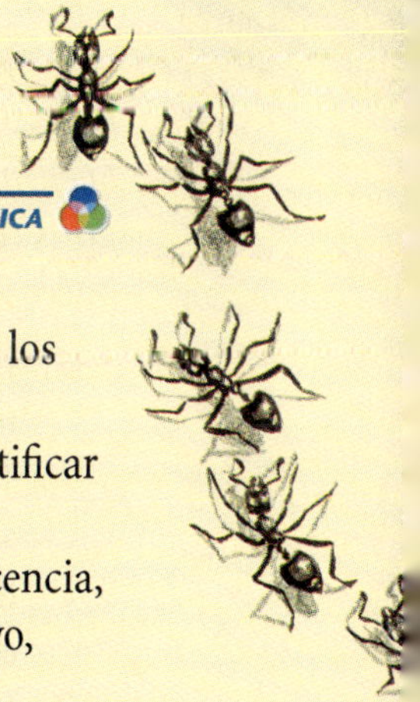

Ideas clave

- Las feromonas son sustancias químicas que los animales usan para establecer un territorio, localizar alimentos, atraer una pareja e identificar a miembros del grupo.
- Las luciérnagas machos usan la bioluminiscencia, o la producción de luz por un organismo vivo, para atraer pareja.

Términos clave

feromona
bioluminiscencia

ACTIVIDAD
USAR LA INTERNET
www.science-explorer.phschool.com

Repaso del contenido

Para repasar los conceptos clave, consulta el Interactive Student Tutorial CD-ROM.

Opción múltiple

Elige la letra de la respuesta correcta.

1. El olor de una polilla hembra causa que el macho se acerque. El olor es un ejemplo de
   a. una respuesta. **b.** un estímulo.
   c. agresión. **d.** aprendizaje por discernimiento.
2. Si pudieras tocar el saxofón por instinto,
   a. tocarías bien desde el primer intento.
   b. necesitarías que alguien te enseñara.
   c. tendrías que practicar mucho.
   d. sabrías tocar otros instrumentos también.
3. Cuando un halcón macho y una hembra hacen acrobacias aéreas juntos, están mostrando
   a. aprendizaje. **b.** impronta.
   c. migración. **d.** comportamiento de cortejo.
4. Si un petirrojo americano viaja de su hogar en Sudamérica para anidar en Nueva York, es
   a. aprendizaje. **b.** condicionamiento.
   c. migración. **d.** bioluminiscencia.
5. Una trampa contiene productos químicos de olor fuerte. Los insectos entran a la trampa por
   a. condicionamiento. **b.** aprendizaje por discernimiento.
   c. feromonas. **d.** bioluminiscencia.

Falso o verdadero

Si el enunciado es verdadero, escribe verdadero. Si es falso, cambia la palabra o palabras subrayadas para hacer verdadero el enunciado.

6. Una araña construyendo una telaraña exhibe una comportamiento aprendido.
7. Todos los días cuando regresas de la escuela, sacas a tu perro a pasear. Últimamente te ve llegar y va corriendo por la correa. Este comportamiento es un ejemplo de instinto.
8. Un territorio es un área que un animal luchará por defender.
9. Cuando los salmones regresan a los arroyos de agua dulce para reproducirse, su comportamiento es un ejemplo de ritmo circadiano.
10. La producción de luz por un organismo se llama bioluminiscencia.

Revisar conceptos

11. Explica cómo el instinto y el aprendizaje están relacionados con la impronta.
12. Tu cachorro pastor alemán acaba de destrozar tus zapatos nuevos. Cuando lo regañas fuertemente, se voltea y te enseña la barriga. ¿Qué tipo de comportamiento le estás mostrando al perro? ¿Cuál es el significado de su respuesta?
13. Explica qué relación hay entre los comportamiento de cortejo y el territorial.
14. Se ha construido una carretera por un bosque y muchos de los animales que vivían allí se han tenido que ir a otro lugar. ¿Es una muestra de migración? Explícalo.
15. ¿Cómo afecta la estructura de una feromona al hecho que normalmente su efecto se limita al comportamiento de una sola especie?
16. **Escribir para aprender** Después de llegar a un planeta distante, descubres que hay criaturas que se ven como humanos, pero cuya sociedad está organizada como la de las abejas. Escribe una entrevista con una de las criaturas para explicar la estructura de la sociedad y las funciones de los distintos miembros.

Razonamiento gráfico

17. **Red de conceptos** En una hoja de papel, copia la siguiente red de conceptos. Después complétala. (Para más información acerca de las redes de conceptos, ve el Manual de destrezas.)

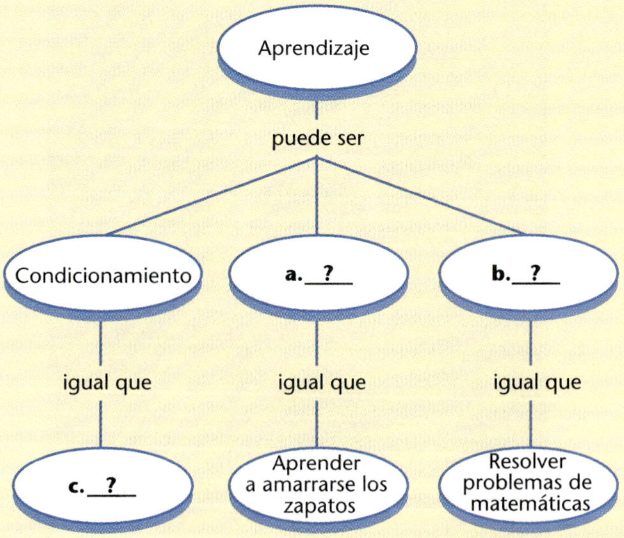

CAPÍTULO 5 REPASO

Aplicar las destrezas

El sapo en las siguientes ilustraciones capturó una abeja y después la escupió. Usa las ilustraciones para contestar las preguntas 18–20.

18. Inferir Explica por qué el sapo probablemente actuó así.

19. Predecir Si otra abeja se acerca al sapo, ¿cómo se comportará? Da una razón para apoyar tu predicción.

20. Clasificar ¿Qué tipo de aprendizaje quizá resultará de la experiencia del sapo? Explica tu respuesta.

Razonamiento crítico

21. Aplicar los conceptos Da un ejemplo de algo que has aprendido por aprendizaje por discernimiento. Explica cómo usaste los conocimientos previos y la experiencia para aprender.

22. Predecir Imagina que una enfermedad haya cegado a una población de luciérnagas. ¿Cómo podría esto afectar su potencial reproductor? Explica tu respuesta.

23. Aplicar los conceptos Explica cómo la habilidad de un caballo de carreras es una combinación de características heredadas y aprendidas.

24. Resolver problemas Un perro insiste en subir al sillón. Describe un procedimiento que su dueño podría seguir para entrenar al perro a no hacerlo. El procedimiento no debe causarle dolor ni dañar al perro.

Evaluación del rendimiento

PROYECTO DEL CAPÍTULO 5

Para terminar

Presenta tu proyecto Ya llegó la oportunidad de explicar y demostrar para qué entrenaste a tu animal y de describir tu plan de entrenamiento. Pide la autorización de tu maestro antes de llevar a tu animal a la escuela. Si no puedes llevar al animal, entonces muestra fotografías o ilustraciones del entrenamiento. No olvides comentar las sorpresas o los contratiempos que tuviste.

Reflexiona y anota Describe en tu diario, el éxito que lograste al entrenar a tu animal. ¿Qué descubriste acerca del proceso de aprendizaje del animal? ¿Cómo podrías haber mejorado tu plan de entrenamiento? ¿Qué preguntas te quedaron acerca del comportamiento de tu animal?

Participa

En tu comunidad Comunícate con alguien que tenga experiencia en entrenar perros, como un entrenador de una escuela de obediencia canina. Haz una cita para entrevistar a la persona acerca de los métodos para entrenar a los perros. Antes de ir a la entrevista, plantea algunas de tus preguntas. Durante la entrevista, comenten sobre los métodos que funcionan mejor y los que no son tan buenos. Usa lo que has aprendido para preparar un manual ilustrado para entrenar perros.

El secreto de la seda

¿Qué animal

se mantuvo en secreto durante miles de años?

se llevaba de contrabando por las montañas en un bastón hueco?

sabe rico, frito con ajo y jengibre?

no es lo que su nombre indica?

Si adivinaste que este animal asombroso es el gusano de seda, acertaste. El hilo de seda que esta oruga produce se teje para hacer tela de seda. La seda ha sido apreciada durante más de 4,000 años.

Según las leyendas chinas, en 2640 a.C., una emperatriz accidentalmente dejó caer un capullo de gusano de seda en agua tibia y observó cómo se deshilaba. Había descubierto la seda. Durante miles de años los chinos mantuvieron en secreto el trabajo de los gusanos de seda. La pena por divulgarlo era la muerte.

Después, sigue la leyenda, en 552 d.C., dos viajeros de Persia visitaron China y regresaron al Occidente con huevos de gusano de seda escondidos en sus bastones huecos. Desde entonces, el mundo ha disfrutado de la belleza de la seda: su calor, resistencia, suavidad y brillo.

Metamorfosis del gusano de seda

El gusano de seda realmente no es gusano, es la larva de un insecto, una polilla llamada *Bombyx mori*. En su periodo de alimentación, esta larva consume aproximadamente 20 veces su peso en hojas de morera. El gusano de seda pasa por la metamorfosis completa durante su vida.

1 La polilla hembra adulta pone de 300 a 500 huevos, del tamaño de la cabeza de un alfiler. Después de 10 días a una temperatura de 27°C, las larvas, que la gente llama gusanos de seda, salen de los huevos y empiezan a comer. Las hojas de morera son alimento principal de los insectos.

2 Durante los siguientes 40 a 45 días, las larvas consumen grandes cantidades de hojas de morera. Los gusanos de seda mudan cada vez que sus exoesqueletos se vuelven apretados. Después de la última etapa de muda y alimentación, los gusanos de seda empiezan a construir sus capullos.

3 Para hilar su capullo, cada gusano de seda produce dos hebras sencillas de sus dos glándulas de seda. Otro par de glándulas produce una sustancia pegajosa que une las hebras. El gusano de seda saca esta hebra única de un tubo pequeño de la cabeza. Una vez en el aire, la hebra se endurece y el gusano de seda se envuelve en la hebra muchas veces para hacer un capullo grueso. La hebra puede medir hasta 900 metros de largo, más de dos vueltas de una pista olímpica.

4 Después de 14 a 18 días, las polillas adultas salen de los capullos. La polilla nueva no come ni vuela. Se aparea, la hembra pone los huevos, y en 2 a 3 días el macho y la hembra mueren.

Actividad de ciencias

Examina un capullo de gusano de seda. Después de ablandar el capullo en agua, encuentra el extremo de la hebra de seda. Jala la hebra, enróllala en una tarjeta y mide la longitud.

Con un compañero, crea un experimento para comparar la resistencia del hilo de seda que acabas de enrollar con la de un hilo de algodón y/o nilón del mismo peso o grueso.

- Formula una hipótesis acerca de la resistencia de los hilos.
- Decide cómo pondrán a prueba los hilos.
- Pide a tu maestro que apruebe tu plan de seguridad.

Artes del lenguaje

La ruta de la seda

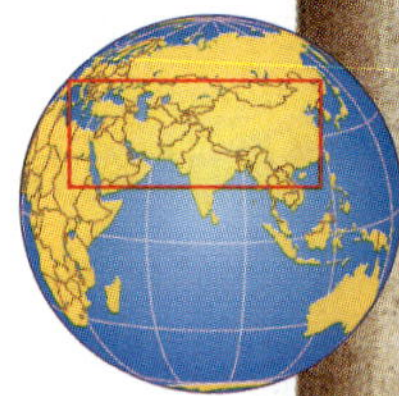

Los chinos comerciaban esta apreciada tela con los pueblos al Oeste de China muchos antes de que el resto del mundo supiera cómo se hacia la seda. Los mercaderes que compraban y vendían la seda viajaban por un sistema de rutas peligrosas que se llegó a conocer como La ruta de la seda. La ruta de la seda cubría 6,400 kilómetros desde Ch'ang-an en China al mar Mediterráneo. Seda, pieles y especias viajaban hacia el oeste a Roma por esta ruta. Oro, lana, vidrio, uvas, ajo y nueces viajaban hacia el este a China.

Viajar por La ruta de la seda era peligroso y difícil. Para mayor seguridad, los mercaderes viajaban en caravanas de mucha gente y animales. Diferentes tipos de animales de carga funcionaban mejor en distintas partes del viaje. Por ejemplo, los camellos eran útiles en el desierto; podían almacenar grandes cantidades de agua y aguantar la mayoría de las tempestades de arena. Muchas veces se usaban yakes en las montañas.

El viaje entero por La ruta de la seda podía llevar años. Mucha gente y muchos animales morían en el camino. Muy pocos individuos o caravanas viajaban el trayecto de La ruta de la seda.

La tela de seda llegó a ser muy apreciada en Roma. De hecho, se decía que los primeros productos de seda en llegar a Roma 50 a.C. valían su peso en oro. Por supuesto, los chinos guardaban el secreto del gusano de seda y controlaban la producción de seda. Les dio gusto que los romanos pensaran que la seda crecía en los árboles. En el Imperio Romano, no descubrieron el secreto de la seda hasta el año 550 d.C.

Con el tiempo, la producción de seda se extendió por todo el mundo. Sin embargo, La ruta de la seda abrió para siempre el intercambio de bienes e ideas entre China y el Occidente.

1 Ch'ang-an
Desde Ch'ang-an en el norte de China, La ruta de la seda corría hacia el oeste por un paso entre las montañas Nan Shan y el desierto Gobi.

2 Dunhuang
En Dunhuang, en un oasis, o área verde fértil, las caravanas recogían animales de carga descansados. Pasando Dunhuang, La ruta de la seda se dividía.

3 Desierto Takla Makan
Este desierto ha sido bien nombrado: Takla Makan, significa "Si entras, no saldrás". La mayoría de los viajeros evitaba el calor ardiente del desierto y viajaban por las orillas de esta gran extensión de arena.

Actividad de estudios sociales

Imagina que eres un mercader viajando de Dunhuang a Kashgar. Llevarás seda, pieles y canela a Kashgar, donde cambiarás todo por oro, ajo y vidrio, que llevarás de regreso a Dunhuang. Planea tu ruta y contrata un guía.

- Observa el mapa para hallar las distancias y las características físicas que verás en tu viaje.
- Explica por qué elegiste tu ruta.
- Haz una lista de los animales y el equipo que llevarás.
- Escribe un anuncio para el aviso oportuno buscando un guía para dirigir tu caravana.

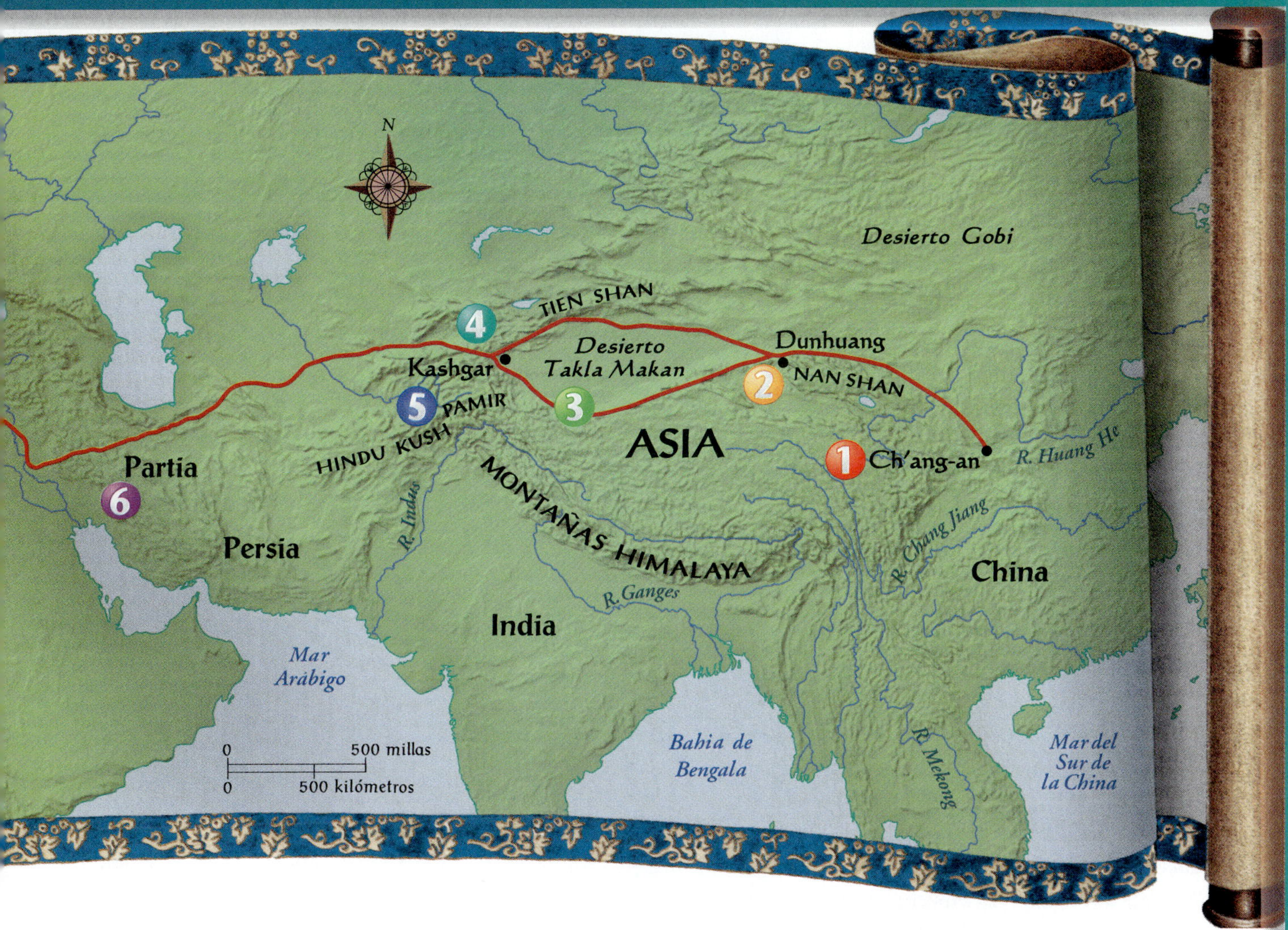

4 Kashgar

Las rutas de la seda por las orillas norte y sur del Desierto Takla Makan se juntaban en Kashgar. La parte peligrosa de La ruta de la seda esperaba.

5 Montañas Pamir

Viajando de Kashgar hacia el oeste las caravanas tenían que cruzar algunas de las montañas más altas del mundo. Las montañas Pamir tienen una altura de más de 6,000 metros. Una vez que los viajeros cruzaban las montañas, el camino de La ruta de la seda se volvía menos difícil. Los mercaderes viajaban hacia el oeste por Persia a las ciudades del mar Mediterráneo.

6 Partia

Durante un tiempo, los mercaderes de Partia controlaban parte de La ruta de la seda. En el año 53 a.C. Roma ejercía un gran poder en el mar Mediterráneo. Ese año, cuando los ejércitos de Roma y de Partia sostuvieron una batalla, los partos de improviso voltearon a enfrentar al enemigo y atacaron con flechas envenenadas. Después, en la luz brillante del mediodía, desenrollaron estandartes enormes de seda bordada con oro. Los romanos estaban tan impresionados del brillo que se rindieron.

7 Antioquía

El comercio creció en Antioquía, donde la seda se cambiaba por oro. Los barcos llevaban seda y especias por el mar Mediterráneo de Antioquía a Roma, Egipto y Grecia.

Artes del lenguaje

El regalo de la seda

Un mito es un cuento legado de culturas pasadas, muchas veces para explicar un evento o fenómeno natural. Los mitos pueden tratar de dioses y diosas o héroes.

El emperador amarillo, Shi Huang Di, que se menciona en este mito chino, realmente existía. Algunos cuentos dicen que fue el fundador de la nación china. Se pensó que era un dios que llegó a gobernar en la Tierra. Aquí, la diosa del gusano de seda se le aparece en una celebración de victoria.

La diosa del gusano de seda

UNA DIOSA descendió de los cielos con un regalo para el emperador amarillo. Su cuerpo estaba cubierto en cuero de caballo y le presentó dos rollos brillantes de seda al dios. Era la "diosa del gusano de seda" a veces llamada la "mujcr con cabeza de caballo". Hace mucho, mucho tiempo había sido una niña hermosa, pero ahora una piel de caballo cubría todo su cuerpo. Si jalaba los dos lados de la piel cerca de su cuerpo, se convertía en un gusano de seda con cabeza de caballo, produciendo de la boca un hilo largo y resplandeciente de seda. Se dice que vivía en una morera, produciendo seda día y noche en la llanura silvestre del norte. Esta es su historia.

Una vez en la antigüedad vivía un hombre, su hija y su caballo. El hombre tenía que viajar y dejaba a su hija sola en la casa para cuidar al animal. Un día, porque extrañaba a su padre, le dijo al caballo:

—Querido animal de nariz larga, si me trajeras a mi padre en este momento, me casaría contigo y sería tu esposa. Y con estas palabras, el caballo se escapó del arreo. Galopó y llegó rápido al lugar donde su dueño estaba haciendo sus negocios. El dueño, sorprendido de ver al animal, lo tomó de la melena y se subió en él. Como el caballo se quedó viendo tristemente por donde había llegado, el señor decidió regresar rápidamente a casa.

Al llegar a casa, la hija comentó que solamente había dicho que extrañaba a su padre y el caballo se había ido como loco. Su padre no dijo nada pero estaba contento de ser el dueño de un animal así y le daba de comer heno especial dulce. Pero el caballo ni lo probaba y se iba a la empinada y relinchaba cada vez que veía a la niña.

El señor se empezó a preocupar por el raro comportamiento del animal, y un día le dijo a su hija:

Telas de seda lujosas bordadas a mano, se han hecho en China durante miles de años.

—¿Por qué se comporta de forma tan extraña el caballo cada vez que te ve?

La niña confesó lo que le había dicho al caballo.

Al escuchar esto su padre se enfureció.

—No debiste haberle dicho eso a un animal. Que nadie se entere de esto.

—¡Te quedarás encerrada en la casa!

Si bien el señor quería a su caballo, no deseable saber nada de convertirse en su suegro. Esa noche, para evitar más problemas, entró silenciosamente al establo con su arco y flecha y le disparó al caballo en el corazón. Después lo despellejó y colgó la piel en el patio.

Al día siguiente, cuando el padre se había ido, la niña salió de la casa para unirse a unos niños jugando en el patio cerca de la piel del caballo. Cuando la vio, le dio una patada y dijo enojada:

—Piel de caballo sucio. ¿Qué te hizo pensar que algo tan feo y hocicón como tú podría ser mi...?

Pero antes de que terminara la piel voló y la envolvió, tan rápido como el viento, y la llevó donde nadie la podía ver. Los otros niños observaron pasmados; no podían hacer nada más que esperar a contárselo a su padre cuando llegara.

El señor salió de inmediato a buscar a su hija, pero nunca la encontró. Algunos días después, una familia vecina encontró a la niña, envuelta en la piel, en las ramas de la morera. Se había convertido en algo como gusano que hilaba una hebra larga de seda resplandeciente de su cabeza de caballo, envolviéndose en un capullo suave.

Esa es la historia de la diosa del gusano de seda. El emperador amarillo estaba encantado de recibir el regalo exquisito de la seda... Ordenó a su sastre oficial, Bo Yu, crear nuevos vestidos de gala ceremoniales y sombreros. Y Lei Zu, la reina madre venerada de los dioses y las personas, esposa del emperador, empezó a colectar gusanos de seda y criarlos. Y así los chinos aprendieron acerca de la seda.

Yuan Ke, *Dragones y dinastías*, traducido por Kim Echlin y Nie Zhixiong

Actividad de las artes del lenguaje

¿Cuáles son los dos detalles del mito que te indican que los gusanos de seda eran importantes para los chinos?

La niña del mito tiene problemas porque no cumple su promesa. Inventa y escribe un cuento usando la idea de una promesa no cumplida.

- Determina el lugar, el tiempo y los personajes principales.
- Piensa en los sucesos que ocurrirán y cómo terminará tu cuento.

Matemáticas

Contar orugas

Lai abrió la puerta del cuarto de los gusanos de seda. Su bienvenida fue el sonido fuerte de miles de gusanos de seda comiendo hojas frescas de moreras. Lai disfrutaba criando a los gusanos de seda, pero era mucho trabajo. En el transcurso de su vida, cada gusano de seda come aproximadamente 20 veces su propio peso.

Lai tenía la oportunidad de criar más gusanos de seda. Pero primero tenía que hacer la cuenta de cuántos más podía criar. Ahora tenía 6,000 gusanos de seda que comían las hojas de 125 moreras. ¿Debería pedirles a sus padres que compraran otro terreno con 100 moreras más? Si tuviera 100 moreras más, ¿cuántos gusanos de seda más podría alimentar?

▲ Los gusanos de seda comen hojas frescas de morera cada cuatro horas, las 24 horas del día.

Analiza. 125 árboles pueden alimentar a 6,000 gusanos de seda. Quieres saber cuántos gusanos de seda alimentarán 100 árboles. Escribe una proporción, usa *n* para representar el número de gusanos de seda.

Escribe la proporción.

$$\frac{\text{árboles}}{\text{gusanos de seda}} \begin{matrix}\rightarrow\\ \rightarrow\end{matrix} \frac{125}{6{,}000} = \frac{100}{n} \begin{matrix}\leftarrow\\ \leftarrow\end{matrix} \frac{\text{árboles}}{\text{gusanos de seda}}$$

Multiplica cruzado. $125 \times n = 6{,}000 \times 100$

Simplifica. $125n = 600{,}000$

Resuelve. $n = \frac{600{,}000}{125}$ $\quad n = 4{,}800$

Piénsalo. "Sí", ella decidió. Podría criar 4,800 gusanos de seda más.

Actividad de matemáticas

Resuelve estos problemas.

1. Cheng, un amigo de Lai, también cría gusanos de seda. Compra hojas de morera. Si 20 bolsas de hojas alimentan a 12,000 gusanos de seda al día, ¿cuántas bolsas de hojas comerán 9,600 gusanos de seda al día?
2. Cuando los gusanos de seda de Lai están listos para producir la seda, los pone en bandejas. Si 150 gusanos caben en 3 bandejas, ¿cuántas bandejas usa Lai para sus 6,000 gusanos de seda?
3. Un gusano de seda produce alrededor de 30.4 centímetros por minutos. (a) ¿Cuántos centímetros puede producir en una hora? (b) Un gusano de seda tarda alrededor de 60 horas para producir la seda para su capullo. ¿Cuántos centímetros son?
4. El hilo de seda de Lai contribuye a la creación de hermosa ropa de seda. Se necesita el hilo de 630 capullos para hacer una blusa y el hilo de 110 capullos para hacer una corbata. (a) Si cada uno de los 6,000 gusanos de seda de Lai produce un capullo, ¿cuántas blusas se pueden hacer del hilo? (b) ¿Cuántas corbatas se pueden hacer?

Relaciónalo

Planea un festival de la seda

La seda tiene muchos usos, aparte del uso para hacer ropa fina. ¿Sabías que la seda se usaba para paracaídas durante la Segunda Guerra Mundial? ¿O que algunos ciclistas eligen llantas que contienen seda porque dan mayor tracción? Hoy en día, la seda tiene mucho usos:

- recreación: hilos y redes para pescar, llantas de bicicleta;
- negocios: aislantes eléctricos, cintas para máquinas de escribir y computadoras, suturas quirúrgicas;
- decoración: impresión en serigrafía, flores artificiales.

Trabaja en grupos pequeños para conocer los usos de la seda en el pasado o en el presente. Inventa una forma interesante de compartir tu proyecto con la clase:

- un puesto para exhibir o anunciar un producto de seda;
- una pequeña obra de teatro en que uses seda;
- una representación histórica sobre los usos de la seda en otros países;
- una presentación acerca de un proceso, como la serigrafía o flores de seda.

Pide voluntarios que lleven ilustraciones o productos de seda a la clase. Después de ensayar o ver las presentaciones, trabaja con los otros grupos para decidir cómo organizar su Festival de la seda.

▼ Los competidores del Tour de France frecuentemente usan en sus bicicletas llantas que contienen seda.

Piensa como científico

Tal vez no lo sepas, pero todos los días piensas como científico. Cada vez que te haces una pregunta y examinas las respuestas posibles aplicas muchas de las mismas destrezas que los científicos. Algunas de esas destrezas se describen en esta página.

Observar

Observas cada vez que reúnes información sobre el mundo con uno o más de tus cinco sentidos. Oír que ladra un perro, contar doce semillas verdes y oler el humo son observaciones. Para aumentar el alcance de los sentidos, los científicos tienen microscopios, telescopios y otros instrumentos con los que hacen observaciones más detalladas.

Las observaciones deben referirse a los hechos y ser precisas, un informe exacto de lo que tus sentidos detectan. Es importante escribir o dibujar cuidadosamente en un cuaderno las observaciones en la clase de ciencias. La información reunida en las observaciones se llama evidencia o dato.

Inferir

Cuando explicas o interpretas una observación, **infieres**, o haces una inferencia. Por ejemplo, si oyes que tu perro ladra, infieres que hay alguien en la puerta. Para hacer esta inferencia, combinas las evidencias (tu perro ladra) con tu experiencia o conocimientos (sabes que el perro ladra cuando se acerca un desconocido) para llegar a una conclusión lógica.

Advierte que las inferencias no son hechos, sino solamente una de tantas explicaciones de tu observación. Por ejemplo, quizá tu perro ladra porque quiere ir de paseo. A veces resulta que las inferencias son incorrectas aun si se basan en observaciones precisas y razonamientos lógicos. La única manera de averiguar si una inferencia es correcta, es investigar más a fondo.

Predecir

Cuando escuchas el pronóstico del tiempo, oyes muchas predicciones sobre las condiciones meteorológicas del día siguiente: cuál será la temperatura, si lloverá o no y si habrá mucho viento. Los meteorólogos pronostican el tiempo basados en sus observaciones y conocimientos de los sistemas climáticos. La destreza de **predecir** consiste en hacer una inferencia sobre un acontecimiento futuro basada en pruebas actuales o en la experiencia.

Como las predicciones son inferencias, a veces resultan falsas. En la clase de ciencias, puedes hacer experimentos para probar tus predicciones. Por ejemplo, digamos que predices que los aviones de papel más grandes vuelan más lejos que los pequeños. ¿Cómo pondrías a prueba tu predicción?

ACTIVIDAD Estudia la fotografía para responder las preguntas siguientes.

Observar Mira con atención la fotografía. Anota por lo menos tres observaciones.

Inferir Con tus observaciones, haz una inferencia de lo que sucedió. ¿Qué experiencias o conocimientos aprovechaste para formular tu inferencia?

Predecir Predice lo que ocurrirá a continuación. ¿En qué evidencias o experiencias basas tu predicción?

Clasificar

¿Te imaginas cómo sería buscar un libro en la biblioteca si todos los tomos estuvieran puestos en los estantes sin ningún orden? Tu visita a la biblioteca sería cosa de todo un día. Por fortuna, los bibliotecarios agrupan los libros por tema o por autor. Agrupar los elementos que comparten algún parecido se llama **clasificar**. Puedes clasificar las cosas de muchas maneras: por tamaño, por forma, por uso y por otras características importantes.

Como los bibliotecarios, los científicos aplican la destreza de clasificar para organizar información y objetos. Cuando las cosas están distribuidas en grupos, es más fácil entender sus relaciones.

ACTIVIDAD

Clasifica los objetos de la fotografía en dos grupos, de acuerdo con la característica que tú escojas. Luego, elige otra característica y clasifícalos en tres grupos.

ACTIVIDAD

Esta estudiante demuestra con un modelo las causas del día y la noche en la Tierra. ¿Qué representan la lámpara y la pelota de tenis?

Hacer modelos

¿Alguna vez has hecho un dibujo para que alguien entienda mejor lo que le dices? Ese dibujo es una especie de modelo. Los modelos son dibujos, diagramas, imágenes de computadora o cualquier otra representación de objetos o procesos complicados. **Hacer modelos** nos ayuda a entender las cosas que no vemos directamente.

Los científicos representan con modelos las cosas muy grandes o muy pequeñas, como los planetas del sistema solar o las partes de las células. En estos casos se trata de modelos físicos, dibujos o cuerpos sólidos que se parecen a los objetos reales. En otros casos son modelos mentales: ecuaciones matemáticas o palabras que describen el funcionamiento de algo.

Comunicar

Te comunicas cuando hablas por teléfono, escribes una carta o escuchas al maestro en la escuela. **Comunicar** es el acto de compartir ideas e información con los demás. La comunicación eficaz requiere de muchas destrezas: escribir, leer, hablar, escuchar y hacer modelos.

Los científicos se comunican para compartir resultados, información y opiniones. Acostumbran comunicar su trabajo en publicaciones, por teléfono, en cartas y en la Internet. También asisten a reuniones científicas donde comparten sus ideas en persona.

ACTIVIDAD

En un papel, escribe con claridad las instrucciones detalladas para amarrarse las agujetas. Luego, intercámbialas con un compañero o compañera. Sigue exactamente sus instrucciones. ¿Qué tan bien pudiste amarrarte el zapato? ¿Cómo se hubiera comunicado con más claridad tu compañero o compañera?

Hacer mediciones

Cuando los científicos hacen observaciones, no basta decir que algo es "grande" o "pesado". Por eso, miden con sus instrumentos qué tan grandes o pesados son los objetos. Con las mediciones, los científicos expresan con mayor exactitud sus observaciones y comunican más información sobre lo que observan.

Mediciones SI

La forma común de medir que utilizan los científicos de todo el mundo es el *Sistema Internacional de Unidades*, abreviado SI. Estas unidades son fáciles de usar porque se basan en múltiplos de 10. Cada unidad es 10 veces mayor que la inmediata anterior y un décimo del tamaño de la siguiente. En la tabla se anotan los prefijos de las unidades del SI más frecuentes.

Prefijos comunes SI

Prefijo	Símbolo	Significado
kilo-	k	1,000
hecto-	h	100
deka-	da	10
deci-	d	0.1 (un décimo)
centi-	c	0.01 (un centésimo)
mili-	m	0.001 (un milésimo)

Longitud Para medir la longitud, o la distancia entre dos puntos, la unidad de medida es el **metro (m)**. Un metro es la distancia aproximada del suelo al pomo de la puerta. Las distancias mayores, como entre ciudades, se miden en kilómetros (km). Las longitudes más pequeñas se miden en centímetros (cm) o milímetros (mm). Para medir la longitud, los científicos usan reglas métricas.

Conversiones comunes
1 km = 1,000 m
1 m = 100 cm
1 m = 1,000 mm
1 cm = 10 mm

ACTIVIDAD

En la regla métrica de la ilustración, las líneas largas son divisiones en centímetros, mientras que las cortas que no están numeradas son divisiones en milímetros. ¿Cuántos centímetros de largo tiene esta concha? ¿A cuántos milímetros equivale?

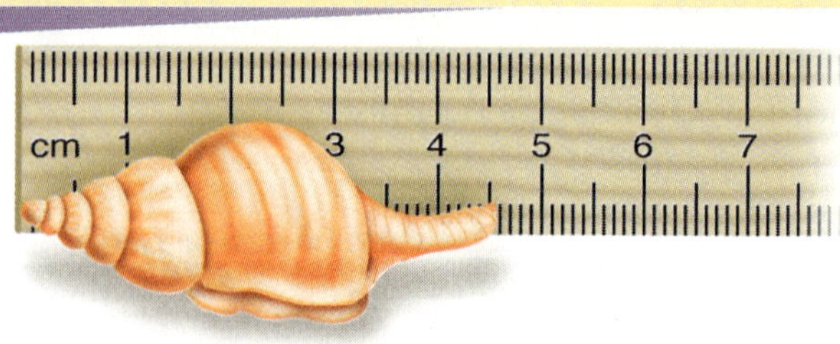

Volumen líquido Para medir el volumen de los líquidos, o la cantidad de espacio que ocupan, utilizamos una unidad de medida llamada **litro (L)**. Un litro es aproximadamente el volumen de un cartón de leche de tamaño mediano. Los volúmenes menores se miden en mililitros (mL). Los científicos tienen cilindros graduados para medir el volumen líquido.

Conversión común
1 L = 1,000 mL

ACTIVIDAD

El cilindro graduado de la ilustración está marcado con divisiones en milímetros. Observa que la superficie del agua del cilindro es curva. Esta curvatura se llama *menisco*. Para medir el volumen, tienes que leer el nivel en el punto más bajo del menisco. ¿Cuál es el volumen del agua en este cilindro graduado?

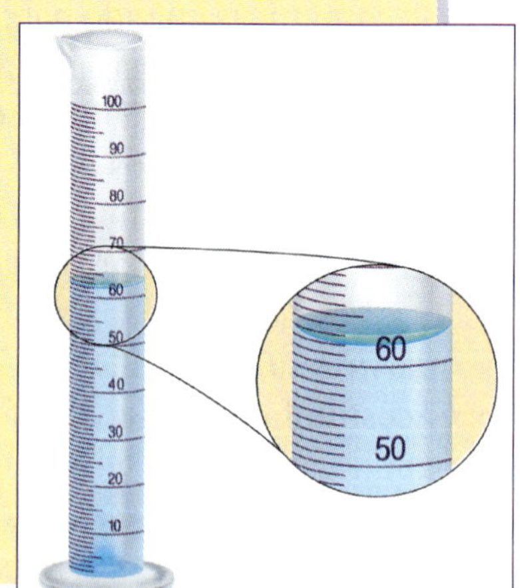

Masa Para medir la masa, o la cantidad de materia de los objetos, tomamos una unidad de medida conocida como **gramo (g)**. Un gramo es aproximadamente la masa de un sujetador de papeles. Las masas más grandes se miden en kilogramos (kg). Los científicos miden con básculas la masa de los objetos.

Conversión común
1 kg = 1,000 g

ACTIVIDAD

La báscula electrónica muestra la masa de una manzana en kilogramos. ¿Cuál es la masa de la manzana? Supón que una receta de puré requiere un kilogramo de manzanas. ¿Cuántas manzanas necesitarías?

Temperatura Para medir la temperatura de las sustancias, usamos la **escala Celsius**. La temperatura se mide con un termómetro en grados Celsius (°C). El agua se congela a 0°C y hierve a 100°C.

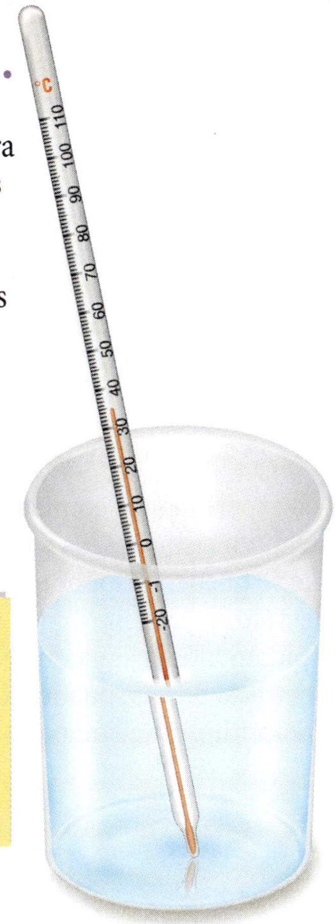

ACTIVIDAD

¿Cuál es la temperatura del líquido en grados Celsius?

Conversión de unidades SI

Para trabajar con el sistema SI, debes saber cómo convertir de unas unidades a otras. Esto requiere la destreza de **calcular**, o realizar operaciones matemáticas. Convertir unidades SI es igual que convertir dólares y monedas de 10 centavos, porque los dos sistemas se basan en múltiplos de diez.

Digamos que quieres convertir en metros una longitud de 80 centímetros. Sigue estos pasos para convertir las unidades.

1. Comienza por escribir la medida que quieres convertir; en este ejemplo, 80 centímetros.
2. Escribe el factor de conversión que represente la relación entre las dos unidades. En este ejemplo, la relación es *1 metro = 100 centímetros.* Escribe el factor como fracción. Asegúrate de poner en el denominador las unidades de las que conviertes (en este ejemplo, centímetros).
3. Multiplica la medición que quieres convertir por la fracción. Las unidades de esta primera medición se cancelarán con las unidades del denominador. Tu respuesta estará en las unidades a las que conviertes.

Ejemplo

80 centímetros = ?______ metros

$$80 \text{ centímetros} \times \frac{1 \text{ metro}}{100 \text{ centímetros}} = \frac{80 \text{ metros}}{100}$$

$$= 0.8 \text{ metros}$$

ACTIVIDAD

Convierte las unidades siguientes.

1. 600 milímetros = ?___ metros
2. 0.35 litros = ?___ mililitros
3. 1,050 gramos = ?___ kilogramos

Realizar una investigación científica

En cierta forma, los científicos son como detectives que unen claves para entender un proceso o acontecimiento. Una forma en que los científicos reúnen claves es realizar experimentos. Los experimentos prueban las ideas en forma cuidadosa y ordenada. Sin embargo, no todos los experimentos siguen los mismos pasos en el mismo orden, aunque muchos tienen un esquema parecido al que se describe aquí.

Plantear preguntas

Los experimentos comienzan planteando una pregunta científica. Las preguntas científicas son las que se pueden responder reuniendo pruebas. Por ejemplo, la pregunta "¿qué se congela más rápidamente, el agua dulce o el agua salada?" es científica, porque puedes realizar una investigación y reunir información para contestarla.

Desarrollar una hipótesis

El siguiente paso es formular una hipótesis. Las **hipótesis** son predicciones acerca de los resultados de los experimentos. Como todas las predicciones, las hipótesis se basan en tus observaciones y en tus conocimientos o experiencia. Pero, a diferencia de muchas predicciones, las hipótesis deben ser algo que se pueda poner a prueba. Las hipótesis bien enunciadas adoptan la forma *Si... entonces...* y en seguida el planteaminto. Por ejemplo, una hipótesis sería "*si añado sal al agua dulce, entonces tardará más en congelarse*". Las hipótesis enunciadas de esta manera son un boceto aproximado del experimento que debes realizar.

Crear un experimento

Enseguida, tienes que planear una forma de poner a prueba tu hipótesis. Debes redactarla en forma de pasos y describir las observaciones o mediciones que harás.

Dos pasos importantes de la creación de experimentos son controlar las variables y formular definiciones operativas.

Controlar variables En los experimentos bien planeados, tienes que cuidar que todas las variables sean la misma excepto una. Una **variable** es cualquier factor que pueda cambiarse en un experimento. El factor que modificas se llama **variable manipulada.** En nuestro experimento, la variable manipulada es la cantidad de sal que se añade al agua. Los demás factores son constantes, como la cantidad de agua o la temperatura inicial.

El factor que cambia como resultado de la variable manipulada se llama **variable de respuesta** y es lo que mides u observas para obtener tus resultados. En este experimento, la variable de respuesta es cuánto tarda el agua en congelarse.

Un **experimento controlado** es el que mantiene constante todos los factores salvo uno. Estos experimentos incluyen una prueba llamada de control. En este experimento, el recipiente 3 es el de control. Como no se le añade sal, puedes comparar con él los resultados de los otros experimentos. Cualquier diferencia en los resultados debe obedecer en exclusiva a la adición de sal.

Formular definiciones operativas
Otro aspecto importante de los experimentos bien planeados es tener definiciones operativas claras. Las **definiciones operativas** son enunciados que describen cómo se va a medir cierta variable o cómo se va a definir. Por ejemplo, en este experimento, ¿cómo determinarás si el agua se congeló? Quizá decidas meter un palito en los recipientes al comienzo del experimento. Tu definición operativa de "congelada" sería el momento en que el palito dejara de moverse.

PROCEDIMIENTO EXPERIMENTAL

1. *Llena 3 recipientes con agua fría de la llave.*
2. *Añade 10 gramos de sal al recipiente 1 y agita. Añade 20 gramos de sal al recipiente 2 y agita. No añadas sal al recipiente 3.*
3. *Coloca los tres recipientes en el congelador.*
4. *Revisa los recipientes cada 15 minutos. Anota tus observaciones.*

Interpretar datos

Las observaciones y mediciones que haces en los experimentos se llaman datos. Debes analizarlos al final de los experimentos para buscar regularidades o tendencias. Muchas veces, las regularidades se hacen evidentes si organizas tus datos en una tabla o una gráfica. Luego, reflexiona en lo que revelan los datos. ¿Apoyan tu hipótesis? ¿Señalan una falla en el experimento? ¿Necesitas reunir más datos?

Sacar conclusiones

Las conclusiones son enunciados que resumen lo que aprendiste del experimento. Cuando sacas una conclusión, necesitas decidir si los datos que reuniste apoyan tu hipótesis o no. Tal vez debas repetir el experimento varias veces para poder sacar alguna conclusión. A menudo, las conclusiones te llevan a plantear preguntas nuevas y a planear experimentos nuevos para responderlas.

ACTIVIDAD

Al rebotar una pelota, ¿influye la altura de la cual la arrojas? De acuerdo con los pasos que acabamos de describir, planea un experimento controlado para investigar este problema.

Razonamiento crítico

¿Alguien te ha pedido consejo acerca de un problema? En tal caso, es probable que hayas ayudado a esa persona a pensar en el problema a fondo y de manera lógica. Sin saberlo, aplicaste las destrezas del razonamiento crítico, que consiste en reflexionar y emplear la lógica para resolver problemas o tomar decisiones. A continuación se describen algunas destrezas de razonamiento crítico.

Comparar y contrastar

Cuando buscas las semejanzas y las diferencias de dos objetos, aplicas la destreza de **comparar y contrastar**. Comparar es identificar las semejanzas, o características comunes. Contrastar significa encontrar las diferencias. Analizar los objetos de este modo te servirá para descubrir detalles que en otro caso quizá omitirías.

ACTIVIDAD

Compara y contrasta los dos animales de la foto. Anota primero todas las semejanzas que veas y luego todas las diferencias.

Aplicar los conceptos

Cuando recurres a tus conocimientos de una situación para entender otra parecida, empleas la destreza de **aplicar conceptos**. Ser capaz de transferir tus conocimientos de una situación a otra demuestra que realmente entiendes el concepto. Con esta destreza respondes en los exámenes las preguntas que tienen problemas distintos de los que estudiaste en clase.

ACTIVIDAD

Acabas de aprender que el agua tarda más en congelarse si se le mezclan otras sustancias. Con este conocimiento, explica por qué en invierno necesitamos poner en el radiador de los autos una sustancia llamada anticongelante.

Interpretar ilustraciones

En los libros hay diagramas, fotografías y mapas para aclarar lo que lees. Estas ilustraciones muestran procesos, lugares e ideas de forma visual. La destreza llamada **interpretar ilustraciones** te sirve para aprender de estos elementos visuales. Para entender una ilustración, date tiempo para estudiarla junto con la información escrita que la acompañe. Las leyendas indican los conceptos fundamentales de la ilustración. Los nombres señalan las partes importantes de diagramas y mapas, en tanto que las claves explican los símbolos de los mapas.

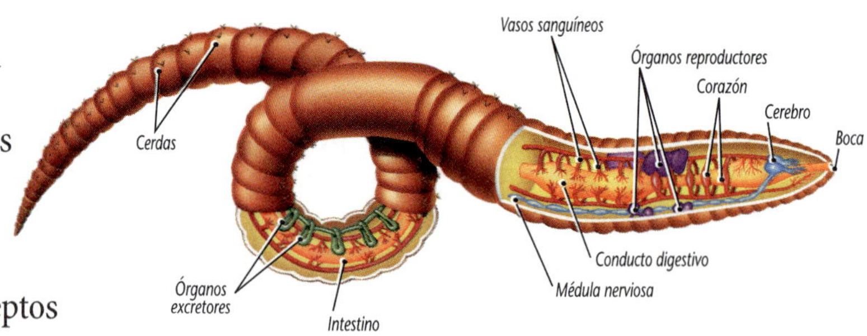

▲ Anatomía interna de la lombriz de tierra

ACTIVIDAD

Estudia el diagrama de arriba. Luego, escribe un párrafo breve donde expliques lo que aprendiste.

Relacionar causa y efecto

Si un suceso es la causa de que otro ocurra, se dice que ambos tienen una relación de causa y efecto. Cuando determinas que hay tal relación entre dos sucesos, muestras una destreza llamada **relacionar causa y efecto**. Por ejemplo, si observas en tu piel una hinchazón roja y que te causa irritación, infieres que te picó un mosquito. La picadura es la causa y la hinchazón el efecto.

ACTIVIDAD

Estás en un campamento y tu linterna dejó de funcionar. Haz una lista de las causas posibles del desperfecto. ¿Cómo determinarías la relación de causa y efecto que te ha dejado a oscuras?

Hacer generalizaciones

Cuando sacas una conclusión acerca de todo un grupo basado en la información de sólo algunos de sus miembros, aplicas una destreza llamada **hacer generalizaciones**. Para que las generalizaciones sean válidas, la muestra que escojas debe ser lo bastante grande y representativa de todo el grupo. Por ejemplo, puedes ejercer esta destreza en un puesto de frutas si ves un letrero que diga "Pruebe algunas uvas antes de comprar". Si tomas unas uvas dulces, concluyes que todas las uvas son dulces y compras un racimo grande.

ACTIVIDAD

Un equipo de científicos necesita determinar si es potable el agua de un embalse grande. ¿Cómo aprovecharían la destreza de hacer generalizaciones? ¿Qué deben hacer?

Formular juicios

Cuando evalúas algo para decidir si es bueno o malo, correcto o incorrecto, utilizas una destreza llamada **formular juicios**. Por ejemplo, formulas juicios cuando prefieres comer alimentos saludables o recoges la basura de un parque. Antes de formular el juicio, tienes que meditar en las ventajas y las desventajas de la situación y mostrar los valores y las normas que sostienes.

ACTIVIDAD

¿Hay que exigir a niños y adolescentes que porten casco al ir en bicicleta? Explica las razones de tu opinión.

Resolver problemas

Cuando te vales de las destrezas de razonamiento crítico para resolver un asunto o decidir una acción, practicas una destreza llamada **resolver problemas**. Algunos problemas son sencillos, como la forma de convertir fracciones en decimales. Otros, como averiguar por qué dejó de funcionar tu computadora, son complicados. Algunos problemas complicados se resuelven con el método de ensayo y error —ensayas primero una solución; si no funciona, intentas otra—. Entre otras estrategias útiles para resolver problemas se encuentran hacer modelos y realizar una lluvia de ideas con un compañero en busca de soluciones posibles.

Organizar la información

A medida que lees este libro, ¿cómo puedes comprender toda la información que contiene? En esta página se muestran herramientas útiles para organizar la información. Se denominan *organizadores gráficos* porque te dan una imagen de los temas y de la relación entre los conceptos.

Redes de conceptos

Las redes de conceptos son herramientas útiles para organizar la información en temas generales. Comienzan con un tema general que se descompone en conceptos más concretos. De esta manera, se facilita la comprensión de las relaciones entre los conceptos.

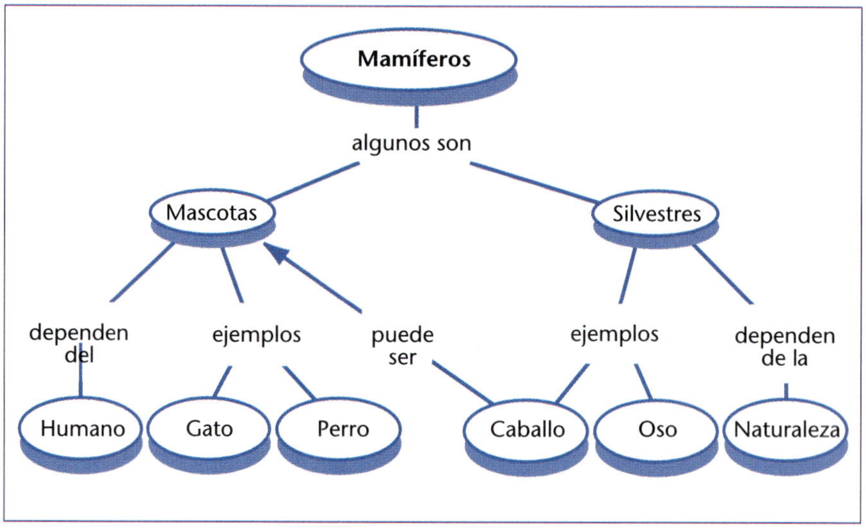

Para trazar una red de conceptos, se anotan los términos (por lo regular sustantivos) dentro de óvalos y se conectan con palabras de enlace. El concepto más general se pone en la parte superior. Conforme se desciende, los términos son cada vez más específicos. Las palabras de enlace, que se escriben sobre una línea entre dos óvalos, describen las relaciones de los conceptos que unen. Si sigues hacia abajo cualquier encadenamiento de conceptos y palabras de enlace, suele ser fácil leer una oración.

Algunas redes de conceptos comprenden nexos que vinculan un concepto de una rama con otro de una rama distinta. Estos nexos, llamados cruzados, muestran relaciones más complicadas entre conceptos.

Tablas para comparar y contrastar

Las tablas para comparar y contrastar son herramientas útiles para clasificar las semejanzas y las diferencias entre dos o más objetos o sucesos. Las tablas proporcionan un esquema organizado para realizar comparaciones de acuerdo con las características que identifiques.

Para crear una tabla para comparar y contrastar, anota los elementos que vas a comparar en la parte superior. Enseguida, haz en la columna izquierda una lista de las características que formarán la base de tus comparaciones. Para terminar tu tabla, asienta la información sobre cada característica, primero de un elemento y luego del siguiente.

Característica	Béisbol	Baloncesto
Núm. de jugadores	9	5
Campo de juego	Diamante de béisbol	Cancha de baloncesto
Equipo	Bates, pelotas, manoplas	Canasta, pelota

Diagramas de Venn

Los diagramas de Venn son otra forma de mostrar las semejanzas y las diferencias entre elementos. Estos diagramas constan de dos o más círculos que se superponen parcialmente. Cada círculo representa un concepto o idea. Las características comunes, o semejanzas, se anotan en la parte superpuesta de ambos círculos. Las características únicas, o diferencias, se escriben en las partes de los círculos que no pertenecen a la zona de superposición.

Para trazar un diagrama de Venn, dibuja dos círculos superpuestos. Encabézalos con los nombres de los elementos que vas a comparar. En cada círculo, escribe las características únicas en las partes que no se superponen. Luego, anota en el área superpuesta las características compartidas.

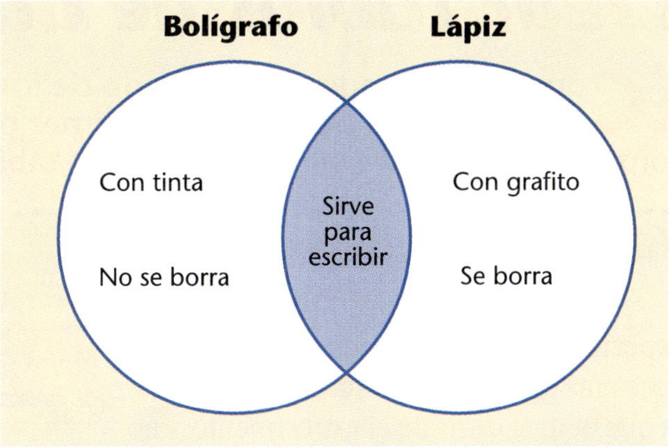

Diagramas de flujo

Los diagramas de flujo ayudan a entender el orden en que ciertos sucesos ocurren o deben ocurrir. Sirven para esbozar las etapas de un proceso o los pasos de un procedimiento.

Para hacer un diagrama de flujo, escribe en un recuadro una descripción breve de cada suceso. Anota el primero en la parte superior de la hoja, seguido por el segundo, el tercero, etc. Para terminar, dibuja una flecha que conecte cada suceso en el orden en que ocurren.

Preparación de pasta

Diagramas de ciclos

Los diagramas de ciclos muestran secuencias de acontecimientos continuas, o ciclos. Las secuencias continuas no tienen final, porque cuando termina el último suceso, el primero se repite. Como los diagramas de flujo, permiten entender el orden de los sucesos.

Para crear el diagrama de un ciclo, escribe en un recuadro una descripción breve de cada suceso. Coloca uno en la parte superior de la hoja, al centro. Luego, sobre un círculo imaginario y en el sentido de las manecillas del reloj, escribe cada suceso en la secuencia correcta. Dibuja flechas que conecten cada suceso con el siguiente, de modo que se forme un círculo continuo.

Etapas de los experimentos científicos

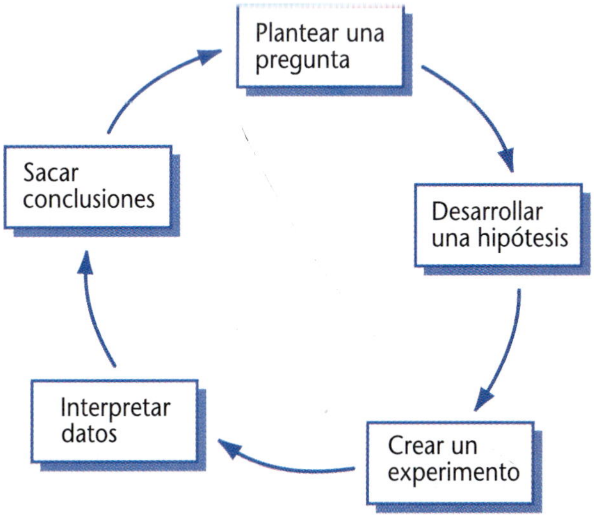

Crear tablas de datos y gráficas

¿Cómo se entiende el significado de los datos de los experimentos científicos? El primer paso es organizarlos para comprenderlos. Para ello, son útiles las tablas de datos y las gráficas.

Tablas de datos

Ya reuniste los materiales y preparaste el experimento. Pero antes de comenzar, necesitas planificar una forma de anotar lo que ocurre durante el experimento. En una tabla de datos puedes escribir tus observaciones y mediciones de manera ordenada.

Por ejemplo, digamos que un científico realizó un experimento para saber cuántas calorías queman sujetos de diversas masas corporales al realizar varias actividades. La tabla de datos muestra los resultados.

CALORÍAS QUEMADAS EN 30 MINUTOS DE ACTIVIDAD

Masa corporal	Experimento 1 Ciclismo	Experimento 2 Béisbol	Experimento 3 Ver televisión
30 kg	60 calorías	120 calorías	21 calorías
40 kg	77 calorías	164 calorías	27 calorías
50 kg	95 calorías	206 calorías	33 calorías
60 kg	114 calorías	248 calorías	38 calorías

Observa en la tabla que la variable manipulada (la masa corporal) es el encabezado de una columna. La variable de respuesta (en el experimento 1, las calorías quemadas al andar en bicicleta) encabeza la siguiente columna. Las columnas siguientes se refieren a experimentos relacionados.

Gráficas de barras

Para comparar cuántas calorías se queman al realizar varias actividades, puedes trazar una gráfica de barras. Las gráficas de barras muestran los datos en varias categorías distintas. En este ejemplo, el ciclismo, el béisbol y ver televisión son las tres categorías. Para trazar una gráfica de barras, sigue estos pasos.

Calorías quemadas por una persona de 30 kilos en diversas actividades

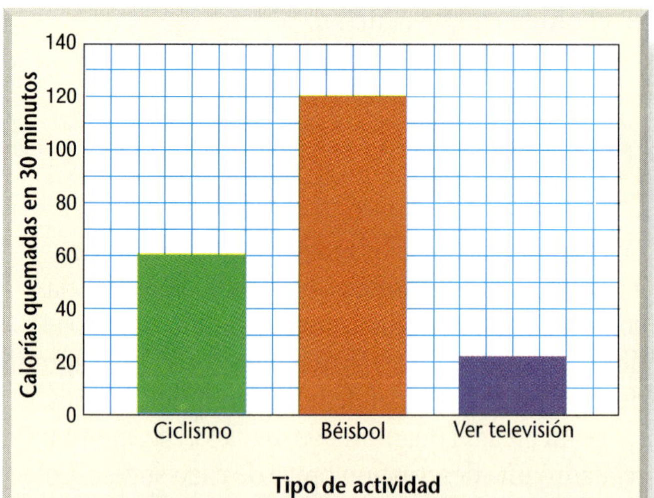

1. En papel cuadriculado, dibuja un eje horizontal, o eje de las *x*, y uno vertical, o de las *y*.
2. En el eje horizontal, escribe los nombres de las categorías que vas a graficar. Escribe también un nombre para todo el eje.
3. En el eje vertical anota el nombre de la variable de respuesta. Señala las unidades de medida. Para crear una escala, marca el espacio equivalente a los números de los datos que reuniste.
4. Dibuja una barra por cada categoría, usando el eje vertical para determinar la altura apropiada. Por ejemplo, en el caso del ciclismo, dibuja la barra hasta la altura de la marca 60 en el eje vertical. Haz todas las barras del mismo ancho y deja espacios iguales entre ellas.
5. Agrega un título que describa la gráfica.

Gráficas de líneas

Puedes trazar una gráfica de líneas para saber si hay una relación entre la masa corporal y la cantidad de calorías quemadas al andar en bicicleta. En estas gráficas, los datos muestran los cambios de una variable (la de respuesta) como resultado de los cambios de otra (la manipulada). Conviene trazar una gráfica de líneas cuando la variable manipulada es *continua*, es decir, cuando hay otros puntos entre los que estás poniendo a prueba. En este ejemplo, la masa corporal es una variable continua porque hay otros pesos entre los 30 y los 40 kilos (por ejemplo, 31 kilos). El tiempo es otro ejemplo de variable continua.

Efecto de la masa corporal en las calorías quemadas al practicar el ciclismo

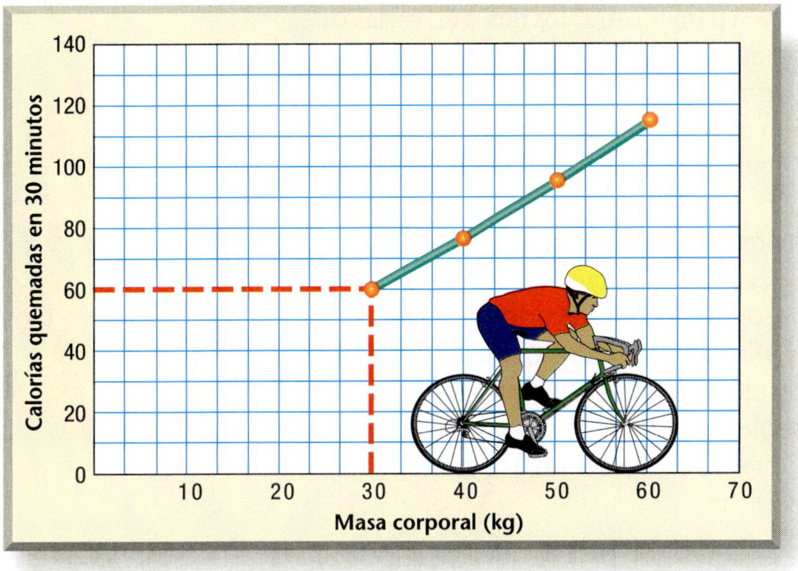

Las gráficas de líneas son herramientas poderosas, pues con ellas calculas las cifras de condiciones que no probaste en el experimento. Por ejemplo, con tu gráfica puedes estimar que una persona de 35 kilos quemaría 68 calorías al andar en bicicleta.

Para trazar una gráfica de líneas, sigue estos pasos.

1. En papel cuadriculado, dibuja un eje horizontal, o eje de las *x*, y uno vertical, o de las *y*.
2. En el eje horizontal, escribe el nombre de la variable manipulada. En el vertical, anota el nombre de la variable de respuesta y añade las unidades de medida.
3. Para crear una escala, marca el espacio equivalente a los números de los datos que reuniste.
4. Marca un punto por cada dato. En la gráfica de esta página, las líneas punteadas muestran cómo marcar el punto del primer dato (30 kilogramos y 60 calorías). En el eje horizontal, sobre la marca de los 30 kilos, proyecta una línea vertical imaginaria. Luego, dibuja una línea horizontal imaginaria que se proyecte del eje vertical en la marca de las 60 calorías. Pon el punto en el sitio donde se cruzan las dos líneas.
5. Conecta los puntos con una línea continua. (En algunos casos, tal vez sea mejor trazar una línea que muestre la tendencia general de los puntos graficados. En tales casos, algunos de los puntos caerán arriba o abajo de la línea.)
6. Escribe un título que identifique las variables o la relación de la gráfica.

ACTIVIDAD

Traza gráficas de líneas con los datos de la tabla de los experimentos 2 y 3.

ACTIVIDAD

Acabas de leer en el periódico que en la zona donde vives cayeron 4 centímetros lluvia en junio, 2.5 centímetros en julio y 1.5 centímetros en agosto. ¿Qué gráfica escogerías para mostrar estos datos? Traza tu gráfica en papel cuadriculado.

Gráficas circulares

Como las gráficas de barras, las gráficas circulares sirven para mostrar los datos en varias categorías separadas. Sin embargo, a diferencia de las gráficas de barras, sólo se trazan cuando tienes los datos de *todas* las categorías que comprende tu tema. Las gráficas circulares se llaman a veces gráficas de pastel, porque parecen un pastel cortado en rebanadas. El pastel representa todo el tema y las rebanadas son las categorías. El tamaño de cada rebanada indica qué porcentaje tiene cada categoría del total.

La tabla de datos que sigue muestra los resultados de una encuesta en la que se pidió a 24 adolescentes que declararan su deporte favorito. Con esos datos, se trazó la gráfica circular de la derecha.

Deportes que prefieren los adolescentes

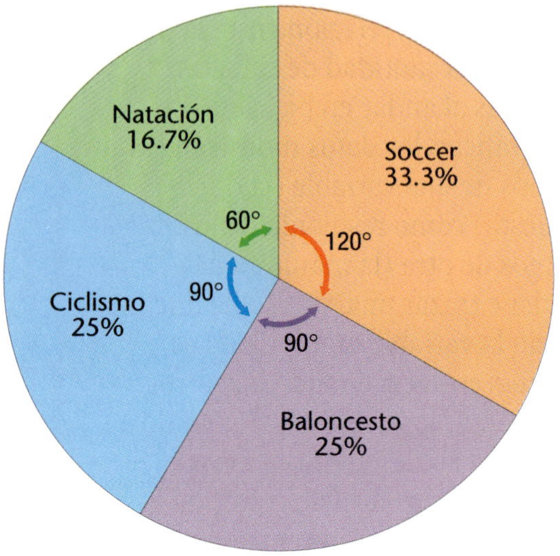

DEPORTES FAVORITOS

Deporte	*Número de estudiantes*
Soccer	8
Baloncesto	6
Ciclismo	6
Natación	4

Para trazar una gráfica circular, sigue estos pasos.

1. Dibuja un círculo con un compás. Marca el centro con un punto. Luego, traza una línea del centro a la parte superior.
2. Para determinar el tamaño de cada "rebanada", establece una proporción en la que x sea igual al número de grados de la rebanada (NOTA: Los círculos tienen 360 grados). Por ejemplo, para calcular el número de grados de la rebanada del "soccer", plantea la relación siguiente:

$$\frac{\text{estudiantes que prefieren el soccer}}{\text{número total de estudiantes}} = \frac{x}{\text{número total de grados del círculo}}$$

$$\frac{8}{24} = \frac{x}{360}$$

Haz la multiplicación cruzada y resuelve x.

$$24x = 8 \times 360$$
$$x = 120$$

La rebanada de "soccer" tendrá 120 grados.

3. Mide con un transportador el ángulo de la primera rebanada. La línea de 0° es la que trazaste hasta la parte superior del círculo. Dibuja una línea que vaya del centro del círculo al extremo del ángulo que mediste.
4. Prosigue alrededor del círculo, midiendo cada rebanada con el transportador. Comienza en el borde de la rebanada anterior para que no se superpongan. Cuando termines, el círculo debe estar completo.
5. Determina el porcentaje del círculo que representa cada rebanada. Para ello, divide el número de grados de cada rebanada entre los grados del círculo (360) y multiplica por 100. En el caso de la rebanada del "soccer", calcula el porcentaje como sigue:

$$\frac{120}{360} \times 100\% = 33.3\%$$

6. Colorea cada rebanada. Escribe el nombre de la categoría y el porcentaje que representa.
7. Escribe el título de la gráfica circular.

ACTIVIDAD

En un salón de 28 estudiantes, 12 van a la escuela en autobús, 10 caminan y 6 van en bicicleta. Traza una gráfica circular para mostrar estos datos.

Seguridad en el laboratorio

Símbolos de seguridad

Estos símbolos te alertan de posibles daños en el laboratorio y te recuerdan que trabajes con cuidado.

Gafas de protección Usa siempre estas gafas para protegerte los ojos en cualquier actividad que requiera sustancias químicas, flamas o calor o bien la posibilidad de que se rompan cristales.

Delantal Ponte el delantal para proteger de daños tu piel y tu ropa.

Frágil Trabajas con materiales que se pueden romper, como recipientes de cristal, tubos de vidrio, termómetros o embudos. Maneja estos materiales con cuidado. No toques los vidrios rotos.

Guantes térmicos Ponte un guante de cocina o alguna otra protección para las manos cuando manipules materiales calientes. Las parrillas, el agua o los cristales calientes pueden causar quemaduras. No toques objetos calientes con las manos desnudas.

Caliente Toma los objetos de vidrio calientes con abrazaderas o tenazas. No toques objetos calientes con las manos desnudas.

Objeto filoso Las tijeras puntiagudas, los escalpelos, las navajas, las agujas, los alfileres y las tachuelas son filosos. Pueden cortar o pincharte la piel. Dirige siempre los bordes filosos lejos de ti y de los demás. Usa instrumentos afilados según las instrucciones.

Descarga eléctrica Evita la posibilidad de descargas eléctricas. Nunca uses equipo eléctrico cerca del agua ni cuando el equipo o tus manos estén húmedos. Verifica que los cables no estén enredados ni que puedan hacer que alguien tropiece. Desconecta el equipo cuando no esté en uso.

Corrosivo Trabajas con ácido u otra sustancia química corrosiva. No dejes que salpique en tu piel, ropa ni ojos. No inhales los vapores. Cuando termines la actividad, lávate las manos.

Veneno No permitas que ninguna sustancia química tenga contacto con la piel ni inhales los vapores. Cuando termines la actividad, lávate las manos.

Ten cuidado Cuando un experimento requiere actividad física, toma tus precauciones para que no te lastimes ni lesiones a los demás. Sigue las instrucciones del maestro. Avísale si hay alguna razón por la que no puedas participar en la actividad.

Precaución con los animales Trata con cuidado a los animales vivos para no hacerles daño ni que te lastimes. El trabajo con partes de animales o animales conservados también requiere cuidados. Cuando termines la actividad, lávate las manos.

Precaución con las plantas Maneja las plantas en el laboratorio o durante el trabajo de campo sólo como te lo indique el maestro. Avísale si eres alérgico a ciertas plantas que se van a usar en una actividad. No toques las plantas nocivas, como la hiedra, el roble o el zumaque venenosos ni las que tienen espinas. Cuando termines la actividad, lávate las manos.

Flamas Es posible que trabajes con flamas de mecheros, velas o cerillos. Anudate por atrás el cabello y la ropa sueltos. Sigue las instrucciones de tu maestro sobre cómo encender y extinguir las flamas.

No flamas Es posible que haya materiales inflamables. Verifica que no haya flamas, chispas ni otras fuentes expuestas de calor.

Vapores Cuando haya vapores venenosos o desagradables, trabaja en una zona ventilada. No inhales los vapores directamente. Prueba los olores sólo cuando el maestro lo indique y efectúa un movimiento de empuje para dirigir el vapor hacia tu nariz.

Desechos Es preciso desechar en forma segura las sustancias químicas y los materiales de la actividad. Sigue las instrucciones de tu maestro.

Lavarse las manos Cuando termines la actividad, lávate muy bien las manos con jabón antibacteriano y agua caliente. Frota los dos lados de las manos y entre los dedos. Enjuaga por completo.

Normas generales de seguridad Es posible que veas este símbolo cuando ninguno de los anteriores aparece. En este caso, sigue las instrucciones concretas que te proporcionen. También puede ser que veas el símbolo cuando te pidan que establezcas tu propio procedimiento de laboratorio. Antes de proseguir, pide a tu maestro que apruebe tu plan.

Reglas de seguridad en ciencias

Para que estés preparado y trabajes con seguridad en el laboratorio, repasa las siguientes reglas de seguridad. Luego, vuélvelas a leer. Asegúrate de entenderlas y seguirlas todas. Pide a tu maestro que te explique las que no comprendas.

Normas de atuendo

1. Para evitar lesiones oculares, ponte las gafas de protección siempre que trabajes con sustancias químicas, mecheros, objetos de vidrio o cualquier cosa que pudiera entrar en los ojos. Si usas lentes de contacto, avísale a tu maestro o maestra.
2. Ponte un delantal o una bata cuando trabajes con sustancias corrosivas o que manchen.
3. Si tienes el cabello largo, anúdalo por atrás para alejarlo de sustancias químicas, flamas o equipo.
4. Quítate o anuda en la espalda cualquier prenda o adorno que cuelgue y que pueda entrar en contacto con sustancias químicas, flamas o equipo. Súbete o asegura las mangas largas.
5. Nunca lleves zapatos descubiertos ni sandalias.

Precauciones generales

6. Lee varias veces todas las instrucciones de los experimentos antes de comenzar la actividad. Sigue con cuidado todas las directrices escritas y orales. Si tienes dudas sobre alguna parte de un experimento, pide a tu maestro que te ayude.
7. Nunca realices actividades que no te hayan encargado o que no estén autorizadas por el maestro. Antes de "experimentar" por tu cuenta, pide permiso. Nunca manejes ningún equipo sin autorización explícita.
8. Nunca realices las actividades de laboratorio sin supervisión directa.
9. Nunca comas ni bebas en el laboratorio.
10. Conserva siempre limpias y ordenadas todas las áreas del laboratorio. Lleva al área de trabajo nada más que cuadernos, manuales o procedimientos escritos de laboratorio. Deja en la zona designada cualesquiera otros artículos, como bolsas y mochilas.
11. No juegues ni corretees.

Primeros auxilios

12. Informa siempre de todos los incidentes y lesiones a tu maestros no importa si son insignificantes. Notifica de inmediato sobre cualquier incendio.
13. Aprende qué debes hacer en caso de accidentes concretos, como que te salpique ácido en los ojos o la piel (enjuaga los ácidos con abundante agua).
14. Averigua la ubicación del botiquín de primeros auxilios, pero no lo utilices a menos que el maestro te lo ordene. En caso de una lesión, él deberá aplicar los primeros auxilios. También puede ser que te envíe por la enfermera de la escuela o a llamar a un médico.
15. Conoce la ubicación del equipo de emergencia, como el extintor y los artículos contra incendios y aprende a usarlos.
16. Conoce la ubicación del teléfono más cercano y a quién llamar en caso de emergencia.

Medidas de seguridad con fuego y fuentes de calor

17. Nunca uses ninguna fuente de calor, como velas, mecheros y parrillas, sin gafas de protección.
18. Nunca calientes nada a menos que te lo indiquen. Sustancias que frías son inofensivas, pueden volverse peligrosas calientes.
19. No acerques al fuego ningún material combustible. Nunca apliques una flama ni una chispa cerca de una sustancia química combustible.
20. Nunca pases las manos por las flamas.
21. Antes de usar los mecheros de laboratorio, verifica que conoces los procedimientos adecuados para encenderlos y graduarlos, según te enseñó tu maestro. Nunca los toques, pues pueden estar calientes, y nunca los descuides ni los dejes encendidos.
22. Las sustancias químicas pueden salpicar o salirse de tubos de ensayo calientes. Cuando calientes una sustancia en un tubo de ensayo, fíjate que la boca del tubo no apunte hacia alguien.
23. Nunca calientes líquidos en recipientes tapados. Los gases se expanden y pueden hacer estallar el recipiente.
24. Antes de tomar un recipiente que haya sido calentado, acércale la palma de la mano. Si sientes el calor en el dorso, el recipiente está demasiado caliente para asirlo. Usa un guante de cocina para levantarlo.

Uso seguro de sustancias químicas

25. Nunca mezcles sustancias químicas "por diversión". Puedes producir una mezcla peligrosa y quizás explosiva.
26. Nunca acerques la cara a un recipiente que contiene sustancias químicas. Nunca toques, pruebes ni aspires una sustancia a menos que lo indique el maestro. Muchas sustancias químicas son venenosas.
27. Emplea sólo las sustancias químicas que requiere la actividad. Lee y verifica dos veces las etiquetas de las botellas de suministro antes de vaciarlas. Toma sólo lo que necesites. Cuando no uses las sustancias, cierra los recipientes que las contienen.
28. Desecha las sustancias químicas según te instruya tu maestro. Para evitar contaminarlas, nunca las devuelvas a sus recipientes originales. Nunca te concretes a tirar por el fregadero o en la basura las sustancias químicas y de otra clase.
29. Presta atención especial cuando trabajes con ácidos y bases. Vierte las sustancias sobre el fregadero o un recipiente, nunca sobre tu superficie de trabajo.
30. Si las instrucciones son que huelas una sustancia, efectúa un movimiento giratorio con el recipiente para dirigir los vapores a tu nariz; no los inhales directamente.
31. Cuando mezcles un ácido con agua, vacía primero el agua al recipiente y luego agrega el ácido. Nunca pongas agua en un ácido.
32. Extrema los cuidados para no salpicar ningún material del laboratorio. Limpia inmediatamente todos los derrames y salpicaduras de sustancias químicas con mucha agua. Enjuaga de inmediato con agua todo ácido que caiga en tu piel o ropa y notifica enseguida a tu maestro de cualquier derrame de ácidos.

Uso seguro de objetos de vidrio

33. Nunca fuerces tubos ni termómetros de vidrio en topes de hule y tapones de corcho. Si lo requiere la actividad, pide a tu maestro que lo haga.
34. Si usas un mechero de laboratorio, coloca una malla de alambre para impedir que las flamas toquen los utensilios de vidrio. Nunca los calientes si el exterior no está completamente seco.
35. Recuerda que los utensilios de vidrio calientes parecen fríos. Nunca los tomes sin verificar primero si están calientes. Usa un guante de cocina. Repasa la regla 24.
36. Nunca uses objetos de vidrio rotos o astillados. Si algún utensilio de vidrio se rompe, díselo a tu maestra y deséchalo en el recipiente destinado a los vidrios rotos. Nunca tomes con las manos desnudas ningún vidrio roto.
37. Nunca comas ni bebas en un artículo de vidrio de laboratorio.
38. Limpia a fondo los objetos de vidrio antes de guardarlos.

Uso de instrumentos filosos

39. Maneja con mucho cuidado los escalpelos y demás instrumentos filosos. Nunca cortes el material hacia ti, sino en la dirección opuesta.
40. Si te cortas al trabajar en el laboratorio, avisa de inmediato a tu maestra o maestro.

Precauciones con animales y plantas

41. Nunca realices experimentos que causen dolor, incomodidad o daños a mamíferos, aves, reptiles, peces y anfibios. Esta regla se aplica tanto en la escuela como en casa.
42. Los animales se manipulan sólo si es absolutamente indispensable. Tu maestro te dará las instrucciones sobre cómo manejar las especies llevadas a la clase.
43. Si eres alérgico a ciertas plantas, mohos o animales, díselo a tu maestro antes de iniciar la actividad.
44. Durante el trabajo de campo, protégete con pantalones, mangas largas, calcetines y zapatos cerrados. Aprende a reconocer las plantas y los hongos venenosos de tu zona, así como las plantas con espinas, y no las toques.
45. Nunca comas parte alguna de plantas u hongos desconocidos.
46. Lávate bien las manos después de manipular animales o sus jaulas. Lávate también después de las actividades con partes de animales, plantas o tierra.

Reglas al terminar experimentos

47. Cuando termines un experimento, limpia tu área de trabajo y devuelve el equipo a su lugar.
48. Elimina materiales de desecho de acuerdo con las instrucciones de tu maestro.
49. Lávate las manos después de cualquier experimento.
50. Cuando no los uses, apaga siempre los quemadores y las parrillas. Desconecta las parrillas y los equipos eléctricos. Si usaste un mechero, ve que también esté cerrada la válvula de alimentación del gas.

Glosario

A

abdomen Sección posterior del cuerpo de un arácnido que contiene los órganos reproductores y parte del sistema digestivo; la sección posterior del cuerpo de un insecto. (p. 58)

adaptación Característica que ayuda a un organismo a sobrevivir en su ambiente o a reproducirse. (p. 19)

agresión Comportamiento amenazante que un animal usa para tener control sobre otro. (p. 161)

aislante Material que no es un buen conductor de calor y ayuda a evitar que se escape. (p. 122)

anfibio Vertebrado exotérmico que pasa la primera parte de su vida en el agua y su madurez en la tierra, y vuelve al agua para reproducirse. (p. 96)

ano Abertura al final del sistema digestivo por la cual salen los desechos del organismo. (p. 39)

antena Apéndice en la cabeza de un animal que contiene los órganos sensoriales. (p. 57)

aprendizaje Proceso modificador del comportamiento a partir de la práctica o la experiencia. (p. 154)

aprendizaje por discernimiento Proceso de aprender a resolver un problema o de hacer algo nuevo al aplicar lo que ya se sabe. (p. 156)

aprendizaje por ensayo y error Aprendizaje que ocurre cuando un animal aprende a desempeñar un comportamiento con mayor destreza. (p. 156)

arácnido Artrópodo cuyo cuerpo tiene sólo dos secciones. (p. 58)

artrópodo Invertebrado con esqueleto externo, cuerpo segmentado y apéndices articulados. (p. 55)

aurícula Cámara superior del corazón. (p. 96)

autótrofo Organismo que produce su propio alimento. (p. 17)

ave Vertebrado endotérmico con plumas y corazón de cuatro cámaras, y que pone huevos. (p. 121)

B

bioluminiscencia Luz emitida por un ser vivo a causa de las reacciones químicas que ocurren dentro de sus células. (p. 172)

bivalvo Molusco que tiene dos conchas unidas por bisagras y músculos fuertes. (p. 50)

branquia Órgano de respiración que extrae el oxígeno del agua. (p. 49)

buche Órgano interno de las aves donde almacenan alimento después de ingerirlo. (p. 122)

C

camuflaje Coloración protectora: una defensa común en los animales. (p. 66)

caninos (canine teeth) Dientes puntiagudos y filosos que sujetan y cortan los alimentos. (p. 136)

carnívoro Animal que come carne de otros animales. (p. 19)

cartílago Tejido fuerte y flexible más blando que el hueso. (p. 83)

cefalópodo Molusco cuyas extremidades se adaptaron en forma de tentáculos alrededor de su boca. (p. 52)

cnidarios Animales que usan células punzantes para capturar presas y defenderse, digieren sus alimentos en una cavidad central. (p. 31)

condicionamiento Proceso de aprender a asociar un estímulo con un hecho bueno o malo. (p. 155)

comportamiento Todas las acciones que realiza un animal. (p. 153)

comportamiento de cortejo El comportamiento en que participan animales de la misma especie en preparación del apareamiento. (p. 162)

cordados Fílum cuyos miembros poseen un notocordio o cuerda nerviosa y aberturas en el área de la garganta en alguna etapa de la vida. (p. 82)

crustáceo Artrópodo con dos o tres secciones corporales, cinco o más pares de patas, dos pares de antenas y normalmente tres pares de apéndices para masticar. (p. 57)

D

definición operativa Expresión que describe cómo medir una variable específica o cómo explicar un término. (p. 189)

depredador Carnívoro que caza y mata otros animales y que cuenta con adaptaciones para capturar su presa. (p. 19)

diafragma Músculo grueso en el pecho de los mamíferos que interviene en la respiración. (p. 136)

E

ectotermo Animal cuyo cuerpo no produce suficiente calor interno. (p. 84)

endoesqueleto Esqueleto interno. (p. 73)

endotermo Animal cuyo cuerpo regula su temperatura al controlar el calor interno que produce. (p. 85)

equinodermo Invertebrado con simetría radial que vive en el fondo del mar y tiene esqueleto externo espinoso. (p. 73)

especie Grupo de organismos que pueden reproducirse entre ellos y producir crías que también pueden aparearse y reproducirse. (p. 17)

estímulo Señal que provoca una reacción en el organismo. (p. 153)

exoesqueleto Concha calina a prueba de agua. (p. 55)

F

fecundación Unión de un óvulo con el esperma. (p. 18)

feromona Sustancia química liberada por un animal con la cual afecta el comportamiento de otro animal de la misma especie. (p. 170)

fílum Cada uno de los 35 grupos principales en que los biólogos clasifican los miembros del reino animal. (p. 20)

flotación Fuerza que el agua ejerce sobre cualquier objeto inmerso en ella empujándolo hacia arriba. (p. 92)

fósil Restos petrificados o huella de un ser vivo que existió hace mucho tiempo. (p. 112)
fuerza ascensional Diferencia de presión entre las superficies superior e inferior del ala del ave, lo que produce una fuerza hacia arriba en las alas. (p. 131)

G

gasterópodo Molusco con una sola concha o sin ella. (p. 50)
glándulas mamarias Órganos que producen la leche con la cual las hembras alimentan a sus crías. (p. 138)

H

hábitat Medio ambiente específico donde vive un animal. (p. 100)
herbívoro Animal que sólo come plantas. (p. 19)
heterótrofo Organismo que no produce su propio alimento y debe obtenerlo comiendo otros organismos. (p. 17)
hipótesis Predicción acerca del resultado de un experimento. (p. 188)
hibernar Estado de actividad corporal muy reducida que ocurre durante el invierno. (p. 166)
huésped Organismo que proporciona alimento a un parásito que vive encima o dentro de él. (p. 36)

I

impronta o grabación Proceso por el cual los pollos y algunas crías de mamíferos siguen al primer objeto que ven al nacer. (p. 157)
incisivos Dientes de bordes planos usados para morder y cortar los alimentos. (p. 136)
insecto Artrópodo cuyo cuerpo tiene tres secciones, seis patas, un par de antenas y normalmente uno o dos pares de alas. (p. 63)
instinto Patrón innato de conducta que el animal ejecuta correctamente desde la primera vez. (p. 154)
inteligencia artificial Capacidad de la computadora para realizar tareas complejas como aprender de la experiencia y resolver problemas. (p. 156)
invertebrado Animal que no tiene columna vertebral. (p. 22)

L

larva Forma inmadura de un animal que se ve muy diferente al adulto. (p. 30)

M

mamífero Vertebrado endotérmico que tiene corazón de cuatro cámaras, piel cubierta de pelo y que alimenta a sus crías con lecha materna. (p. 133)
mamífero placentario Mamífero que se desarrolla dentro del cuerpo de la madre hasta que sus sistemas corporales puedan funcionar independientemente. (p. 143)
marsupial Mamífero cuyas crías nacen en una etapa temprana de su desarrollo y que lo continúan dentro de una bolsa en el cuerpo de la madre. (p. 142)

medusa Tipo corporal de cnidario caracterizado por tener forma de taza y estar adaptado a vivir en flotación libre. (p. 31)
metamorfosis Proceso en el cual el cuerpo de un animal sufre cambios radicales durante su ciclo vital. (p. 58)
metamorfosis completa Tipo de metamorfosis caracterizado por cuatro etapas distintas: huevo, larva, crisálida o pupa y adulto. (p. 64)
metamorfosis gradual Clase de metamorfosis en la cual del huevo sale una ninfa con aspecto adulto, sin pasar por la etapa larval. (p. 64)
migración Viaje regular y periódico de un animal de un lugar a otro y de regreso con objeto de alimentarse o reproducirse. (p. 166)
molares Dientes que, junto con los premolares, muelen y deshacen la comida. (p. 136)
molleja Parte gruesa y musculosa del estómago de las aves que estruja y muele los alimentos parcialmente digeridos. (p. 123)
molusco Invertebrado de cuerpo blando no segmentado; la mayoría se protege con conchas duras. (p. 48)
monotrema Mamífero que pone huevos. (p. 142)
muda Proceso de deshacerse del exoesqueleto. (p. 56)

N

ninfa Etapa de la metamorfosis gradual que normalmente es similar al insecto adulto. (p. 64)
notocordio Cordón semirrígido que da forma al lomo de los cordados. (p. 82)

O

omnívoro Animal que come plantas y animales. (p. 20)
orina Líquido en el que se expelen los desechos producidos por las células del animal. (p. 103)

P

paleontólogo Científico que estudia organismos extintos, examina la estructura de los fósiles y hace comparaciones con los organismos actuales. (p. 114)

parásito Organismo que vive adentro o encima de otro organismo del cual se alimenta. (p. 36)

periodo de gestación Tiempo transcurrido entre la fecundación y el nacimiento de un mamífero. (p. 143)

pez Vertebrado ectotermo que vive en el agua y tiene aletas. (p. 87)

placenta Órgano de las hembras de los mamíferos placentarios que pasa sustancias de la madre al embrión en desarrollo. (p. 146)

pluma remera Pluma grande que da forma al cuerpo de las aves. (p. 121)

plumón Plumas cortas y mullidas que atrapan calor y mantienen abrigadas a las aves. (p. 122)

pólipo Tipo corporal de cnidario caracterizado por su forma de florero y que está adaptado para vivir adherido a una superficie bajo el agua. (p. 31)

premolares Dientes que, junto con los molares, muelen y deshacen la comida. (p. 136)

presa Animal que un depredador come. (p. 20)

pupa Segunda etapa de una metamorfosis completa, en la cual el insecto está envuelto en una cubierta protectora y gradualmente cambia de larva a adulto. (p. 64)

Q

quitina Material flexible y resistente que conforma el exoesqueleto de los artrópodos. (p. 55)

R

rádula Conjunto de dientecillos flexibles de los moluscos. (p. 49)

regeneración Capacidad de que las partes mutiladas de un organismo vuelvan a crecerle. (p. 36)

reproducción asexual Proceso por el cual un solo organismo produce otro nuevo e idéntico a él. (p. 18)

reproducción sexual Proceso por el cual se forma un nuevo organismo por la unión de dos células sexuales. (p. 17)

reptil Vertebrado exotérmico que tiene pulmones y piel con escamas. (p. 101)

riñón Órgano que filtra los deshechos producidos por las células del animal. (p. 49)

ritmos circadianos Ciclos de comportamiento que ocurren en periodos de aproximadamente un día. (p. 165)

roca sedimentaria Rocas formadas por capas endurecidas de sedimentos: partículas de barro, arena, lodo o cieno. (p. 112)

S

simetría bilateral Cualidad de ser divisible en dos mitades que son como la imagen invertida en el espejo. (p. 24)

simetría radial Cualidad de tener muchas líneas de simetría que pasan por un punto central. (p. 24)

sistema vascular de agua Sistema de vasos llenos de líquido en el cuerpo de un equinodermo. (p. 74)

sociedad Grupo de animales de la misma especie y estrechamente relacionados que colaboran para beneficio del grupo. (p. 164)

T

territorio Área ocupada y defendida por un animal o grupo de animales. (p. 161)

tórax Sección media de un insecto donde se unen las alas y las patas. (p. 63)

V

variable Cualquier factor cambiable en un experimento. (p. 189)

variable de respuesta El factor que varía como resultado de los cambios a la variable manipulada en un experimento. (p. 189)

variable manipulada Único factor que un científico cambia durante un experimento. (p. 189)

vejiga natatoria Órgano interno de los peces; lleno de gas, estabiliza el cuerpo de los peces con esqueleto óseo a distintas profundidades. (p. 92)

ventrículo Cámara inferior del corazón que bombea sangre a los pulmones y al cuerpo. (p. 96)

vértebras Huesos que forman la columna vertebral de los animales. (p. 83)

vertebrado Animal que tiene columna vertebral. (p. 22)

Índice

Reconocimientos

Ilustración

Sally Bensusen: 51, 65
Warren Budd Associated Ltd.: 125
Patrice Rossi Calkin: 20, 22, 37, 83, 102, 136, 137, 155
Warren Cutler: 97, 123
John Edwards & Associates: 125
Andrea Golden: 27, 42, 58
Biruta Hansen: 104, 170–171, 173
Martucci Design: 71, 117
Fran Milner: 17, 59, 91, 99
Paul Mirocha: 157
Morgan Cain & Associates: 94, 139
Matt Myerchak: 44, 78, 174
Ortelius Design Inc.: 166
Matthew Pippin: 114
Walter Stuart: 29, 53, 75, 110, 165
J/B Woolsey Associates (Mark Desman): 21, 40, 56, 82, 86, 106–107, 175
J/B Woolsey Associates: 23, 24, 96, 126, 131, 154

Fotografía

Investigación fotográfica Sue McDermott
Imagen de portada Davis/W. Bilenduke/TSI

Naturaleza de las ciencias
Page 10t,10b,12, Heinz Kluetmeier/Sports Illustrated; **13l,13r,** Russell A. Mittermeier, Ph.D./Conservation International

Capítulo 1
Páginas 14–15, Hal Beral/Visuals Unlimited; **16t**, Richard Haynes; **16–17b**, Gary Bell/Masterfile; **18**, Robert Maier/Animals Animals; **19t**, Oliver Strewe/TSI; **19b**, Frans Lanting/Minden Pictures; **20**, David & Tess Young/Tom Stack & Associates; **23**, Corel Corp.; **24**, William C Jorgensen/Visuals Unlimited; **25l**, Daniel W. Gotshall/Visuals Unlimited; **25r**, Tim Davis/TSI; **26**, Ted Kerasote/Photo Researchers; **28t**, Russ Lappa; **31t**, Biophoto Associates/Photo Researchers; **31bl**, Stuart Westmorland/Natural Selection; **31br**, David B. Fleetham/Tom Stack & Associates; **33t**, Nancy Sefton/Photo Researchers; **33b**, Linda Pitkin/Masterfile; **34**, James Watt/Animals Animals; **35t**, Richard Haynes; **35bl**, Ed Robinson/Tom Stack & Associates; **35br**, Mary Beth Angelo/Photo Researchers; **36**, Kiell B. Sandved/Visuals Unlimited; **38t**, David M. Dennis/Tom Stack & Associates; **38b**, Sinclair Stammers/Science Photo Library/Photo Researchers; **39l, 39r**, Kjell B. Sandved/Visuals Unlimited; **43l**, Corel Corp.; **43r**, Linda Pitkin/Masterfile.

Capítulo 2
Páginas 46–47, Michael Fogden/DRK Photo; **48b**, Richard Nowitz; **48t**, Corel Corp.; **49l**, Douglas Faulkner/Photo Researchers; **49r**, Bruce Watkins/Animals Animals; **50**, Pete Atkinson/Masterfile; **52**, Kevin & Cat Sweeney/TSI; **54t**, Richard Haynes; **52–53**, Gary Retherford/Photo Researchers; **53r**, Richard Haynes; **54b**, Ron Broda/Masterfile; **55l**, John Gerlach/Tom Stack & Associates; **55r**, Donald Specker/Animals Animals; **56**, Robert A. Lubeck/Animals Animals; **57**, Andrew Syred/Science Photo Library/Photo Researchers; **60t**, Robert Calentine/Visuals Unlimited; **60b**, Tom MuHugh/Photo Researchers; **60m**, Tim Flach/TSI; **61l**, Marty Cordano/DRK Photo; **61r**, Simon D. Pollard/Photo Researchers; **62t**, R Calentine/Visuals Unlimited; **62b**, Patti Murray/Animals Animals; **63**, CNRI/Science Photo Library/Photo Researchers; **64**, Belinda Wright/DRK Photo; **66l**, Valorie Hodgson/Visuals Unlimited; **66r**, Art Wolfe/Tony Stone Images; **67**, John Trager/Visuals Unlimited; **68**, Robert A. Lubeck/Animals Animals; **69, 70**, Richard Haynes; **71t**, Paul Silverman/Fundamental Photographs; **71b**, Richard Magna/Fundamental Photographs; **72**, Russ Lappa; **73t**, Richard Haynes; **73b**, Kjell B. Sandred/Visuals Unlimited; **74**, Ed Robinson/Tom Stack & Associates; **76tl**, Brian Parker/Tom Stack & Associates; **76tr**, Tammy Peluso/Tom Stack & Associates; **76b**, Fred Whitehead/Animals Animals; **77t,** Bruce Watkins/Animals Animals; **77b**, Andrew Syred/Science Photo Library/Photo Researchers.

Capítulo 3
Páginas 80–81, Norbert Wu/DRK Photo; **82**, Russ Lappa; **83,** G.J. Bernard/ Animals Animals; **84,** Michael Fodgen/DRK Photo; **85**, Corel Corp.; **87t**, Gerard Lacz/Animals Animals; **87b**, Flip Micklin/Minden Pictures; **89tl**, Larry Lipsky/DRK Photo; **89tr**, John d. Cummingham/Visuals Unlimited **89b**, Herve Berthoule Jacana/Photo Researchers; **90t**, Frank Burek/Animals Animals; **90b**, Jeff Rotman; **92l,** Norbert Wu; **92r**, Stuart Westmorland/ Photo Researchers; **93r**, Stuart Westmorland/TSI; **93l**, Norbert Wu/TSI; **95t**, Russ Lappa; **95b**, John M. Burnley/Photo Researchers; **96**, Michael Fogden/Photo Researchers; **98**, Richard Haynes; **100**, Justin W. Verforker/Visuals Unlimited; **101t**, Richard Haynes; **101b**, Joe McDonald/Tom Stack & Associates; **102**, Zig Leszczynski/Animals Animals; **103**, Brian Kenney/Natural Selection; **105l**, Joe McDonald/Tom Stack & Associates; **105r**, A.B. Sheldon/Animals Animals; **108t**, Dave B. Fleetham/Visuals Unlimited; **108m**, T.A. Wiewandt/DRK Photo; **108b**, M.C. Chamberlain/DRK Photo; **109**, Gerald & Buff Corsi/ Tom Stack & Associates; **111t**, Richard Haynes; **111b**, Tom Bean/DRK Photo; **112t**, Ernst Mayr Library of the Museum of Comparative Zoology,Harvard University. ©President and Fellows of Harvard; **112b**, By permission of the Houghton Library, Harvard University; **113t**, Louis Psihoyos Matrix; **113b**, James L. Amos/Photo Researchers; **115l,** Stuart Westmorland/TSI; **115r**, Joe McDonald/Tom Stack & Associates.

Capítulo 4
Páginas 118–119, Robert A. Tyrrell; **120**, Richard Haynes; **121**, Collection of The New York Historical Society; **122t**, Art Wolfe/TSI; **122m**, Jerome Wexler/Photo Researchers; **122b**, Darrell Gulin/DRK Photo; **124**, Richard Haynes; **127,** David Hosking/TSI; **128tl**, Dave Watts/Tom Stack & Associates; **128tm**, Stephen Krasemann/DRK Photo; **128tr**, S. Nielsen/DRK Photo; **128bl**, D. Allen/Animals Animals; **128br**, Joe McDonald/Visuals Unlimited; **129l**, Manfred Danegger/TSI; **129r,** Wayne Lankinen/DRK Photo; **130t**, Richard Haynes; **130b**, Stephen Dalton/Photo Researchers; **132**, David Tipling/TSI; **133t**, Richard Haynes; **133b**, Eric Valli/Minden Pictures; **134**, Daryl Balfour/ TSI; **135**, Art Wolfe/TSI; **136t**, Hilary Pooley/Animals Animals; **136–137b**, Michael Fogden/DRK Photo; **138**, Joe McDonald/Visuals Unlimited; **140**, Colin Milkins/Animals Animals; **141t**, Richard Haynes; **141bl**, Keren Su/TSI; **141br**, Penny Tweedie/TSI; **142l,142r**, Tom McHugh/Photo Researchers; **143t**, Dave Watts/Tom Stack & Associates; **143b**, Jack Dermid; **144tl**, Michael Habicht/Animals Animals; **144tm**, Art Wolfe/TSI; **144tr**, Roger Aitkenhead/Animals Animals; **144ml**, Stephen Krasemann/TSI; **144mr**, Jeanne Drake/TSI; **144bl**, Renee Lynn/TSI; **145tl**, Corel Corp.;**145tr**, M.P. Kahl/DRK Photo; **145ml**, Stephen Krasemann/TSI; **145bl**, Chuck Davis/TSI; **145br**, Johnny Johnson/DRK Photo; **146**, Johnny Johnson; **147l,** Joe McDonald/Visuals Unlimited; **147r**, Penny Tweedie/TSI.

Capítulo 5
Páginas 150–151, Tim Davis/TSI; **152t**, Jerome Wexler/Photo Researchers; **152b**, Michael Fogden/DRK Photo; **153**, Fred Winner/Jacana/Photo Researchers; **156**, Robert & Eunice Pearcy/Animals Animals; **158**, Nina Leen/Time-Warner, Life Magazine; **160t**, Richard Haynes; **160b,** Mark Jones/Minden Pictures; **161**, Art Wolfe/TSI; **162l,162r**, Michael Fogden/DRK Photo; **163**, Jeff Lepore/Natural Selection; **164**, John Cancalosi/DRK Photo; **166**, M. A. Chappell/Animals Animals; **167**, Michio Hoshino/Minden Pictures; **168**, Doug Wechsler; **169**, Richard Haynes; **171**, Michael Fogden/Animals Animals; **173l,** John Cancalosi/DRK Photo.

Exploración interdisciplinaria
Páginas 176, Cary Wolinsky/Stock Boston; **177t**, E.R. Degginger/Animals Animals; **177m,177b**, Cary Wolinsky/Stock Boston; **177r**, Harry Rogers/Photo Researchers; **180**, Russ Lappa; **182t**, Xinhua/Gamma-Liaison International; **183t**, Russ Lappa; **183b**, Jean Marc Barey/Angence Vandystadt/Photo Researchers.

Manual de destrezas
Página 184, Mike Moreland/Photo Network; **185t**, Foodpix; **185m**, Richard Haynes; **185b**, Russ Lappa; **188**, Richard Haynes; **190**, Ron Kimball; **191**, Renee Lynn/Photo Researchers.

Versión en español

Editorial Compuvisión México